HEYNE BÜCHER
SACHBUCH

Heiner Boehncke
Bettina Hindemith, Hans Sarkowicz

DIE GROSSEN RÄUBERINNEN

»Und wenn der Kopf fällt, sag ich hoppla«

WILHELM HEYNE VERLAG
MÜNCHEN

HEYNE SACHBUCH
19/566

Umwelthinweis:
Dieses Buch wurde auf chlor- und säurefreiem Papier gedruckt.

Ungekürzte Taschenbuchausgabe
im Wilhelm Heyne Verlag GmbH & Co. KG, München

Printed in Germany 1997
Umschlagillustration:
Archiv für Kunst und Geschichte GmbH, Berlin
Umschlaggestaltung: Atelier Adolf Bachmann, Reischach
Satz: Schaber Satz- und Datentechnik, Wels
Druck und Bindung: Ebner Ulm

ISBN 3-453-13188-6

Inhalt

Vorwort

»Unter manchen Räuberbanden trifft man weibliche Glieder, sogenannte Brigantessen, die aber immer gleich den Männern gekleidet und wie diese bewaffnet sind, aber außer dem Nähen keine andern Frauendienste verrichten. Gekocht wird immer von den Männern. Die Brigantinnen sind in der Regel selbständige Glieder der Bande, wie die Männer, und zeigen nicht selten mehr Mut und Ausdauer als diese.« Ein Augenzeuge war es, der Schweizer J.J. Lichtensteiger, der das Leben der italienischen Räuber und Räuberinnen eindrucksvoll beschrieb. Zusammen mit drei anderen Gefangenen hatte er im Winter 1865/66 vier Monate bei dem berühmten Briganten Manzo und dessen Bande zubringen müssen, ehe ein Lösegeld in der unglaublichen Höhe von 180 000 Franken dem unfreiwilligen Aufenthalt ein Ende setzte. Lichtensteigers Aufzeichnungen, die erst 1894 veröffentlicht wurden, machen deutlich, welches hohe Ansehen die weiblichen Mitglieder in den italienischen Räuberbanden besaßen. Die Brigantessen, wie sie Lichtensteiger nennt, standen ihren männlichen ›Kollegen‹ in nichts nach, kämpften mutig wie die Löwinnen und durften, wenn sie der Staatsmacht in die Hände fielen, nicht mit Gnade rechnen.

So wie in Italien, gab es überall auf der Welt (See-) Räuberinnen, die zum Teil große Banden anführten. Zwei der berühmtesten tauchen auch in diesem Buch auf: Anne Bonny und Mary Read, deren Abenteuer als Piratinnen in Deutschland großes Aufsehen erregten. Aber abgesehen von dieser internationalen Ausnahme wollen wir uns auf die großen Räuberinnen aus dem deutschsprachigen Raum konzentrieren. Und das hat seinen Grund. Denn eigentlich scheint es sie gar nicht gegeben zu haben. Berühmte Räuberinnen, so jedenfalls die gängige Literatur, trieben ihr Unwesen nur in der Karibik, in China, in Indien, in Italien, England oder Frankreich, nicht aber in Deutschland, der Schweiz und Österreich, wo Frauen angeblich nur Hilfsfunktionen in den Banden übernommen haben sollen, z. B. indem sie als Marktdiebinnen oder Sackgreiferinnen für die Existenzgrundlage ihrer Familien sorgten.

Selbstverständlich gab es diese Frauen, die eine sehr wesentliche, wenn auch eher unauffällige Rolle in der Bandenlogistik spielten. Aber wir werden zeigen, daß daneben Räuberinnen auftauchten, die in der Länge ihrer Sündenregister oder in der Brutalität bei Überfällen einen Schinderhannes bei weitem übertrafen. Sie hatten es schwerer als die Männer sich durchzusetzen, obwohl sie oft viel raffinierter vorgingen und damit nicht selten erfolgreicher waren als ihre Konkurrenz vom anderen Geschlecht. Ihre Namen sind heute ebenso wie ihre Taten vergessen. Und das ist ungerecht, auch wenn für die Frauenbewegung keine neuen Vorbilder zu erwarten sind. Denn das Räuberleben war nie romantisch, sondern immer nur grausam, für die Überfallenen ebenso wie für die, die damit ihren Lebensunterhalt verdienten. Und Frauen gingen keineswegs schonender mit ihren Opfern um als Männer. Sie konzentrierten sich höchstens auf andere Formen der

Kriminalität, bildeten z. B. wie am Bodensee sehr effektive Diebsbanden. Andreas Blauert und Wolfgang Scheffknecht verdanken wir darüber sehr aufschlußreiche Untersuchungen.

Was aus den Verhörprotokollen, Geständnissen, Gaunerlisten, Lebensbeschreibungen und selbst der die gesellschaftliche Wirklichkeit reflektierenden Schauerliteratur entsteht, ist ein Stück weiblicher Sozialgeschichte des 18. und 19. Jahrhunderts, das bisher noch kaum Beachtung gefunden hat. Wir erheben nicht den Anspruch, die Texte, die wir präsentieren und die schon eine Auswahl darstellen, erschöpfend zu interpretieren und wissenschaftlich auszuwerten. Das wird Sachkundigeren vorbehalten bleiben. Wir wollen mit diesem Buch lediglich anregen, sich intensiver mit Frauenschicksalen zu beschäftigen, die singulär in der deutschen Geschichte stehen, allerdings nicht in einer Geschichte von oben, sondern von unten. Auch wenn die Texte in der Regel von Männern verfaßt wurden und keineswegs darauf aus sind, ein positives Bild der ›Delinquentinnen‹ entstehen zu lassen, verraten sie sehr viel über das Leben am Rand einer Gesellschaft, die nur wenige Reiche und Mächtige, aber viele Arme und Entrechtete kannte. Oft blieb den Frauen gar nichts anderes übrig, als kriminell zu werden. Wie hätten sie sonst sich (und ihre Kinder) von Tag zu Tag gebracht, in einer Zeit, in der jeder auf sich gestellt war und Hilfe von niemandem zu erwarten hatte. Die drakonischen Strafen für Diebstahl, Raub und Mord verloren schnell ihren Schrecken, wenn die Alternative zur Kriminalität das Dahinvegetieren als Bettlerin und der frühe Tod durch beständigen Mangel waren.

Wären diese Frauen nicht straffällig geworden, wüßten wir gar nichts über sie und die erbärmlichen Bedingungen, unter denen sie im 18. und noch im 19. Jahrhundert leben mußten. Das macht die Texte - bei allen kritischen Einwänden - so wertvoll und interessant. Sie sind authentische Zeugnisse aus einer Zeit, über die wir offensichtlich noch viel zu wenig wissen.

Die Bücher, aus denen die Texte stammen, sind heute äußerst schwer zu beschaffen, zum Teil existieren sie nur noch in wenigen Stücken, in einem Fall ist sogar nur noch ein Exemplar in Deutschland nachgewiesen. Wir danken deshalb der Frankfurter Stadt- und Universitätsbibliothek für ihre mehr als freundliche Hilfe. Unterstützung erhielten wir auch vom Vorarlberger Landesarchiv in Bregenz, das uns unveröffentlichte Verhörprotokolle zur Verfügung stellte. Auch dafür ein herzliches Dankeschön.

»Lustig ist das Vagantinnen-Leben«. Courasche, Ersatzmutter aller Räuberinnen

Im Jahre 1510 erschien ein Büchlein, das weit und schnell verbreitet wurde. Es versprach tiefe Einsichten in das unübersichtliche und schauerlich-gefährliche Heer der Fahrenden. Endlich konnten die Haupttypen des herumstreichenden Völkchens nicht nur präsentiert werden; mit Hilfe des ›Liber vagatorum‹ (›Buch der Fahrenden‹) waren überdies die falschen von den echten Bettlern zu unterscheiden. Endlich auch war man der geheimen Unterweltsprache, dem Rotwelsch, auf die Schliche gekommen: ein kompaktes Glossar der ›Vocabularius‹ – lieferte die deutschen Entsprechungen solch seltsamer Wörter wie ›Bschiderich‹, ›Gugelfrentzin‹, ›Wintfang‹ (Amtmann, Nonne, Mantel). Vor allem aber wurden von dem nicht genannten Autor (aus Furcht vor der Vagantenrache?) die Tricks und Schliche der kunstvoll agierenden Simulanten enthüllt. Aus Gründen der Caritas-Reinheit wurden die einfachen, arm und zerlumpt daherkommenden Bedürftigen für gut und unterstützungswürdig, die armen Elendsdarsteller aber für verrucht und durchtrieben gehalten. Ihnen sollte man das Almosen verweigern. Als Schauspielführer versprach der ›Liber vagatorum‹ Aufklärung und den lustvollen Blick auf ein Straßentheater, das so schön gefährlich war, wenn man es sich nur weit genug vom Halse halten konnte. Das Nachbeben dieses Gaunerbüchleins pflanzte sich durch Dutzende von Auflagen, Bearbeitungen und Übersetzungen fort. Sogar der strenge Armenfreund Martin Luther brachte eine Ausgabe heraus. Noch 1892 diente es als Urfibel des betrügerischen Bettels. Der pensionierte königliche Kriminalkommissarius Oskar Klausmann warnte in seinem viel gelesenen Standardwerk ›Verbrechen und Verbrecher. Aus der Praxis – für die Praxis‹:

»Bettler und Bettlerinnen, die im Lande herumziehen, wissen mit vielem Raffinement ihre Schwindel in Scene zu setzen. (...) Der Bettler heuchelt sehr oft Taubstummheit, verlangt Papiere zum Schreiben und theilt dann mit, daß er an Taubstummheit leide und um eine Gabe bitte. Bei solchen Bettlern passe man auf die Rechtschreibung auf. (...) Sie heucheln aber auch eine Menge von Gebrechen, wie Hinken, offene Wunden, gebrochene Glieder, und es gibt eine eigene Technik, um durch Bemalen oder durch Anwendung von Spanisch-Fliegenpflaster schauerlich aussehende Geschwüre zu heucheln.«

Die vagierenden Bettler, Gauner, Quacksalber, Scholaren, die Trickbetrüger, Bärenführer, Artisten und Musikanten lebten auf der Straße, kamen in elenden Herbergen unter und, wenn sie Glück hatten, teilte ihnen ein barmherziger Spitalmeister eine warme Suppe zu. Es waren Einzelgänger darunter und wandernde Studenten, die sich nicht binden wollten. Gewöhnlich aber lebten und arbeiteten Vagantin und Vagant, Bettlerin und Bettler zusammen. Die gaunerische Arbeitsteilung wies dabei den Frauen oft Rollen zu, die mit Kindern oder auch Prostitution verbunden waren.

Der ›Liber vagatorum‹ nennt die ›Dützbetterinnen‹:

»Das fünfzehnte Kapitel ist von den *Dützbetterinnen.* Das sind Bettlerinnen, die sich im Land um und um vor die Kirchen legen und breiten ein Leinentuch über sich und setzen Wachs und Eier vor sich hin, als ob sie Kindbetterinnen, Wöchnerinnen seien. Und erzählen, ihnen sei vor vierzehn Tagen ein Kind geboren - wiewohl ihrer etliche seit zehn oder zwanzig Jahren keines mehr gemacht haben, und die heißen *Dützbetterinnen.* Diesen zu geben gibt es keine Ursach. Es lag einmal ein Mann zu Straßburg unter einem Leinentuch vor dem Münster, und er wurde als Wöchnerin ausgegeben. Der wurde von Amts wegen aufgehoben, gefangen und in das Halseisen gestellt und danach wurde ihm die Stadt verboten.

Es sind auch etliche Weiber, die nehmen sich an und tun so, als ob sie seltsame Gestalten ausgetragen und zur Welt gebracht hätten. Als kürzlich in dem tausendfünfhundertneunten Jahr nach Pforzheim eine Frau kam, erzählte dieselbe Frau, daß sie ein Kind und eine lebendige Kröte vor kurzem zur Welt geboren habe. Dieselbe Kröte habe sie dann zu Unserer Lieben Frau zu Einsiedeln getragen, daselbst wäre sie noch lebendig. Der müßte man alle Tage ein Pfund Fleisch geben, die hielte man zu Einsiedeln für ein Wunder. Und bettelt also: Daß sie jetzt auf dem Weg wäre gen Aachen zu Unserer Lieben Frau, sie hätte auch Brief und Siegel, die ließe sie auf der Kanzel verkünden. Dieselbe hat einen starken Jungen in der Vorstadt im Wirtshaus sitzen, der auf sie wartet, den sie mit solcher Gaunerei ernährt. Da ward man ihrer durch den Torwächter inne und wollte sie ergreifen – aber sie waren gewarnt worden und machten sich davon: Und es war alles, womit sie umgegangen, Büberei und erlogen.«

Die ›Sündfegerinnen‹ sind ›Glyden‹, Huren. »Die laufen über Land und erzählen, sie hätten ein loses Leben geführt, wollten sich jetzt aber bekehren von den Sünden. Und sie betteln um Almosen um Sankt Maria Magdalena willen – und betrügen damit die Leute.« Während die ›Billträgerinnen‹ Frauen sind, »die sich alte Wämser, Flicken oder Kissen über den Bauch und unter die Kleider binden, so daß es den Anschein hat, sie gingen mit einem Kind schwanger, und sie haben in zwanzig Jahren oder mehr kein einziges gemacht. Das heißt: *mit der Bille gehen.*«

Schließlich werden noch die ›Veranerinnen‹ genannt, »die *auf keimen gehen,* die als Juden gehen. Das sind Frauen, die erzählen, sie seien getaufte Jüdinnen und seien Christinnen geworden. Und sie sagen den Leuten, ob ihr Vater oder ihre Mutter in der Hölle sind oder nicht. Und sie *geilen,* betteln den Leuten Röcke, Kleider und andere Dinge ab und haben auch falsche Brief und Siegel.«

Diese Notlügenmärchen der Vagantinnen mögen sich auf harmlose Weise durchschaubar anhören; sie klassifizierten die Frauen aber als ›falsche Bettlerinnen‹, die mit den schlimmsten Strafen zu rechnen hatten. Sie wurden gebrandmarkt, ausgepeitscht, für immer aus dem Land gejagt. Und nicht selten endeten sie am Galgen.

Um die zehn Prozent der Bevölkerung lebte im 16. Jahrhundert auf der Straße. Die Armenfürsorge erklärte sich lediglich für die ›eigenen‹, die ortsansässigen Bettlerinnen und Bettler zuständig, für die ›guten‹

Elenden, die weder umherzogen noch die Bürger durch schaurige Simulationen foppten. Es verwundert in keiner Weise, daß die mobile Existenz als Reliquienhändlerin, kinderversorgende Profibettlerin, als wandernde Wahrsagerin, Salbenkrämerin, Musikantin oder Gauklerin zur Vorschule der Kriminalität wurde. Dabei blieben den Frauen meist die bescheideneren Delikte vorbehalten: Versorgungsdiebstahl auf Wochenmärkten, Kundschafterdienste, betrügerischer Bettel und überhaupt verbotenes Umherziehen. Nicht zu vergessen die geheimen Dienste, die sie ihren in Gefangenschaft geratenen Männern zu erweisen hatten. Darüber später viel mehr.

Eineinhalb Jahrhunderte nach dem ›Liber vagatorum‹ veröffentlichte Grimmelshausen die ›Courasche‹. In der ›ausführlichen und wunderseltsamen Lebensbeschreibung der Erzbetrügerin und Landstörtzerin‹ Courasche liefert der große Kenner des alltäglichen Unglücks der kleinen Leute im Dreißigjährigen Krieg eine verkehrte Ansicht des Gaunertums seiner Zeit. Verkehrt, weil er die Opferperspektive weiblichen Strauchelns grandios umdreht, um die Erzbetrügerin zum triumphierenden Subjekt ihrer Untaten zu machen. Mann nach Mann stirbt ihr leider weg. Sie wird zur kapitalkundigen Buchhalterin der Begierden ihrer Kunden. An sicherem Ort tragen die zusammengehurten Taler Zinsen. Springinsfeld, ein ziemlich haltbarer Lebensgefährte, muß einen Ehevertrag unterzeichnen, der in allen Punkten die gängigen Machtverhältnisse auf den Kopf stellt. Er, der auf gänzlich unpraktische Weise vor Liebe den Verstand verliert, hat sich Couraches Plänen und Gelüsten vollkommen zu fügen.

Auch ihn wird sie schließlich los. Als Beutemacherin in der Schlacht verhält sie sich wie jeder schneidige und kühne Offizier, nur klüger. Sie ist gar nicht die schlichte Kriegsgewinnlerin (das ist sie auch), die der Brechtschen Moral überall zum Durchbruch verhilft. Sie ist eine wunderbare Verkehrung des männlichen Sextyrannen, Kriegsgauners und Geschlechtskampfstrategen. Nebenbei erfahren wir, daß und wie Raub, Mord und sexuelle Beuteschinderei den martialischen Alltag im Dreißigjährigen Krieg bestimmt haben.

Die Courasche zählt sich selbst zum Abschaum, und Grimmelshausen schickt ihr in der ›Zugabe des Autors‹ böse Worte nach, die vor den (venerischen) Folgen der Hurenliebe drastisch warnen sollen. Das ändert aber nichts daran, daß Courasche die Opferrolle aufkündigt und den Herren, die den ganzen Schlamassel angerichtet haben, ihre eigene Melodie vorspielt: schöner jedoch, weil sie als Zusatzgewinn stets die Überraschung der Männer einheimsen kann, ausgerechnet von einer Frau beraubt, entführt und gänzlich übertölpelt worden zu sein.

Courasche geht schließlich zu den Zigeunern und ist der Ansicht, daß sie dort gut aufgehoben ist. Damit treibt sie die Verkehrung auf die Spitze. Denn die Zigeuner galten als besonders heimtückisches Gesindel. Im Jahre 1500 ließ sie der Reichstag von Augsburg für vogelfrei, das heißt rechtlos, erklären. Jeder Landesfürst, jeder hochlöbliche Rat konnte selbst entscheiden, wie gegen die Zigeuner vorgegangen werden sollte. »So wurden beispielsweise«, schreiben Radbruch/Gwinner in ihrer ›Geschichte des Verbrechens‹, »1724 in Berneck in Franken siebzehn Zigeunerinnen im Alter von fünfzehn bis achtundneunzig Jahren, davon fünfzehn an einem Tage, ohne jeden Prozeß an Bäumen aufgehängt.«

Haß und Verfolgung beantworteten die Zigeuner nicht selten mit brutalen Raub- und Tötungsdelikten. Dorthin also verschlägt Grimmelshausen die routinierte Erzbetrügerin Courasche und läßt sie am Ende trotz ihrer doppelten Stigmatisierung als ›falsche Frau‹ und Zigeunerin in Spottreden über den naiven Simplizissimus ausbrechen, der einst ein Verhältnis mit ihr hatte, ohne zu ahnen, was Courasche in Wahrheit für eine ist:

»Mit diesen Leuten habe ich gleichsam alle Winkel Europas seither verschiedene Male durchstrichen und sehr viele Schelmenstücke und Diebsgriffe ersonnen, angestellt und ins Werk gesetzt, so daß man ein ganzes Ries Papier haben müßte, wenn man diese alle miteinander beschreiben wollte. Ja, ich glaube nicht, daß man genug damit hätte, und deshalb habe ich mich mein Lebtag über nichts mehr verwundert, als daß man uns überhaupt in den Ländern geduldet hat. Denn wir begehren weder Gott noch den Menschen zu nützen oder zu dienen, sondern haben uns nur mit Lügen, Betrügen und Stehlen ernährt, zum Schaden des Landmannes und der großen Herren, denen wir manches Stück Wild verzehren.«

Courasche ist die erste ›Heldin‹ in der deutschen Literatur. Daß sie als erfolgreiche Betrügerin, raffinierte Räuberin und zuletzt vagierende Zigeunerin als literarische Figur hervortreten konnte, schuldet sich der Tatsache, daß im Dreißigjährigen Krieg alle Ordnung auf den Kopf gestellt wurde. Mag Grimmelshausen am Schicksal der Courasche demonstriert haben wollen, wie es zugeht in der ›Verkehrten Welt‹, wie die Unordnung aus Männern Frauen macht, aus Kriegern Vagabunden und Huren aus Hauptmannswitwen - unter der Hand und wahrscheinlich gegen seine Intention ist Frau Courasche zur verschmitzt-selbstbewußten Patronin der Gaunerinnen, Betrügerinnen und verfolgten Outcasts geworden. Eher wohl in der Literatur als in der Wirklichkeit.

Die sogenannte Deutsche Prinzessin, eine Betrügerin, Hure und Spitzbübin

Mit der Wirklichkeit der Räuberinnen, Markt- und Straßendiebinnen, der Bandenchefinnen oder Mitläuferinnen befassen wir uns in diesem Buch. Bei der folgenden Galerie historisch mehr oder weniger gründlich belegter Untäterinnen richten wir uns nach der zeitlichen Folge. So beginnen wir, wie es auch enden wird, nicht in deutschen Landen. Die Spitzbübin, Hure und Betrügerin, über die der ansonsten unbekannte Captain Alexander Smith in seiner Sammlung ›Leben und Taten der berühmtesten Straßenräuber, Mörder und Spitzbuben‹ (engl. Erstausgabe 1714, erste deutsche Ausgabe 1720) berichtet, hatte aber einen deutschen Spleen. Zu ihrer selbst fabrizierten Legende gehörten eine deutsche Herkunft und mindestens eine Reise nach Köln. Daher nannte man sie in Gaunerkreisen allgemein *die deutsche Prinzessin:*

Diese Weibsperson, welcher an Bosheit und Leichtfertigkeit keine weder aus der vergangenen noch gegenwärtigen Zeit zu vergleichen, war die Tochter eines Chorleiters bei der Hauptkirche zu Canterbury, woselbsten sie am 11. Januar 1642 geboren wurde; wiewohl sie jederzeit vorgab, daß sie ihren Ursprung Köln in Deutschland zu danken hätte, woselbsten sie den meisten Teil ihres Lebens zugebracht, und daß ihr Vater, namens Henry van Wolway, ein Doktor des Rechts und Herr von Holmstein gewesen. Von ihrer Auferziehung können wir nicht viel sagen, als daß sie eine große Liebhaberin des Lesens, insonderheit verliebter Bücher und solcher war, die von dem Irrsal eines gewissen Ritters handelten. Sie war wohlbelesen in ›Parismus‹ und ›Parismenos‹, ›Don Bellianis von Griechenland‹ und allen andern Büchern, so von der Liebe und Heldengeschichten abgefasset. Sie nahm hernach den ›Amadis‹ vor die Hand, und weil sie von einer schönen Fürstin, der Oriana, las, bildete sie sich vielmals ein, sie wäre auch eine solche Prinzessin oder wenigstens eine dergleichen vornehme Staats-Puppe. Nach diesem las sie die ›Kassandra‹, ›Kleopatra‹ und alle Romane, die zu haben sind, von deren Aventüren sie vielmals gar genauen Bericht zu erstatten wußte. Und weil sie wegen des öftern und vielfältigen Lesens dafürhielt, als sei alles wahr, was sie läse, verliebte sie sich gar sehr in die Taten und Handlungen dieser großen und renommierten Helden, daß sie sich selbsten vor nicht weniger als eine heroische Dame hielt oder sie wenigstens mit der Zeit eines durchlauchtigen Titel werde gewürdiget werden.

Die Niedrigkeit ihres Standes stimmete mit ihrem hohen Geist keinesweges überein; aber ungeachtet sie sich mit keinem geringem Glücke als einem Ritter oder anderm vornehmen Staatsmann flattierte, so schlug ihr doch ihre Hoffnung um ein merkliches fehl, indem sie von einem Schuster, Mr. Stedman, in einer Nacht zur

Frau gemacht wurde, der sie ehelichte und zwei Kinder mit ihr zeugete, die bald wieder starben. Nachdem aber ihr Mann nicht imstande war, sie ihren hochfliegenden Gedanken gemäß zu verpflegen, wurde sie gar bald rappelköpfig und faßte den Entschluß, ihr Glück woanders zu suchen: Also entlief sie von ihrem Mann und heiratete Herrn Day, einen Chirurgus zu Dover. Alsdann klagte man sie an, daß sie zween Männer hätte; sie spielte aber die Sache so verschlagen, daß sie losgelassen wurde, und dieses machte sie so vermessen, daß sie sich mit Herrn John Carleton in die dritte Heirat einließ, welches die erste Gelegenheit war, daß sie in London öffentlich bekannt wurde: Denn weil ihre vorige Heirat ihres letzten Ehemanns Vater von einem, der sie kannte, verraten ward, ließ er sie zum Verhaft bringen und sie in das Torhaus zu Westminster führen, von wannen sie nach einer Gefangenschaft von 6 Wochen nach Newgate gebracht wurde, da man sie denn in Old Bailey verhörete; und weil man sie nicht genugsam überwiesen befand, sprach man sie von der Bigamie oder doppelten Ehe noch einmal frei.

Es ist nicht mit Stillschweigen zu übergehen, daß sie vor dieser letzten Heirat mit einem Kaufmanns-Schiff nach Holland fuhr, von wannen sie nach der so oft von ihr gepriesenen Stadt Köln reisete; und weil sie eine ansehnliche Summe Geldes besaß, schlug sie ihr Logis bei einem Gastwirt auf und lebete in größerm Glanz, als sie jemals getan: Und gleichwie Standespersonen und vornehme Frauenzimmer in England zur Sommerszeit nach Epsom oder Tunbridge ins Bad zu reisen pflegen, also hat man hier im Brauch, Spa, einen in diesen Gegenden gar wohl bekannten Ort, zu besuchen. Hieselbst war ihr das Glück so günstig, daß sich ein alter Edelmann in sie verliebte, der um Lüttich, etliche Meilen von Köln, gutes Vermögen und Güter hatte. Und sie wußte sich so vortrefflich in diese Affäre zu schicken, worinnen ihr ihre Frau Wirtin treulich beistand, daß er ihr unterschiedliche schöne Kleinodien von keinem geringen Wert nebst einer güldenen Kette und Medaille verehrete, welche ihm vor ein und die andern unter dem General Tilly wider den König von Schweden geleistete Dienste spendieret worden. Der betörte Liebhaber gedachte, es hätte ihn ein Hase geleckt, und drang mit ganzer Gewalt auf schleunige Vollziehung der Heirat. Nachdem ihm nun solches des folgenden Tages versprochen worden, ließ er seine Liebste die zur Hochzeit gehörigen Sachen einkaufen. Mary Carleton, sehend, daß es nun hohe Zeit sei, sich aus dem Staube zu machen, offenbarte ihr Vorhaben ihrer Wirtin, die von des alten Hauptmanns Geschenken einen ansehnlichen Teil bekommen hatte. Allein unsere Madame war gesonnen, ihr keinen Pfifferling davon zu lassen; in Betrachtung dessen überredete sie die Wirtin, ihr eine Gelegenheit auszurichten, mit welcher sie nicht nach Köln, sondern an einen anderen Ort kommen möchte, wo sie ihr aberwitziger Liebhaber nicht vermuten noch suchen könnte. Die Wirtin war willig, ihr behilflich zu sein, ging demnach aus und ließ sie zu Hause; aber die Carleton gedachte: Hier ist nicht lange zu warten. Denn sobald die Wirtin hinweg war, brach sie eine Kiste auf, worinnen sie nicht nur dasjenige, so ihr von dem Hauptmann verehret worden, fand, sondern noch eine ansehnliche Summes Geldes darüber, welches sie alles herausnahm und mit ihren Sachen einpackte, alsdenn wie eine Katze vom Taubenschlag auf und davon schlich.

Und weil sie sich schon heimlich mit einer Passage nach Utrecht versehen hatte, reisete sie mit dahin und hielt sich eine Weile daselbsten auf; von da begab sie sich nach Amsterdam, allwo sie die güldene Kette, die Medaille und einige Kleinodien verkaufte, von wannen sie nach Rotterdam ging; und weil sie also nach Brielle kam, hatte sie Gelegenheit, wieder mit über nach England zu schiffen.

Nachdem sie Anno 1663 gegen das Ende des März des Morgens sehr früh zu Billingsgate angelanget, war das erste Haus, so sie offen fand, der Gasthof Bei der Börse in Putney, welchen damals einer namens King besaß, woselbsten sie zuerst den Titel der Deutschen Prinzessin erhielt durch Vermittlung des Weinschenken, welcher die Heirat zwischen ihr und John Carleton, seines Weibes Bruder, stiftete, weshalb sie obbesagtermaßen gerichtlich verhöret und kraft eines an ihren Schwiegervater abgelassenen Briefes, mehr Männer zu haben, beschuldiget wurde. Der Brief hatte folgenden Inhalt:

Mein Herr!
Ich bin Sie zwar unbekannt; aber da ich vernehme, wasmaßen Dero Herr Sohn, Herr John Carleton, ein Weibsbild geheiratet, so vorgibt, daß sie von großem Vermögen und hoher Geburt sei, so habe ich vor gut angesehen, Ihnen von demjenigen, was mir wissend ist, bei Zeiten Nachricht zu erteilen: Denn ich habe mir vor gewiß sagen lassen, als ob sie eine Erz-Betrügerin und Spitzbübin wäre, welche in unserer Grafschaft Kent unterschiedene Männer zur Ehe genommen, hernach aber mit allem, was sie gehabt, auf und davon gegangen. Wenn es diejenige Person ist, so ich meine, redet sie unterschiedliche Spra-

chen fertig und ohne Anstoß, hat schwarze Augen, Haare, die mehr blond als bräunlich sind, und hohe Brüste. So viel Ihnen zur Nachricht melden wollen

Dero
Unbekannter, aber gehorsamster Diener

Als sie wiederum aus Newgate kam, ließ sie sich mehrenteils bei den Komödianten finden und machte Bekanntschaft mit ihnen, welche, in Hoffnung, guten Markt mit ihr zu halten, sie zu einer Opern-Prinzessin machten. Bishero hatte sie ihre Person auf dem großen Welt-Theater öffentlich gespielet, nun wollte sie ihre Aventüren auf dem kleinen wiederholen; heimlich will ich nicht sagen, denn es war zu allen Zeiten mehr als zu offenbar, am meisten aber, da sie sich dem Volk auf dem Schau-Platze so frei unter Augen stellte und sogar ihre eigene Komödie unter dem herrlichen Titel der Deutschen Prinzessin repräsentierte; deren Epilog oder Schlußrede von ihr selbsten ausgesprochen wurde und in folgendem Inhalt bestand:

So hab ich eine Prob höchst-rühmlich abgelegt;
Doch dürft man über mich ein scharfes Urteil
fällen,
Weil man von meinem Tun vielleicht die Meinung
hegt,
Als könnte ich mit Fug Lug und Betrug vorstellen.
Allein, ich setz den Fall, daß diesem also sei,
Wer kann sich unter euch frei vom Betrügen
nennen?
Und schwüret ihr auch gleich ohn alle Scham
und Scheu,
So würde man daraus nur vielmehr dies erkennen,

Daß man bei euch weit mehr als mich zu
tadeln findt,
Ob ihr mich schon so frech und höhnisch
aufgezogen;
Die ganze Welt betrügt, und wir, die drinnen sind,
Betrügen nachgerad, und werden selbst betrogen.
Sieht man denn dieses wohl nicht vor weit besser
an,
Sich einen Namen noch hier bei der Welt
erwerben,
(Auf was vor Art man ihn auch nur erlangen kann,)
Als nach des Pöbels Brauch ganz ohne Nachklang
sterben.

Gleichwie sie aber einen unruhigen Geist hatte, dem die ganze Stadt London zu klein war, also sagte sie dieser Profession bald wiederum Adieu. Ehe sie aber den Schau-Platz verließ, hatte sie eine große Menge junger Galane, die von ihrem Ruhm gehöret und ihre Person gesehen hatten, nach sich gezogen, welche nunmehro begierig waren, eine genauere Bekanntschaft mit ihr aufzurichten; und sie, die eine ungemeine Liebhaberin des freien Umgangs und der Galanterie war, versagte leichtlich keinem den Zutritt und wußte sie alle mit einer überaus artigen Gleichgültigkeit zu traktieren. Unter ihren diversen Anbetern befanden sich zwei junge Lecker, die mehr Geld im Sack als Witz im Kopf besaßen, welche sich sterblich in sie verliebet und in Betrachtung dessen ihre Gesellschaft suchten; sie seufzeten aber heimlich nach etwas mehrers als dem bloßen Umgang, denn sie begehrten eine völlige Allianz mit ihrem Leibe zu schließen. Sie merkte aus ihren verliebten Klagen gar wohl, wo sie der Schuh drückte, und wußte sie demnach meisterlich bei der Nase herumzuführen, bis sie ihnen über 300 Pfund abgezwacket hatte; und weil sie alsdann befand, daß deren Beutel ziemlich einzuschrumpfen anfing, gab sie ihnen beiden den Korb, als Leuten, die der Liebe einer solchen Prinzessin nicht würdig wären.

Nicht lange nach diesem hatte sie einen andern Liebhaber, der ein älterer Herr von ohngefähr 50 Jahren war, und ungeachtet ihm ihre spitzbübischen Streiche nicht unbekannt waren, so hatte er sich doch dergestalt in sie vernarret, daß er die 400 Pfund, so er jährlich Einkommens hatte, von Herzen gern auf sie gewendet, wenn sie nur beständig bei ihm aushalten wolle. Und nachdem er ihr endlich etliche Ringe und Galanterien verehrete, erhielt er das Jawort von ihr. Als sie wie Mann und Weib miteinander lebeten, gab er ihr die erste Nacht, da er bei ihr schlief, ein Kleinod über 50 Pfund wert. Indem er aber eines Abends so sehr trunken nach Hause kam, daß sie ihn zu Bette bringen mußte, und sie aus seinem Schnarchen abnahm, daß er in einem tiefen Schlaf läge, examinierte sie seine Taschen und durchsuchte seine Briefschaften, worunter sie einen Wechsel an einen Goldschmied in der Lombard Street auf 100 Pfund fand; diesen nahm sie an sich: Alsdann ergriff sie die Schlüssel zu seinen Kassetten und plünderte solche aus, worinnen sie 20 alte Goldstücke, ein güldenes Petschaft, eine alte Sack-Uhr und einige Stücke Silbergeschirr fand; dieses und alle Sachen von einigem Wert nahm sie und fuhr in einer Kutsche, ohne von ihrem vollen Tropfen Abschied zu nehmen, in aller Eilfertigkeit hin zu dem Goldschmied, wo sie ohne Mißtrauen die 100 Pfund ausgezahlt bekam und alsdenn ihren Wechselbrief aushändigte.

Nachdem diese abgefeimte Betrügerin ihren alten Liebhaber also über den Tölpel gestoßen und eine kommode Stube bezogen hatte, ging sie vor eine Jungfer, die einen Brautschatz von tausend Pfunden besäße, den sie von einem Vetter bekommen, ohne was ihr ein reicher Vater noch zuwenden könnte, welcher sie zu einer ihr nicht anstehenden Gattenwahl habe zwingen wollen, weshalb sie sich vom Lande nach London gewendet. Dieses war die Historie, so sie erdichtete; und um derselben einen desto bessern Schein zu geben, ließ sie öfters falsche Briefe an sich bringen, als ob solche vom Lande von einer nahen Anverwandten kämen, welche ihr beständig Nachricht erteilte, wie die Affären zwischen ihrem Vater und Liebhaber liefen. Diese Briefe ließ sie erbrochen in ihrer Kammer herumliegen, daß sie ihre Wirtin lesen konnte; und weil dieselbe einen nahen Vetter von großem Vermögen hatte, machte sie ihm und ihrer Hausgenossin Gelegenheit, miteinander bekannt zu werden, um eine Heirat unter ihnen zu stiften. Der Anschlag ging auch nach Wunsch vonstatten, und ihr neuer Liebster präsentierte ihr eine Taschenuhr, die sie nach einer bescheidentlichen Verweigerung annahm. Nachdem sie nun anfingen, frei miteinander umzugehen und eines Tages miteinander im Diskurs begriffen waren, klopfet ein Briefträger an und bringet einen Brief: Die Magd, so auch eine listige Schlange und von ihr schon abgerichtet war, nahm solchen an und überbrachte ihn ihrer Jungfer; welche ihn alsobald erbrach und durchlas; sie war aber noch nicht damit zu Ende, als sie sich ganz bestürzt und erschrocken anstellete und schrie: Ach! ich bin verloren, ach! nun ists um mich geschehen; ja, sie schien alle Augenblicke in eine Ohnmacht zu fallen, daß ihre Magd sie nicht genug mit Ungarischem Wasser und Schlag-Balsam bestreichen konnte. Ihr Liebster suchte sie mit den besten und schönsten Worten, die er nur erdenken konnte, zu trösten und bat, sie möchte ihm doch die Ursache ihres gegenwärtigen Unsterns zu eröffnen belieben. Mein Herr, sagte sie, nachdem Ihnen meine meisten Angelegenheiten bereits bekannt sind, will ich hieraus keine Heimlichkeit machen; wenn Sie demnach diesen Brief durchzulesen geruhen wollen, werden Sie die Ursache meines gegenwärtigen Schmerzes daraus ersehen. Hiermit nahm er den Brief in die Hand und fand ihn folgendermaßen gestellet:

Werteste Jungfer Muhme:
Ich habe zwar die Feder angesetzt, des Vorsatzes, an Sie zu schreiben; allein ich bin fast unschlüssig, ob ich fortfahren oder solche wieder aus der Hand legen soll. Doch weil etwas darinnen ist, so zu Ihrem Vorteil gereichet, also bitte, Sie wolle sich dasselbe zu Nutzen machen und wegen der andern unangenehmen Nachricht zu Ihrem Trost dienen lassen. Nachdem ich Ihr Gemüt überhaupt also vorbereitet, kann ich Ihr nicht verbergen, daß nämlich Ihr werter Herr Bruder, mein geliebtester Herr Vetter, selig verschieden ist. Ich weiß gar wohl wie herzlich Sie ihn geliebet, und derohalben wird Sie dessen Verlust desto empfindlicher rühren. Allein Sie soll zugleich wissen, daß Sie durch sein Absterben die einzige Erbin nach Ihrem Herrn Vater ist, der jährlich über 200 Pfund Einkünfte hat. Dieses lasse Sie sich auch angenehm sein. Aber was ich Ihr ferner berichten muß ist die allerschlimmste Post, daß nämlich Ihr verhaßter Liebhaber, absonderlich nach Ihres Herrn Bruders Hintritt, so ungestüm bei Ihrem Herrn Vater um Sie angehalten, daß derselbe nunmehro fest be-

schlossen, Sie an ihn zu verheiraten. Und nachdem Ihr Herr Bruder, der auf Ihrer Seite war und den Herrn Vater von einem gewaltsamen Zwang jederzeit klüglich abzuraten wußte, hinweg ist, hat man zu besorgen, der Herr Vater werde sich an Ihre Verweigerung nicht kehren, insonderheit da er sagte, daß weil sie nunmehro seine einzige Erbin sei und das meiste von ihm zu erwarten habe, ihm auch zu Gehorsam verpflichtet wäre. In Betrachtung dessen schicket er sich nebst Ihrem Liebsten auf eine Reise nach London zu, woselbsten sie binnen wenigen Tagen sein werden: Und weil dieselben wissen, wo Sie anzutreffen, wird Ihr vermutlich eine schlechte Freude in die Achsel fahren; Sie müßte denn aus Gehorsam gegen Ihres Herrn Vaters Befehle die widrige Neigung zu Ihrem Liebhaber ablegen können. Ich will Ihr hierinnen nichts vorschreiben, sondern habe mich bloß verbunden zu sein erachtet, Ihr die Veränderung ihres Zustandes bekanntzumachen, damit Sie Vorkehrungen treffen möge, die Gott zu Ihrem Besten wolle ausschlagen lassen! Als welches Ihr von Herzen wünschet und gönnet

Dero getreue Muhme,
R.F.

Nachdem der junge Liebhaber diesen Brief durchgelesen, mußte er gestehen, daß sie Ursache, betrübet zu sein, habe; und weil er besorgte, ihr Liebhaber auf dem Lande dürfte ihm dieses niedliche Bißchen von dem Maul hinwegfischen, befand man auf reife Beratschlagung vor gut, ihr Logis zu verändern; und weil man nirgends besser hinwußte, bot er ihr seine Behausung an. Des folgenden Tages begab sie sich mit ihrer Magd, die schon um alles wußte und ihr beizustehen gewohnet war, dahin. Als sie in das Schlafgemach kamen, wo sie sich zur Ruhe begeben sollten, befanden sie vor dienlich, nicht zu Bette zu gehen, damit sie, sobald die Türen geöffnet würden, zur Flucht bereit sein möchten: Also legte sich eine um die andere mitsamt den Kleidern etliche Stunden nieder; als es aber gegen den Morgen ging, schritten sie zum Werk, erbrachen einen Kasten, worinnen sie einen Sack mit 100 Pfund und einige ganze Kleider fanden, und sahen sich alsdann nach der Tür um; da saß nun Monsieur Dummhut wie der Hase im Pfeffer; ohne Geld und ohne Liebste, die nunmehro in ihrem Herzen gedachte: Weit davon ist gut vorm Schuß.

Weil nun diese saubere Prinzessin überall so glücklich davonkam, wurde sie immer kühner und suchte alle Menschen, sie mochten Freund oder Feind, reich oder arm sein, zu betrügen: Es war alles ein Fisch, was ihr ins Netz kam, es mochte ein Lachs oder ein Gründling sein, denn sie wollte lieber einen kleinen Gewinn nehmen als gar keinen: Eine silberne Kanne oder ein Becher galten ihr gleich viel; ja, ehe sie gar müßig ginge, ließ sie sich die Mühe nicht reuen, ein paar Betttücher oder Überzüge mitgehen zu heißen.

Sie veränderte ihr Logis kontinuierlich, und eine Weile nach der letzten Entreprise, als sie in einem sehr reputierlichen Hause wohnte, ließ sie sich eines Tages gegen ihre Frau Wirtin vernehmen, daß da doch ein Edelmann, so ihr Anverwandter sei, weil er in der Stadt unbekannt gewesen, von ohngefähr in ein lüderliches Wirtshaus geraten, worinnen er plötzlich krank worden und bald hernach verschieden wäre. Weil nun einige von seiner Familie es nebst ihr vor sehr unanständig hielten, ihn von dannen beerdigen zu lassen, gleichwohl aber keinen füglicheren Ort wüßten, also ersuchten sie die Frau Wirtin um Erlaubnis, ihnen mit Rat und Tat an die Hand zu gehen, es sollte ihr die Ungelegenheit, so ihr Haus davon hätte, reichlich ersetzet werden. Als die Wirtin von einigem Profit hörete, willigte sie bald ein, daß der Leichnam denselbigen Abend in einem überaus saubern Sarg auf einer Kutsche in ihr Haus gebracht und in ein Gemach, eine Treppe hoch, so auf die Gasse hinausging und einen Erker hatte, gesetzet wurde. Und weil der Sarg nur mit einem ordinären schwarzen Tuch bedeckt war, schien unsere betrügerische Demoiselle gar übel damit zufrieden zu sein. Die Wirtin vermeldete ihr; daß sie vor 20 Shilling eins von Sammet bekommen könne, worüber sie sich gar vergnügt bezeigte und die Wirtin bat, sie möchte ein solches holen lassen und das Gemach mit ihrem besten Hausrat auszieren; denn auf den dritten Tag sollte das Begängnis gehalten werden. Die Wirtin lebte ihr in allem zu Willen, ließ das samtene Leichentuch holen, setzte auf ein Seitentischchen 2 silberne Leuchter, eine silberne Flasche, 2 verguldete Becher und unterschiedliche andere Silbergeschirre. Aber die Nacht vor dem angesetzten Begräbnistag langete die Betrügerin nebst ihrer Magd alles Silbergeschirr samt dem samtenen Tuch und allem Hausrat, der sich fortbringen ließ und etwas wert war; ihren Kameraden zum Fenster hinaus, ließen den Sarg mit dem vermeinten Leichnam in guter Ruhe stehen und stiegen vermittelst einer Leiter, die ihnen ihr Kamerad gebracht hatte, zum Erker hinaus. Als des folgenden Tages die Wirtin die Tür aufmachte und sah, daß alles bis auf den Sarg hinweg war, rief sie ihre Leute und öffnete den Sarg, worinnen sie nichts als tote Stückchen Ziegelsteine und ein bißchen dürres Heu fanden; daß also, indem die

Deutsche Prinzessin wird frohlocket haben: Juchhei! lustig! lebt in Freuden!, während die arme Wirtin und der Leichenbitter klagen und ein Lamento anstimmen mußten. Dieses Abenteuer machte den Advokaten und dem Schneider was zu schaffen, denn der Leichenbitter verklagte die arme Wirtin, und der Schneider verlangte Satisfaktion wegen seines samtenen Tuchs, welches ihm unlängst 40 Pfund gekostet hatte.

Zu einer andern Zeit wollte sich die Deutsche Prinzessin einen Trauer-Habit anschaffen, wozu sie einen Schleier, Schürze, Haube und anderen Trauer-Zierat benötigte; schickte demnach ihre Magd hin auf die Neue Börse im Strand in einen Laden, woselbsten sie den Tag zuvor einiges Geld ausgegeben hatte, und ließ den Kaufmann ersuchen, ihr alle solche Gattungen alsbald zu übersenden, weil ihr Vater gestorben wäre und sie daher Trauer anlegen müßte. Die Kaufmannsfrau suchte gleich drei bis vier Sorten von dergleichen Waren hervor und übersandte ihr solche durch die Magd, damit sie sich einige davon auslesen und das übrige wiederum zurücksenden möchte. Sie fand sich aber betrogen, denn als die Ware überbracht wurde, stellte sich die Dame so unaufgeräumt, daß sie vorgab, sie hätte anitzo nicht Zeit, solche anzusehen, ließ aber den Besitzer durch ein paar Zeilen wissen, daß sie sich zu Mittag werde kleiden lassen, und wenn sie sich ausgesuchet, was ihr gefiele, wollte sie das übrige nebst dem Geld vor das Auserlesene zurücksenden. Diese Antwort war vor diesmal zulänglich, aber nicht ausreichend vor ein andermal: Denn als die Handelsfrau unter der Börse des andern Tages hinschickte und anfragen ließ, was der Madame angestanden, erhielt sie die Antwort, dieselbe wäre ausgefahren und käme diese Nacht nicht nach Hause; sie tat es auch und wollte sich weder des andern Tages noch die folgenden alle wieder einstellen. Also verlor die Handelsfrau ihre Ware und Kundin auf einmal.

Nun gehet unsere Betrügerin im Trauer-Habit à la mode und logieret in Fuller's Rents, woselbsten sie einen jungen Prokurator von Gray's Inn zu sich holen ließ, zu dem sie sagte, sie wäre eine Erbin ihres ohnlängst verstorbenen Vaters, hätte aber einen lüderlichen Mann, bei dem sie nicht bleiben könnte, und ihr Vater habe ihr all sein Vermögen unter der Bedingung vermachet, daß ihr Mann nichts davon genießen sollte, dieser aber drohete und stellete ihr nach; dahero sei ihre vornehmste Sorge, ihre Sache so anzustellen, daß sie ihr Mann unangefochten lassen müßte, und zu diesem Ende sie des Rats eines Rechtsgelehrten benötiget. Dieses war ihr Vorwand; denn indem sie von ihrer angemaßten Rechts-Sache redete, kam jählings von unten eine Weibs-Person hinaufgelaufen und schrie mit zusammengeschlagenen Händen: Ach Madam! O mein Herr! wir sind verloren; denn mein Herr kömmet. Ach, was fang ich doch an? sagte die Betrügerin. Warum? sagte der Advokat. Ich meine, des Herrn wegen, erwiderte sie, was vor eine Entschuldigung soll ich wegen seines Hierseins vorbringen? Was der Herr ist und was er hier machet, darf ich ihm nicht sagen, denn das würde den ganzen Handel verderben; danebst ist er sehr eifersüchtig und er hat mich leichtlich in Verdacht; derohalben, allerliebster Herr; sagte sie, verstecke er sich in diesen Schrank, bis ich ihn mit Manier wieder fortgeschaffet habe. Der Advokat erschrak; und weil er nicht wußte, wozu er sich alsbald entschließen sollte, tat er, was sie verlangte: Also verschloß sie ihn in den Schrank, zog die Vorhänge vor das Bette und ging auf die Tür zu, ihren erdichteten Ehemann zu empfangen, welcher nicht so bald hineintrat, als er ausrief: So, so, Madame von Betzenfeld! ich höre, Sie haben einen Kompagnon hier, wo ist er? Lasset mich den Kujon sehen, daß ich ihn meinem gerechten Zorn aufopfern möge. O du Kanaille! ist dieses deine angemaßte einsame Sittsamkeit? Hiermit sprengte er die Tür auf, wohin sie mit dem Finger wies, und erblickte den jungen Advokaten ganz erbleicht und zitternd; bei dem ersten Anblick wischte er mit dem Degen heraus, aber die Frau flog dazwischen, und ein Kumpan, den er bei sich hatte, griff ihm den Degen, sich bemühend, ihn zu begütigen; je mehr er aber bemühet war, desto rasender schien jener zu werden. Da sich nun der Advokat also eingetrieben sah, fing er an, das Wort vor sich zu reden, und erzählte die Wahrheit von der ganzen Historie, und was seine Verrichtung allhier gewesen. Allein seine Verteidigung half vor diesem ungerechten Forum so viel als nichts: Der Mann wollte vor seine Beleidigung nichts als Blut oder sonst eine hinlängliche Ersetzung annehmen, welche endlich sein Freund vorschlug, daß es nämlich eine Summe Geld von 500 Pfunden sein sollte. Dieses war ein ziemlicher Batzen und erschreckte den Advokaten kein klein wenig; weil er aber die mancherlei Inkonvenienzen, worein er einmal geraten, erwog, brachte er es endlich so weit, daß er alsobald 100 Pfund erlegen sollte, welche er seinen Diener holen ließ und alsdann seiner Gefangenschaft entlediget wurde.

Ein wenig hernach stahl sie zum wenigsten ein halbes Dutzend silberne Kannen in Covent Garden, der Milford Lane, in Lothbury, Newmarket, West Smithfield und unterschiedlichen anderen Orten. Und wegen einer von diesen Aventüren wurde sie zuletzt eingezogen, beschuldiget, schuldig befunden, verurteilet, wieder pardonieret und mit nach Jamaika gesendet, woselbsten sie nicht über zwei Jahre gewesen, so kam sie wiederum nach England; und weil sie sich vor eine reiche Erbin ausgab, heiratete sie ein reicher Apotheker zu Westminster, dem sie über 300 Pfund raubete und hernach verschwand. Hierauf bezog sie ein Logis zu Charin Cross und invitierte daselbsten ihre Wirtin nebst einem in ebendemselbigen Hause logierenden Uhrmacher mit sich in eine Komödie ins Herzogliche Theater in Dorset Garden. Mittlerweile, da diese in der Komödie sind, spielet ihre Magd zu Hause auch eine, erbricht eine Kammer, worinnen die Wirtin zu schlafen pflegte, und eine Kiste, nimmet über 200 Pfund bares Geld in Gold und Silber und über 30 kostbare Uhren heraus, daß der Wert in allem sich über 600 Pfund belief, welches sie ihrer gnädigen Frau, der Deutschen Prinzessin, überbrachte, welche, nach vollendeter Komödie, ihre Wirtin und den Uhrmacher mit sich in ein Wein-Haus Zum Grünen Drachen in der Fleet Street führte und sich daselbsten unsichtbar machete.

Aber nicht lange danach wurde diese Erz-Betrügerin und Prinzessin unter allen Spitzbuben nach Newgate gesendet und vor dem Gerichtshof in Old Bailey verhöret, weil sie ein Stück Silbergeschirr von einem in der Chancery Lane gestohlen hatte und der Tat schuldig befunden wurde. Nur wußte sie nur eine einzige Ausflucht, die zu Newgate gar was Altes war; daß sie nämlich schweren Leibes wäre. Derohalben wurde nach einigen geschwornen Kinder-Müttern gesendet, die nach einstündiger Untersuchung diesen Ausspruch taten, daß sie sich nicht hohen Leibes befände. Hierauf wurde alsbald nach dem Gesetz das Todesurteil über sie gefället und sie zurück nach Newgate geführet, daß sie sich nach der andern Welt geschickt machen sollte. Nun fing sie an, traurig zu werden, und erwies sich nicht mehr so lustig, wie des Tages vor ihrer Verurteilung, da einige Weibsbilder im Gerichtssaal mit ihr diskurrierten und sich vernehmen ließen, sie wunderten sich, daß eine Person von so raren Qualitäten und Gaben, wie sie sei, dergleichen schändliche und unanständige Dinge vorgenommen, daß sie alles mitgehen heißen, was ihr nur zu Händen kommen. Denen gab sie zur Antwort: Mesdames, eure Fehler bestehen im Fallen und meine im Gleiten; ihr sündiget wider das sechste und ich wider das siebente Gebot; wollet ihr so liebreich sein und mir meine Schulden vergeben, so will ich euch die eurigen auch willig vergeben. Nachdem nun die Zeit ihres Abscheidens herbeinahete, befahl der Stockmeister zu Newgate, ihr die Fessel abzunehmen; und als er ihr ihres Mannes Bildnis auf den Ärmel geheftet, welches sie also nach Tyburn trug, führete man sie aus ihrem Behältnis auf den öffentlichen Saal, daß man ihr den Strick umbinden möchte; welches geschah: Alsdenn wurde sie auf einen Karren gesetzet, auf welchem sie sich die Zeit mit zwei katholischen Büchern vertrieb: Denn sie starb auf den römischen Glauben; und die Bücher hießen: ›Der Himmels-Schlüssel‹ und das andere ›Geistreiches Hand-Büchlein zur täglichen Andacht‹, welche sie, als sie zum Galgen kam, einem ihrer guten Freunde, Mr. Crouch, der mit ihr auf dem Karren fuhr, überreichte. Unterwegs, als sie in St. Giles waren, hielt der Karren stille, da trank sie ein Glas Kanarien-Sekt, so sie bei sich hatte; und bald nach ihrer Ankunft zu Tyburn steckete sie ihres Mannes Bildnis in den Busen; und nachdem der Geistliche sein Amt verrichtet, wurde die stets hoch sein wollende elende Prinzessin am Galgen hoch genug erhöhet; welches geschah an einem Mittwoch, dem 22. Januar 1673, im dreißigsten Jahr ihres Alters. Nachdem sie eine Stunde gehangen hatte, wurde sie abgeschnitten; und weil ihre Freunde alle gebührenden Unkosten vor ihren Leichnam und Kleider entrichtet, legten sie denselben in eine Kutsche, worinnen sie ihn bis an den ohnweit gelegenen Ort, wo ihr Sarg stand, führeten, und nachdem sie ihn hineingeleget hatten, wurde sie des folgenden Tages auf dem Kirchhof zu St. Martini zur Erden bestattet.

Die Alte Lisel, die schwäbische Sackgreiferin

Bei der *Alten Lisel* geht es ärmlicher und erbärmlicher zu. Auch sie wurde gehenkt. Am 17. August des Jahres 1732 endete das Leben der Elisabetha Frommerin vulgo Alte Lisel in Salem am Bodensee im Alter von etwa 10 Jahren am Galgen. Mit ihr starb ihr ›Beihälter‹ (auch ›Beischläfer‹) Thomas Schidenhalm, auch ›der Müller‹, ›der Beck‹ oder ›der Stotzinger‹ genannt, mit nur 26 Jahren. Drei Ehemänner hatte die Alte Lisel schon durch Strick oder Schwert verloren, mehrmals war sie ergriffen worden, stets war ihr die Flucht gelungen. Diesmal aber, am 27. Januar 1732, wurde sie zusammen mit vier Frauen und vier Männern für immer erwischt. Sie wurden auf einem als Unterschlupf dienenden Bauernhof in Lausheim bei Ostrach - damals salemisches Amt - von einer fünfzehnköpfigen Streife festgenommen, peinlichst bewacht und fünf Monate lang verhört.

Lisels Tochter Columbina Knoblocherin, Kind ihres ersten Mannes Andreas Knoblocher und etwa 15 Jahre alt, und ihre Magd Anna Meyle (Maria Braunin) waren schon vorher bei Ramsen festgenommen und ins Gefängnis von Stockach überführt worden.

Lisel war eine routinierte Diebin, Bettlerin und

Landfahrerin. Sie wußte genau, daß sie ohne Geständnis nicht zu verurteilen war. Also behauptete sie, ihre Mitgefangenen gerade eben erst und rein zufällig kennengelernt zu haben. Die Verhörrichter des Reichsstiftes Salem, die gegen das Gaunerpack, die geschickt die überreich vorhandenen Territorialgrenzen nutzenden Sackgreifer, Beutelschneider, Falschbettler und Trickbetrüger, endlich einen markanten Erfolg haben wollten, wandten alle Schliche des Verhörhandwerks an. So wurde die Alte Lisel nach hartnäckigem und professionellem Leugnen von Bachhaupten nach Salem gebracht und mit Thomas Schidenhalm und Columbina konfrontiert. Jetzt brach alles heraus. Der Salemer Amtsschreiber berichtet über das Geständnis am 7. Mai 1732: »Wegen der von der Inquisitin bezeugten Halsstarrigkeit und ihres Leugnens wurde beschlossen, sie mit ihrem ehemaligen Hurenbuben Thomas Schidenhalm zu konfrontieren. Er wurde der Inquisitin unter das Angesicht geführt und ermahnt, die Wahrheit zu sagen. Er solle das wiederholen, was er in den Verhören über die diebischen Missetaten der Frommerin gesagt hatte. Schidenhalm bat die Inquisitin, um Gottes Willen zu gestehen. Endlich, nach einer guten halben Stunde, fiel sie dem Gericht zu Füßen und bat mit weinenden Augen und erhobenen Armen um Verzeihung für ihr halsstarriges Leugnen. Sie wollte nun alles bestätigen, was ihre Mitgefangenen und die Tochter Columbina in Stockach ausgesagt hatten. Alles, was sie im Leben da und dort gestohlen, wolle sie nunmehr offenbaren. Bis zum Nachmittag bitte sie um Bedenkzeit, dann wolle sie den Anfang machen und allein auf Gott und die Herrschaft vertrauen.«

Der Historiker Andreas Blauert fand 1992 im Generallandesarchiv Karlsruhe die Unterlagen des Prozesses gegen die Diebesbande der Elisabetha Frommerin: 500 Seiten Verhörprotokolle der Bandenmitglieder. Darüber hinaus drei gedruckte sogenannte Gaunerlisten, Verzeichnisse mit detaillierten Angaben zu den ›vagierenden Mördern, Kirchen- und Straßenräubern, Beutelschneidern, Tag- und Nacht-, Markt- auch Herbergdieben‹. Darunter die Alte Lisel, Maria Braunin und Thomas Schidenhalm. Die hier mitgeteilten Tatsachen beruhen auf Blauerts Büchlein über die Bande der Alten Lisel (Andreas Blauert: Sackgreifer und Beutelschneider. Die Diebesbande der Alten Lisel, ihre Streifzüge um den Bodensee und ihr Prozeß 1732, Konstanz 1993).

In den Salemer Verhören und Geständnissen kommt das Bild einer Diebesbande ans Licht, in der den Frauen beim Überlebenskampf eindeutig die Hauptrolle zufiel: Sie hatten ihre Sippe zu versorgen, mußten vor allem die vielen Kinder durchfüttern. Dank ihrer Fingerfertigkeit und kriminellen Routine gelang es ihnen, das Nötigste auf Märkten und Messen, vor Kirchen oder Gasthäusern zusammenzustehlen. Die Männer waren dabei halbe Zuhälter, die im Wirtshaus das Beutegeld vertranken. Gelegentlich verließen sie die umherziehende Gruppe, um sich an größeren Raubzügen und Einbrüchen zu beteiligen. Die Alte Lisel war das unumstrittene Oberhaupt der vagierenden ›Großfamilie‹.

Im Salemer Prozeß wurde ihr Lebensweg seit dem Sommer 1729 zu rekonstruieren versucht. Damals war sie in Sigmaringen aus dem Gefängnis ausgebrochen, wo ihr dritter Mann, der Geiger Stöffele, mit einigen Schicksalsgenossen hingerichtet worden war.

Zur ständigen Begleitung der Alten Lisel gehörten ihre Tochter Columbina und ihre Magd Anna Meyle (Maria Braunin). Ob sie mit ihrem ›Beihälter‹ Thomas (auch Dominicus) Schidenhalm regelrecht verheiratet war, ist unklar. In Räuber- und Gaunerkreisen wurde im allgemeinen Wert auf eine ordentliche Eheschließung gelegt; nicht selten wurden unwillige Pfarrer mit Geld oder Drohungen zur heiligen Hochzeitshandlung genötigt.

1731 kam der Tüpflete Hans zu Lisels Bande und half Thomas Schidenhalm bei größeren Diebstählen und Einbrüchen. Diese fünf Gaunerinnen und Gauner bildeten den Kern der Landfahrerbande. Weitere Vagantinnen und Vaganten gesellten sich zu ihnen und verließen sie wieder. Die Alte Lisel wird in den Untersuchungsakten als Beutelschneiderin, Marktdiebin und Sackgreiferin bezeichnet. Ihre Spezialität war zweifellos der Taschendiebstahl.

Von den zahllosen Diebstählen der Alten Lisel im weiteren Raum um den Bodensee seien nur einige wenige genannt. Einmal gesteht sie, einem Mann bei Bregenz, hinter welchem sie auf einem Schlitten hergefahren war, zwei Gulden aus der Hose ›herausgezwackelt‹ zu haben. Im Oktober 1731 brachte sie ein Kind zur Welt. Dafür war ein sicherer Unterschlupf in Riederenholz bei St. Gallen gefunden worden. Ganz kurz vor der Entbindung gelang ihr noch der Diebstahl eines Goldstückes, bei einem Raubversuch in Schaffhausen wurde sie jedoch erwischt und verprügelt.

Thomas hatte sich in Solothurn umgesehen. Als Willkommensgabe fürs Kind brachte er zwei Leinentücher, zwei Männer- und ein Frauenhemd, zwei

Windeln, ein Kissen und einen braunen Männerrock ans Wochenbett. Elisabetha ihrerseits hatte auf Vorrat 12 Gulden und besagtes Goldstück zusammengebracht.

Schon um Martini (11. November) war die Alte Lisel wieder auf Diebestour. In Bischofszell stahl sie einem Bauern einen Lederbeutel mit 24 Gulden.

Gegen Ende des Monats versorgte die Magd Anna Meyle den Säugling, um der Frommerin in Konstanz freie Hand bei einem beträchtlichen Gelddiebstahl zu lassen. Columbina stahl ein Korallenhalsband und zwei silberne Löffel.

So zog man von Markt zu Markt, von Stadt zu Stadt, nahm Quartier und Unterschlupf auf Bauernhöfen oder in Wirtshäusern, die meist von Sympathisanten oder Hehlern der Gaunerszene geführt wurden. Das Beutegut, das ständig weiterverkauft oder -verarbeitet werden mußte, sicherte schlecht und recht das Überleben.

Oft genug wurde man erwischt, verprügelt, gebrandmarkt oder - wie es der Alten Lisel nach einem im Weinrausch verpfuschten Diebstahl erging - mit Verstümmelung bestraft. Sie wurde in Chur an den Pranger gestellt, bekam ein Stück ihrer Nase abgeschnitten und erhielt lebenslanges Landesverbot.

Selten hatte man so viel Erfolg wie in Chur gehabt, wo zur Jahreswende 1731/32 ein acht Tage dauernder Jahrmarkt stattfand. Columbina stahl einer Frau, die gerade an einem Marktstand einkaufte, ein Lederfutteral mit acht Ringen aus der Tasche, die Lisel konnte etliche Gulden übernehmen, Thomas wartete wie so oft im Wirtshaus auf die Beute der Frauen.

In der Nacht vom 27. Januar 1732 auf den 28. wurde

die Alte Lisel mit den meisten ihrer Landfahrergruppe im Gahlinger Hof des Bauern Sebastian Bernhardt verhaftet. Sie wurde auf einem Karren von Lausheim über Ostrach nach Bachhaupten gebracht.

Wie stets in solchen prekären Situationen sannen die Vaganten auf Flucht. In Ostrach legte der Troß eine Mittagspause ein. So streng und brutal die Strafen für wiederholten Diebstahl waren (nie hatte Lisel Mord oder Totschlag begangen), so groß war die Gefahr, daß die Bewacher, die meist auch in elenden Verhältnissen lebten, den Gaunern zur Flucht verhalfen, wenn sie dafür entsprechend belohnt wurden. Immerhin ließen sich in Ostrach die Salemer Schützen und Jäger von den Gefangenen zum Wein einladen und planmäßig betrunken machen. In dem nicht geringen Durcheinander brachten die Gauner ein Messer an sich, nur einem indes gelang die Flucht, und der wurde bald darauf wieder eingefangen und ins Aulendorfer Gefängnis gesteckt. Die Diebesbande der Alten Lisel war am Ende.

Mit ihren vierzig Jahren hatte sie ein für Gaunerverhältnisse hohes Alter erreicht, was sehr für ihre Geschicklichkeit und gaunerischen Fähigkeiten spricht. Schaut man sich die in den Verhören zu Tage getretenen Biographien der aufgegriffenen Diebe und Vaganten und ihrer Familienmitglieder an, so erfährt man, wie kurz ein gewöhnliches Gaunerleben währte, bis es von der Obrigkeit durch Hinrichtung beendet wurde. Oft führte der Weg von der armseligen Existenz als Bettler, kleiner Händler und Hausierer über geringfügige Diebstähle zum Gauner- und Räuberleben. Und dann war der baldige Tod so gut wie gewiß, wenn man nicht lebenslang auf den Galeeren landete oder zu Zucht- und Arbeitshaus begnadigt wurde.

Die Obrigkeit führte einen permanenten Krieg gegen das ›Gaunergesindel‹. Mit groß angelegten Streifzügen, breit gestreuten Gaunerlisten, drakonischen Strafen, mit ständig erneuerten Bettel- und Wanderverboten, Landesverweisen und brutalen Züchtigungen ging es gegen die Diebe und Räuber, die gerne etwas anderes geworden wären. Mit bescheidenen Erfolgen; denn mit den Armen ließ sich nicht die Armut ausrotten. Nicht durch freie Berufswahl wurde jemand zum Sackgreifer, zum Kirchendieb, Straßenräuber oder Trickbetrüger, wie die Alte Lisel und die Mitglieder ihrer Bande:

»Lisel, N. auß dem Schwabenland, in 40 Jahren, kurtz und gemeiner Taille, rund und bleiches Angesicht, schwartz Haubt=Haar, streicht den märckten nach, kommt Schwänisch gekleidet, und hat zwey Kinder.«

Aus einem Diebsverzeichnis, Zürich 1728

»Geiger=Stöffeli, auß dem Allgeu, in 20 Jahren alt, langer und magerer Statur, ein lang, mageres und weisses Gesicht, spitzige Nasen, schwartz=braunes glatt mittelgaltiges Haar, ohngebartet, ein Geiger und Beutelschneider, Kleideren halben veränderlich, halt sich meistens im Schwaben und Schweitzerland auf, vor einem Jahr ohngefehr sey dieser zu Zürich in Verhaft gewesen, führt eine Canalie mit sich, die heisset Lisel.«

Aus demselben Diebsverzeichnis

»Thomas, ein Schwab 26. Jahr alt/ ein kleiner/ kurtzer/ dicker Mann/ hab ein volles schwartzes Angesicht/ schwartz kurtze Haar/ auch einen schwartzen Bart/ schwartze Augen/ und wohl zähnet/ ein Müller/ mit weissem Rock/ trage einen Rantzen bey sich und einen gemeinen Huth/ Strümpf und Hosen wie der Rock/ und gesponnenen Knöpffen gleicher Farb/ er glaube (= der Aussagende, Zusatz von Andreas Blauert)/ daß dieser bey Salmenschweyl in selbiger Jurisdiction gefangen liegen solle (...)«

Zuger Beschreibung aus dem Jahre 1732

Charakter und Lebensgeschichte der Christina Schettinger

In ähnlichem Ambiente wie die Alte Lisel hatte sich Christine Schettingerin zu bewegen. Ihr nähern wir uns auf dem Umweg über den am 4. Juni 1729 in Ebersbach an der Fils geborenen Johann Friedrich Schwahn, genannt Sonnenwirtle. Er hat glänzend überlebt, aber nur als literarischer Schemen von Friedrich Schillers ›Verbrecher aus verlorener Ehre‹. (Die meisten Angaben verdanken wir Horst Brandstätter: Der Verbrecher aus verlorener Ehre. Eine wahre Geschichte von Friedrich Schiller, Berlin 1984.)

Die 1786 im zweiten Heft der ›Thalia‹ zunächst unter dem Titel ›Verbrecher aus Infamie. Eine wahre Geschichte‹ erschienene Kriminalgeschichte mag ›wahr‹ sein als analytisch-literarische ›Leichenöffnung‹ des gestrauchelten Räubers und Mörders, als grandiose Demonstration eines fatalen Räuberschicksals, das hätte gewendet werden können, wenn der Landesherr dem Umkehrwillen des Sonnenwirtle gefolgt wäre; den historischen Tatsachen folgt Schiller nicht.

Gerade im Falle des Sonnenwirtles verfügen wir über aussagekräftiges Quellenmaterial und zeitgenössische Bearbeitungen. Und glücklicherweise wissen wir auch ziemlich viel über Christina Müller und Christine

Schettingerin. (Die Namen wechseln zwischen Christina und Christine, die Schettingerin wurde auch Schettinger genannt.) Die erstere ist Schillers Hannchen, die vom Sonnenwirtle geliebt wird, aber auch von Robert, dem ›Jägerpurschen‹. Schiller zeichnet Hannchen als zwar armes, aber verworfenes und durchtriebenes Subjekt, eine gerissene Ausbeuterin. Weil er sie nicht heiraten darf und der Jäger Robert bei ihr reussiert, erschießt er ihn im Wald. Gänzlich gestrauchelt lebt er dann mit einer Räuberbande, die ihn auch mit einer Frau, der ›schüchternen Marie‹, versorgt. So geschah das bei Schiller:

»Man hatte mich zwischen zwo Weibspersonen sitzen lassen, welches der Ehrenplatz an der Tafel war. Ich erwartete den Auswurf ihres Geschlechts, aber wie groß war meine Verwunderung, als ich unter dieser schändlichen Rotte die schönsten weiblichen Gestalten entdeckte, die mir jemals vor Augen gekommen. Margarete, die älteste und schönste von beiden, ließ sich Jungfer nennen und konnte kaum fünfundzwanzig sein. Sie sprach sehr frech, und ihre Gebärden sagten noch mehr. Marie, die jüngere, war verheiratet, aber einem Manne entlaufen, der sie mißhandelt hatte. Sie war feiner gebildet, sah aber blaß aus und schmächtig und fiel weniger ins Auge als ihre feurige Nachbarin. Beide Weiber eiferten auf einander, meine Begierden zu entzünden; die schöne Margarete kam meiner Blödigkeit durch freche Scherze zuvor, aber das Weib war mir zuwider, und mein Herz hatte die schüchterne Marie auf immer gefangen.«

Bei den Räubern im Wald, die ihn schnurstracks zum Hauptmann erklären wollen, wurde ihm endlich gewährt, wonach er immer gierte: »Wollust war meine wütendste Neigung; das andere Geschlecht hatte mir bis jetzt nur Verachtung bewiesen, hier erwarteten mich Gunst und zügellose Vergnügungen. (...) ›Ich bleibe bei euch, Kameraden‹, rief ich laut mit Entschlossenheit und trat mitten unter die Bande; ›ich bleibe bei euch‹, rief ich nochmals, ›wenn ihr mir meine schöne Nachbarin abtretet!‹ – Alle kamen überein, mein Vergnügen zu bewilligen, ich war erklärter Eigentümer einer H*** und das Haupt einer Diebesbande.«

Damit verschwinden die Frauen aus der Räubergeschichte. Der Sonnenwirtle taumelt allein seinem Verderben entgegen. Nicht um gegen Schillers Erzählung rechthaberisch die historische Wahrheit aufzufahren, soll im folgenden von Christina Müller und Christine Schettinger die Rede sein, sondern um den kriminalliterarischen ›Fall Sonnenwirtle‹ in seine lebendigen Zusammenhänge zurückzuführen. Schillers Erzählung hat das Interesse an Johann Friedrich Schwahn wachgehalten und letztendlich auch dazu geführt, daß im Stuttgarter Hauptstaatsarchiv das immense Aktenkonvolut ›Sonnenwirtle‹ aufgehoben wurde.

Friedrich Schwahn, Sohn des angesehenen Metzgers und Sonnenwirts in Ebersbach, wuchs auf wie anderer Bürger Söhne. Er lernte lesen, schreiben, die Bibel teilweise auswendig. Mit siebzehn Jahren findet er im Schlafzimmer der Eltern die gewöhnlich fortgeschlossene Geldkassette. Die gewaltige Summe von 373 Gulden fällt ihm in die Hände. Das ist der Beginn einer Diebes-, Räuber- und Mörderkarriere, die am 30. Juli 1760 in Vaihingen am Galgen endet. Seine Verhaftungen, Fluchten, wahren und falschen Beschuldigungen, seine grausamen und seine sinnlosen, plumpen oder raffinierten Untaten sollen hier kaum interessieren. Wohl aber sein Verhältnis zu Christina Müller, Tochter eines verarmten Bauern.

Er lernt sie Ende 1749 kennen. Sie wollen heiraten, der Vater verbietet es wegen Christinas niedrigem Stand. Am 30. November 1750 kommt ihre Tochter Anna zur Welt.

Im April 1753 wollen sie nach Pennsylvanien auswandern. Schwahn bekommt die Erlaubnis des Herzogs unter der Bedingung, daß er für immer auf sein Heimat- und Bürgerrecht verzichtet. Das aber will der Sonnenwirtle nicht. Und wiederum verhindert der Vater die gewünschte Heirat.

1756. Friedrich, der die meiste Zeit in verschiedenen Gefängnissen sitzt, gelingt die Flucht aus dem Göppinger Kerker, er geht nach Neckarenzlingen, wo Christina als Magd untergekommen ist, und zwingt sie, ihn bei der Flucht ins Ausland zu begleiten, was mißlingt. Christina wird ins Göppinger Gefängnis gesteckt, der Sonnenwirtle, mittlerweile bei hohem Kopfgeld gesucht, stiehlt sich durch und wechselt dauernd seinen Aufenthalt. Christina kommt frei und lebt zurückgezogen auf verschiedenen Bauernhöfen.

Am 15. Juli 1757 ermordet der Sonnenwirtle den Fischer Johannes Hohnecker, der ihn eher zufällig beim Wildern überrascht.

Im Frühjahr 1757 war Schwahn im Wald um Wäschenbeuren auf eine Gaunerbande gestoßen, die fast ausschließlich aus Mitgliedern der Zigeunerfamilie Schettinger besteht, unter anderen den Schwestern Margarethe und Christine. Diese Sippe bringt ihn mit dem bekannten Vagantenpfarrer Johann Balthaß Schülin in Tüngental zusammen, der zwar offiziell wegen der Trauungen (›Kopulierung von herumvagierenden Gaunern‹) vom Amt suspendiert ist, aber munter fortfährt, in Gaunerkreisen Ehen zu stiften. Jetzt endlich werden Friedrich Schwahn und Christina Müller, wenn auch durch einen gefallenen Pfarrer, getraut. Jetzt ist es allerdings gar nicht mehr nötig; denn der Sonnenwirtle hat sich unterdessen in Christine Schettinger verliebt, die als ›sinnlich, schön und glutäugig‹ gilt.

Die ›schwarze Christine‹ bringt dem verfolgten Schwahn einen handfesten Vorteil: Sie ist eine routinierte Marktdiebin und Sackgreiferin. Der Sonnenwirtle hat längst alle Brücken zur bürgerlichen Gesellschaft hinter sich abgebrochen. 100 Gulden stehen nun auf seinen Kopf. Er zieht mit Christine Schettinger ruhelos durchs Land. Sie stehlen und rauben zwischen Ulm, Aalen, Heilbronn und dem Badischen. Sie brechen den Opferstock in der Lauchheimer Judenschule auf, überfallen einen jüdischen Händler, stehlen Reisegepäck von einer fahrenden Kutsche. Der Sonnenwirtle und Christine Schettinger bleiben den Winter über auf versteckt gelegenen Bauernhäusern.

Zwischen dem Frühjahr 1758 und Herbst 1759 lebt Friedrich vor allem von Christines Marktdiebstählen. Sie verwendet dabei einen Spezialrock mit sehr großen Innentaschen. Sie gebiert ein Kind, das bald darauf stirbt. Ihren untröstlichen Schmerz über den Verlust sucht sie dadurch zu lindern, daß sie die Kindsleiche in einem Kasten solange mit sich herumträgt, bis der Verwesungsgeruch nicht mehr auszuhalten ist.

Im Herbst 1759 erschießt der Sonnenwirtle im badischen Jehlingen einen Mann, der ihn an der Flucht aus einem Gasthaus hindern will. Sein zweiter Mord. Christine Schettinger und die Magd Katharina Schenkin kommen in Stain bei Pforzheim ins Gefängnis. Der von Christine getrennte Sonnenwirtle verzweifelt, er leidet Kälte und Hunger. Am 6. März 1760 wird er in Vaihingen an der Enz festgehalten, aber nicht gleich erkannt. Der Oberamtmann Abel, Vater von Friedrich Schillers Philosophielehrer Jakob Friedrich Abel, ist ein aufgeklärter Menschenfreund. Er redet mit dem Sonnenwirtle wie wohl niemand vor ihm. Schwahn gibt schließlich weinend seine Identität preis und wird unter allerstrengsten Vorkehrungen im Vaihinger Haspelturm eingeschlossen. Nun wird auch Christina Müller verhaftet und zusammen mit Christine Schettinger und der Magd nach Vaihingen gebracht. Christine leugnet zunächst alles, gibt sogar vor, den Sonnenwirtle nicht zu kennen. Ihr zweites Kind kommt im Gefängnis zur Welt und wird ihr nach sechs Wochen fortgenommen. Sie wird fast wahnsinnig, schreit tagelang und kratzt mit den Fingernägeln den Boden auf. Der Sonnenwirtle gesteht alles und bereut seine Sünden. Er will sich mit dem Himmel versöhnen und wird am 30. Juli 1760 gehenkt. Christine Schettinger und Katharina Schenkin werden ebenfalls zum Tode verurteilt. Christina Müller muß für vier Jahre ins Zuchthaus nach Ludwigsburg.

Auf merkwürdige Weise berühren sich Schillers und Schwahns Lebenslinien. Der Dichter war Patensohn des Vaihinger Bürgermeisters Hübler, an dessen Haus der Sonnenwirtle auf dem Weg zur Hinrichtung stehengeblieben war, um sich bei ihm ›gehorsam für alle erwiesenen Wohltaten‹ zu bedanken.

Jakob Friedrich Abel, Schillers wenig älterer Philosophielehrer an der Stuttgarter Karlsschule, hatte als neunjähriger Knabe den Sonnenwirtle ›beinahe alle Tage lang‹ im Kerker besucht.

1787 veröffentlichte Abel sein Räuberporträt ›Lebensgeschichte Friedrich Schwahns‹. Das dort zutagetretende human-aufgeklärte Interesse an den Tatmotiven des Sonnenwirtle fehlt seinen Ausführungen über Christine Schettinger leider vollkommen. Seine literarisch-biographischen Fähigkeiten versagen hier in eklatanter Weise, es reicht nur noch für ein kurzes, ungerechtes Porträt einer sinnlichen und monströsen Räuberbraut. So haben wir mit Schillers und Abels Texten zwei Varianten des Verfehlens: Schiller zieht den Sonnenwirtle nach oben, übergeht die Frauen, Abel erniedrigt die Schettingerin und schiebt ihr die Schuld an Schwahns Verderben in die Schuhe.

Geburt, erste Erziehung und erste Bildung ihres Charakters

Schettinger hatte alle Gaben der Natur in reichem Maße empfangen. Mit einer sehr schönen Bildung verband sie eine so große Tätigkeit und Anlage des Geistes, daß sie einen so scharfsinnigen Kopf, als Schwahn war, lange Zeit ohne sein Wissen gänzlich beherrschte und ihn, der sonst so richtig sah, beinahe sein ganzes Leben hindurch betrog. Die Stärke ihrer Leidenschaft für ihre Kinder, für das Äußerliche der Religion und für viele andere Gegenstände beweist, daß auch ihr Herz, der Anlage nach, nicht wenig fühlbar gewesen.

Aber so gütig die Natur von dieser Seite gewesen war, so ungütig schien sie von einer anderen. Schettinger stammte aus einem Geschlecht, das schon seit 200 Jahren Rauben und Morden zum ordentlichen Handwerk gemacht hatte.

Vater, Geschwister und wenigstens etlich und zwanzig von ihren nächsten Anverwandten waren auf dem Rad oder am Galgen gestorben oder schmachteten damals, zum Teil noch jetzt, in Gefängnissen und auf Galeeren. Zwar mögen Familiengeschichten dieser Art bei einigen die Wirkung haben, daß sie, geschreckt durch die an Anverwandten vielmehr auffallenden Folgen des Lasters, dasselbe um so eifriger meiden (wie dann wirklich eine ihrer Schwestern, obgleich von eben diesen Eltern zu eben diesen Lastern erzogen, sich lieber eine höchst kümmerliche als die elterliche, verruchte Lebensart wählte). Aber gewiß haben sie bei viel mehreren die Folge, daß sie eine Lebensart, die sie von allen, die sie kennen, und besonders von ihren liebsten Freunden und Anverwandten ausgeübt sehen und die wirklich auch in der Lage, in welcher sie sich ihre ganze Lebenszeit durch befanden, allein zu ernähren imstande war, liebgewinnen und daß sie alle, die sich ihnen hierin entgegensetzten, und folglich das ganze Menschengeschlecht als erklärte Feinde, als feindselige Verfolger ansehen, deren Ungerechtigkeiten sie zu rächen befugt seien.

Bei Schettinger traf das letzte nur zu sehr ein.

Erzogen von einer aus allen Lastern zusammengesetzten Mutter und im Schoß einer Räuberbande, deren höchste Wissenschaft und Ruhm Raub und Mord war, gewöhnte sie sich frühzeitig an Rauben und Morden und sah diese Art, sich zu verhalten, so wenig als lasterhaft an, daß sie ihr ganzes Leben durch Strafen gegen Gauner für offenbare Ungerechtigkeit erklärte und öfters mit höchstem Unwillen behauptete, daß, wenn Stehlen mit dem Tode bestraft werde, kein Mensch von dieser Strafe auszunehmen sei.

Aus der Lebhaftigkeit ihres Temperaments, das unglücklicherweise mit großen Reizen ihrer Person verbunden war, entstand noch ein anderes Laster, die heftigste Zuneigung zu Ausschweifungen, und alle diese Laster, da sie so früh in ihre Seele gedrungen und von keinen entgegengesetzten Tugenden, Gefühlen oder nur Begriffen zurückgehalten wurden, lagen viel tiefer als bei Schwahn eingewurzelt, so daß die uneingeschränkteste Ausübung derselben nicht einmal Gewissensbisse in ihr erweckte.

Bei aller dieser Verdorbenheit der Seele schien sie doch noch eine Tugend, ja den Grund aller Tugenden zu besitzen.

Niemand betete pflichtlicher das Paternoster. Niemand besuchte die Wallfahrten so fleißig oder wohnte den Prozessionen so häufig bei. Schwahn hat versichert, daß sie oft auf eine einzige solche heilige Feierlichkeit mehr als 30 fl. aufgewandt, daß sie aber auch öfters das Geld dazu vorher gestohlen habe.

Jedoch eine Frömmigkeit, die bloß in Ausübung äußerlicher Zeremonien besteht, bestärkt viel eher den Bösewicht in seinen Lastern, als daß sie diese ausrottet; denn da solche äußerlichen Gebräuche viel leichter zu erfüllen sind als die Forderungen einer echten Religion, als Ausrottung böser Neigungen und Einpflanzung guter, so erfüllt sie der Lasterhafte gar gerne und pünktlich, glaubt durch Befolgung derselben alle Pflichten der Religion erfüllt zu haben, wird sogar stolz auf seine Frömmigkeit und erlaubt sich nun, überzeugt, daß er hierdurch genug getan und im Notfall auch neue Sünden gegen seine guten Werke abrechnen könne, jedes Verbrechen um so leichter.

Dies war der Charakter der Schettinger schon sehr frühzeitig. Ihre ganze Geschichte ist nichts als Folge und Ausdruck desselben.

Geschichte ihres Aufenthalts unter den Gaunern und weitere Verschlimmerung ihres Charakters

Sie war nur erst zwölf Jahre alt, als sie bereits mit ihrer Mutter auf alle Märkte zog, log, betrog und raubte, was sie habhaft werden konnte. Diese Talente nebst ihrer Schönheit und Geilheit erweckten ihr bald Liebhaber, sie zauderte lange, bis sie endlich Sympathie der Neigungen bestimmte, gerade den verruchtesten von allen Gaunern auszuwählen. Aber ihr Glück war sehr unbeständig. Der Liebhaber wurde zu Darmstadt gehenkt und sie selbst ins Spinnhaus geworfen, aus welchem sie sich jedoch bald wieder befreite. Von nun an war dies der Wechsel ihres Schicksals durch ihr ganzes Leben; sie raubte, wurde wegen Raubs gefangen, entfloh, raubte wieder, wurde wieder gefangen und entfloh wieder.

Man wundert sich vielleicht, warum Schettinger nicht endlich, geschreckt durch ihre bisherigen Strafen, sich auf eine minder sträfliche Art zu nähren angefangen, aber wie konnte das an Müßiggang und Herumziehen gewohnte Weib die Arbeit lieben, und wenn sie sie auch geliebt, wie hätte sie Arbeit finden können, wie können überhaupt jemals Gauner von ihrer Lebensart abgebracht werden, solange teils keine Anstalten vorhanden sind, durch welche während ihres Gefängnisses ihre Begriffe und ihre Charakter gebessert und sie besonders zur Arbeit gewöhnt werden, wenn ihnen nach ihrer Befreiung keine Gelegenheit zur Erwerbung des Unterhalts durch Arbeit gegeben wird? Kurz, sie war selbst durch ihre Umstände wie durch ihre Neigung genötigt, aufs neue unter die Gauner einzutreten.

Ich habe schon erzählt, auf welche Art sie die merkwürdige Bekanntschaft mit Schwahn gemacht und ihn durch eben das, was sie am wenigsten besaß, durch Bescheidenheit und Sprödigkeit, so gefesselt, daß er sich mit ihr verheiratete.

Von dieser Zeit an stiegen größere Projekte in ihrer Brust empor. Erst betrog sie den sonst so scharfsinnigen Mann, wie ihr beliebte. Sie buhlte mit jedem, der ihr in den Weg kam, und doch konnte Schwahn nie so weit gebracht werden, daß er, ungeachtet so vieler gehäufter Beschuldigungen und unerachtet des täglichen Anblicks ihrer Freveltaten, die gegen sie vorgebrachten Beschuldigungen glaubte, sondern daß er vielmehr auf jeden, der ihm etwas Nachteiliges von ihr erzählte, aufs heftigste erbost wurde.

Ich wiederhole die Räubereien und Einbrüche nicht, die sie in Schwahns Gesellschaft verrichtete, ich nenne nur eine Handlung, die zugleich erweist, wie sehr sie diesen selbst an Bosheit übertraf und wie der Charakter, den wir oben von ihr gegeben, stets noch mehr verschlimmert wurde.

Einst ist sie auf ihren Bruder erzürnt; sogleich eilt sie zu Schwahn und bittet ihn, ihren Bruder zu erschießen. Schwahn weigert sich, stellt ihr die Größe des Verbrechens vor und sucht sie zu besänftigen. Umsonst, sie bedroht, sie beschwört ihn, noch weigert sich Schwahn und noch läßt sie nicht nach. Endlich, da Schwahn noch immer nicht einwilligt, holt sie selbst die Pistolen, ladet sie, reicht sie Schwahn, gegen ihren Bruder hingezielt, in die Hand und martert ihn so lange, bis er, um ihrer loszuwerden, sie losdrückte. Glücklicherweise wurde jedoch der Bruder nicht getroffen.

Wir haben bei Schwahn bemerkt, daß er seine Lebensart stets verwünscht und sich sogar oft gesehnt, sie zu verlassen. Schettinger hatte nie einen fernen Gedanken, sie aufzugeben. Noch weniger machte ihr das Gewissen Unruhe; sie spottete sogar über Schwahn, wenn Anwandlungen von Gewissensbissen bei ihm rege wurden.

Es ist für den Menschenfreund keine angenehmere Entdeckung, als wenn er in einem Herzen, das so durchaus verdorben ist, wenigstens noch einen edlen Zug findet. Wir haben von Schwahn viel entdeckt, von Schettinger weiß ich nur einen, die Liebe zu ihrem Kind.

Sie hatte nämlich von Schwahn ein Kind, das sie sehr liebte; dieses Kind starb sehr frühzeitig, und ihre Betrübnis über seinen Tod war so übermäßig, daß sie ganz in Verzweiflung ausbrach und wirklich dem Wahnwitz nahe war. Auch wollte sie sich durchaus nicht von demselben scheiden und trug daher den schon sehr übel riechenden Leichnam in einem Kästchen mit der größten Beschwerlichkeit acht Tage mit sich. Schwahn hat eben diese Bemerkung von ihrer durchaus lasterhaften Mutter gemacht und gemutmaßt, daß sie bloß aus Schmerz über die Gefangennahme ihrer Tochter sich erhenkt habe.

Vielleicht, daß eben die Absonderung und Entfernung des Herzens von allen Menschen dieses desto mehr auf den einigen Gegenstand hinfesselt, der allein noch die Liebe auf sich zu ziehen fähig ist, vielleicht auch, daß Gefahren, Unglück und Furcht vor Verlust die Liebe vermehren.

Gefangennahme, Tod, nebst ihrem Gemütszustand während dieser Zeit

Aber jetzt war ihre Rolle am Ende. Sie wurde auf einem Marktdiebstahl in Ettlingen ergriffen und mit ihrer ganzen Bande ins Gefängnis geworfen. Nach ihrer Gewohnheit gab sie nun zwar einen falschen Namen an und leugnete gegen die augenscheinlichsten Beweise alles; doch ihres Leugnens ungeachtet, erfuhr man bald ihre Verbrechen, indem Schwahn, der indes gefangengenommen worden, sie selbst angab. Sie wurde daher auch, sobald sie als Schwahns Weib bekannt war, nach Vaihingen geschickt.

Auch hier leugnete sie wieder aufs hartnäckigste, schimpfte über Ungerechtigkeit, drohte, aber ein Mittel, dessen sich der Oberamtmann bediente, entdeckte bald ihren wahren Stand: Dieser ließ nämlich Schwahn, von dessen Gefangenschaft sie nichts wußte, hinter eine spanische Wand sich verbergen und ihn dann, als sie jemals ihn gesehen zu haben leugnete, auf ein gegebenes Zeichen auf einmal hervortreten.

Schwahns ganze Seele war bei ihrem Anblick bewegt, er zerfloß in Tränen der Liebe und des Schmerzes. Auch sie war bei seinem unerwarteten Anblick erschüttert, doch faßte sie sich plötzlich wieder und nahm die gleichgültige Miene, wie gegen einen unbekannten oder kaum einmal gesehenen Mann an.

Schwahn ließ sich nicht abschrecken. Er näherte sich ihr mit den zärtlichsten Liebkosungen, die um so rührender waren, da sie sich jetzt zum erstenmal in einer so traurigen Lage und unter noch traurigeren Aussichten wiedersahen. Aber sie verschmähte mit Unwillen seine Zärtlichkeiten und beschwerte sich über die Vertraulichkeit eines Unbekannten, der noch überdies allem Anschein nach ein großer Bösewicht sei und sie selbst in diesen Verdacht bringen wolle. Noch ließ er nicht nach.

Er erklärte ihr, daß das Leugnen ihrer Verbrechen nun zu spät sei, daß er längst alles gestanden und daß sie selbst auch durch viele Umstände sich schon verraten habe. Er versicherte sie, daß nun das Ende ihrer Freveltaten gewiß gekommen, daß er aber seinen gegenwärtigen Zustand, wo er in Ketten und Banden schmachte und keine Aussicht als den Tod habe, dennoch für viel glücklicher halte, als jenen, da er in seiner höchsten Freiheit Gottes und der Menschen gespottet.

Nichts rührte das boshafte und verhärtete Weib; sie antwortete ihm nur mit Unwillen und Verachtung. Nun konnte sich Schwahn nimmer halten. Seine beiden großen Leidenschaften Zorn und Rachsucht brachen plötzlich hervor, er tobte, raste, fluchte und wünschte nichts mehr, als die Verruchte mit eigener Hand ermorden zu können. Doch auf diesen wilden Ausbruch folgte sogleich wieder Ergießung sanfter Liebe und Zärtlichkeit; er bat, flehte, weinte, aber auch seiner Bitten und seiner Tränen spottete sie, bis er aufs neue in

Wut ausbrach und so wechselweise jetzt der Wut, jetzt der Zärtlichkeit sich überließ.

Indessen war ihre Erschütterung beim ersten Anblick Schwahns und viele Umstände, die dieser angegeben, bei weitem hinlänglich, sie zu überweisen, und nach vielen vergeblichen Bemühungen sowohl des Beamten als des Schwahns, der immer abwechslungsweise in Wut und Liebe gegen sie zerfloß und diese beiden Empfindungen durch die gemeinschaftlichen Wächter ihr bekannt machte, gestand sie endlich ihren wahren Namen und die leichtesten und verzeihlichsten ihrer Diebstähle ein, die sie jedoch alle durch ihre Jugend und die Verführung Schwahns und ihrer Mutter zu entschuldigen suchte.

Alles half nichts, bald erfolgte ihr Todesurteil, daß sie gehenkt werden sollte. Schrecken und Wut durchdrang sie, da sie es anhörte; sie stand eine Zeitlang starr vor Entsetzen, dann brach sie in die fürchterlichsten Flüche aus und wütete so lange, bis sich ihre Kräfte gänzlich erschöpft hatten.

Man wird ohne Zweifel begierig sein, wie das boshafte Weib nun, da sie ihrer Laster überwiesen war und nichts als gewissen Tod zu gewarten hatte, sich betrug.

Die katholischen Geistlichen sowohl als die lutherischen suchten, jeder auf seine Art, Reue über ihre Verbrechen ihr beizubringen und sie auf bessere Wege zu führen.

Schwahn selbst gab sich die äußerste Mühe und versuchte bald durch die zärtlichste Liebe, bald durch die heftigsten Drohungen sie zu bekehren. Sie blieb gänzlich ungerührt. Auf alle Ermahnungen antwortete sie mit Vorwürfen und verwünschte sich selbst und alle

Menschen. Oft, wenn ihr der Geistliche vorhielt, daß sie mit diesen Gesinnungen gewiß zur Hölle verdammt würde, so antwortete sie, daß es ihr gleichgültig sei, in den Himmel oder in die Hölle zu kommen, sie werde in beiden Kameraden finden. Oft freute sie sich sogar darauf, einst in der Hölle gequält zu werden, weil sie sich Hoffnung mache, daß auch ihre Richter zugleich mit ihr gequält würden. Als man ihr das Beispiel ihrer Magd vorhielt, die sich sehr aufrichtig bekehrt hätte, so spottete sie darüber und schrieb ihre Bekehrung ihrer Dummheit zu, und als man ihr auch Schwahns Beispiel vorstellte, so antwortete sie, daß Schwahn das Leben besser genossen als sie und also sie sich nicht mit ihm vergleichen lassen könne. Nur sie allein, fuhr sie fort, sei die unglücklichste aller Menschen, da sie, noch so fähig, die Freuden der Welt zu genießen, ihnen schon entrissen werde.

So verhielt sie sich mehrere Tage, aber auf einmal schien ihre ganze Seele verändert. Sie gestand, daß sie jene verzweiflungsvolle Sprache bloß angenommen, weil sie geglaubt, daß man sie nicht in ihren Sünden dahinsterben lassen werde. Sie bekannte alle ihre Fehler, bezeugte die herzlichste Reue und versprach, Schwahn in der Freudigkeit beim Tode zu übertreffen. Auffallend war es dabei, daß sie sich gegen die lutherischen Geistlichen viel aufmerksamer als gegen die katholischen bezeugte, mit jenen viel williger und herzlicher betete und diesen sogar drohte, bei den lutherischen das Abendmahl zu nehmen. Kurz, auch diese schnelle Bekehrung sollte bloß zum Mittel dienen, Mitleid zu erwecken und ihr vielleicht das Leben zu retten.

Aber auch dieser Kunstgriff half nichts. Der Tag ihres Todes erschien, sie wurde auf das Rathaus geführt, wo ihr angekündigt wurde, daß sie noch heute sterben müsse.

Nun zeigte sich bald, daß ihr letztes Betragen nur Verstellung gewesen. Sie fiel in plötzliche Ohnmacht und erholte sich aus derselben nur, um in Wut gegen alle Menschen und selbst gegen Schwahn, der ihr Mut einzusprechen suchte, auszubrechen.

Endlich schlug die furchtbare Stunde; sie wurde zum Galgen fortgeführt, und ihre Verzweiflung wuchs mit jedem Schritt. Man nahte sich jetzt dem Galgen, man henkte ihre Magd, und immer wurde ihre Verzweiflung und Wut vermehrt. »Ist denn kein Pardon da«, rief sie mit lauter, wütender Stimme, und als ihre Frage mit Nein beantwortet wurde, so schrie sie mit noch lauterer Stimme: »Wer hat denn nun recht, der eine sagt so, der andere anders; ist den kein katholischer Christ da, wenn einer da ist, so gebe er mir doch ein Zeichen.«

Jetzt wurde sie die Leiter zu besteigen genötigt; Schwahn stand unter dem Galgen und schrie ihr immer zu: »Liebste Christine, wenn du mich lieb hast, wenn du mit mir in den Himmel kommen willst, du willst ja bei mir sein, so rufe Jesum an, den bluttriefenden, den blutschwitzenden Jesum, halte ihn, halte ihn, laß ihn nicht, halte ihn doch.«

Alles war umsonst: Nur mit größter Mühe gezwungen, bestieg sie die Leiter, sträubte sich bei jedem Schritt gegen die Henker, wiederholte mit verzweifelnder Stimme ihre vorigen Ausrufungen bis an den letzten Augenblick und unwillig und fluchend entfloh ihre unglückliche Seele.

Biographie der Schwarzen Lies und Glossar einiger Spezialbegriffe

56 Jahre nach der Alten Lisel wird eine Räuberin ähnlichen Namens hingerichtet. Die Schwarze Lies, eigentlich Elisabeth Gaßner, wurde in ihrem Prozeß zum Ungeheuer gemacht, um die ungeheuerliche Strafe zu rechtfertigen. Wenn man auf das Ende schaut, auf die Hinrichtung, dann wirkt der gewundene Justizdiskurs des Rechtlichen Gutachtens, das der Württembergische Oberamtmann Klein anfertigte, wie ein schrecklicher Pomp.

Die Schwarze Lies hatte eine intensive Karriere als Diebin, Trickbetrügerin, Wanderhure und Mehrfachausbrecherin hinter sich, als sie im Jahre 1787 den Häschern des Reichsgrafen Franz Ludwig Schenk von Castell (1736–1821) in die Hände fiel.

Der sogenannte Malefizschenk war für kriminalistische Effizienz bekannt. Mit der Herrschaft Oberdischingen verfügte er nur über geringen Landbesitz. Er besaß aber eine philanthropische Radikalität, eine unerbittliche Menschenliebe, die ihn zum gnadenlos-aufgeklärten Vollstrecker eines eklatanten Besserungswahns werden ließ. Als die für den Schwäbischen Kreis zuständigen Zuchthäuser in Buchloe, Ravensburg und

Augsburg für einen geordneten Strafvollzugsbetrieb nicht mehr ausreichten, fragte der Kreis, ob nicht jemand bereit wäre, auf seine Kosten eine Fronfeste zu bauen, um die Verwaltung und Bewachung des aufgegriffenen Gesindels in eigener Initiative zu bewerkstelligen.

Der Malefizschenk nahm sich dieser Sache an. Johann Baptist Pflug (1785-1866), ein schwäbischer Maler, war mit dem Grafen bekannt. In seinen Erinnerungen (Aus der Räuber- und Franzosenzeit Schwabens, hg. v. Max Zengerle, Weißenhorn 1966) lesen wir:

»Der Graf wählte den täglichen Umgang mit Gaunern, Mördern, Straßenräubern, Zigeunern, Markt-, Tag- und Nachtdieben, Beutelschneidern, Mordbrennern, Falschgeldmünzern, Betrügern, Falschbettlern und Schatzgräbern, denen Schwaben von jeher ein Lieblingsaufenthalt gewesen. Seine Atmosphäre war von Blut- und Brandgeruch, seine Wohnung, nachdem sie ihm den roten Hahn auf sein prächtiges Schloß gesetzt, das Zuchthaus selbst.«

Graf Schenk hatte begnadigte Gauner zu Häschern ausbilden lassen. Die schleppten ihm nun die Bettler, Vagabunden, Marktdiebe und Räuber heran, an denen er seine Gerechtigkeit praktizierte: »Er zog die menschlichen Bestien gebessert zu sich heran, oder er zerstörte sie.« Dabei war es dem Grafen gleichgültig, ob die ›Bestien‹ aus dem schwäbischen Hoheitsgebiet und den vertraglich für seine Gaunerjagden festgelegten Regionen kamen. Wie eine reale Ausgabe des fiktiven Grafen von Monte Christo warf sich der Vagantenausputzer zum Vollstrecker einer wahnhaften Idee von Gerechtigkeit auf. Nachdem sein Schloß, wie oben erwähnt, abgebrannt war, begann er 1780 damit, in Dischingen an der Donau eine Fronfeste bauen zu lassen.

»Die Fronfeste in Dischingen war in Hufeisenform gebaut; unten befanden sich die Gefängnisse, oben die Wohnungen der Beamten, vorn in einem Flügel, und zwar im Erdgeschosse, hatte der gefürchtete Graf seinen Sitz aufgeschlagen. An seiner Wohnung war ein Fenster, dessen schweres Eisengitter sich leicht durch Aushebung eines Kloben losmachen ließ, so daß es auf die Straße hinausfiel; diese Einrichtung hatte er getroffen, um sich im Falle eines Brandes ungehindert retten zu können.«

War des Grafen universeller Haß auf jegliches Gesindel schon stark genug ausgeprägt, so hatte die Schwarze Lies das Pech, den Privatzorn des schrecklichen Zuchthausgrafen herausgefordert zu haben. Pflug berichtet darüber:

»Der Herzog von Württemberg, als der nächste Reichsfürst, lud den Grafen jedesmal zu seinem Geburtsfest nach Ludwigsburg. Einstmals begab er sich mit seinem Bruder Casimir, welcher Domherr in Augsburg war, zu jener Feier. In Ludwigsburg quartierten sie sich im ›Aldhorn‹ ein und machten ihre Toilette; Schenk trug das rote, goldverbrämte Kleid seines Standes, sein Bruder die geistliche Tracht. Als sie fortgingen, steckte der Graf eine Rolle Dukaten in die Tasche seiner langen, vorn unter dem Frack hervorragenden Weste, weil nach der Tafel gespielt wurde. Sein Bruder Casimir warnte ihn, er solle die Tasche, die von der Last des Geldes herabgedrückt wurde, nicht so sehr beschweren, er könne ja das Geld holen lassen. Allein dem Grafen war dieses zu umständlich, er nahm die Rolle nur aus der Westentasche heraus und steckte sie in die Tasche seines Galafrackes. Die Gänge des Schlosses waren voll von Leuten, die den Zug des Hofes in die katholische Kapelle mitansehen wollten. Darunter befand sich auch die Schwarze Liesel, die sich in Ludwigsburg mit den Kanonieren herumtrieb und dadurch ihrem Manne vielfachen Anlaß zur Eifersucht gab. Sie stand auf der Lauer, bereit, den Herren, welche ihr zu nahe kamen, die goldenen Dosen abzunehmen. Als Graf Schenk einherstolzierte und die ehrerbietigen Grüße ringsum kurz erwiderte, hatte sie schnell die Hand in seiner Tasche und erwischte statt der Dose die Dukaten. In der Kirche während des Gottesdienstes wollte der Graf eine Prise nehmen; er fand wohl die Dose in der Tasche, aber die Rolle nicht mehr, worüber er sich dergestalt alterierte, daß seine Nachbarn fragten, ob ihm nicht wohl sei. Er erwiderte: ›Man hat mich bestohlen.‹ Dies verursachte eine Aufregung, welche selbst der Herzog bemerkte, er schickte den Domherrn, der beim Altar saß, zum Grafen und ließ sich erkundigen, was es gebe. Als er erfuhr, was vorgefallen war, sagte er, Schenk solle sich gleich mit seinem Oberamtmann besprechen, um die nötigen Maßregeln zu treffen. Es geschah, aber ohne Erfolg. Schenk schrieb an seinen Freund, den Oberamtmann Schäffer in Sulz, und erkundigte sich, welche Diebe los seien und wer ihn bestohlen haben könnte. Umgehend traf die Antwort ein, daß die Schwarze Liesel sich bei Ludwigsburg herumtreibe. Die Spur war gefunden, sie wurde verfolgt und leitete nach Bönnigheim, wo die Liesel mehrere Kanoniere flott bewirtet hatte. Doch erst nach längerer Zeit wurde man in Harburg in Bayern ihrer habhaft; sie leugnete jedoch hartnäckig. Der Graf war über den Vorfall um so verdrießlicher, weil ihn die Hofleute darüber ausgespottet hatten. Ja, einige von seinen Gegnern warfen hin, er habe wohl gar kein Geld bei sich gehabt und durch den erdichteten Diebstahl nur sich aus einer Verlegenheit ziehen, nämlich dem Spiel ausweichen wollen. Der stolze Graf glaubte sich durch solchen Verdacht an der Ehre gekränkt und hatte manche schlaflose Nacht. Als nun später die Gaßner in Dischingen wegen ihrer Räubereien zum Tode verurteilt worden war, jenen Diebstahl aber noch nicht eingestanden hatte, begab sich Schenk zu ihr ins Gefängnis und redete ihr ernstlich ins Gewissen. Ob sie auch diesen Fall eingestehe oder nicht, das mache für sie nichts mehr aus, sterben müsse sie doch, sagte der Graf und setzte hinzu, wenn sie jedoch in die Ewigkeit übergehen wolle, mit der Schuld auf dem Gewissen, daß sie ihn vor dem ganzen Hof in Unehre gebracht habe, so möge sie es auf sich nehmen. Die Schwarze Liesel gestand mit triumphierendem Lächeln jetzt um so weniger. Erst später legte sie dem Beichtvater ein vollständiges Bekenntnis ab und gab an, daß sie die Dukaten in einem Schächtelchen im Arsenal, in das sie durch die Kanoniere Eingang fand, unter dem soundsovielten Haufen von Kanonenkugeln verborgen und jedesmal, wenn sie Geldes bedurfte, davon herausgenommen habe. Sogleich schrieb man hin, und richtig fand sich noch ein Teil der Dukaten an diesem Ort.

Alles das erzählte mir der Graf selbst. Ich mußte ihn in Dischingen besuchen und ihm die Porträts der Räuber aus der Bande des schwarzen Veri vorlegen. 1806 hörte das Zuchthaus in Dischingen auf, indem die württembergische Regierung alle Verbrecher in den

Staatsanstalten unterbrachte; der Graf war sehr erbittert darüber und erklärte, für die Richter möge dieselbe sorgen, für die niederen Bediensteten trete er selbst ein. Er wies ihnen Pensionen an; als sich aber das Vermögen nach und nach fühlbar verminderte, konnten jene Pensionen nicht mehr ausbezahlt werden, und die Diener gerieten in bittere Not. Auch zu seinem Sohn, der russischer Gesandter war, wurde ich gerufen, mußte ihm von seinem Vater erzählen und Bilder für ihn malen. Nur von der Fronfeste und den Diebesfängereien des alten Herrn wollte er nichts hören. Er war gleichfalls eine sehr stolze Exzellenz, doch weit nicht von der geistigen Bedeutung des ersteren.«

Am 16. Juli 1788 wurde Elisabeth Gaßner, ein Jahr nach ihrem Mann, hingerichtet. Wie der Oberdischinger Scharfrichter Xaveri Vollmer mitteilt, waren unter den zwischen 1787 und 1805 vierzig Hingerichteten zehn Frauen. Vom Grafen bewirkte Todesurteile mußten von der heimatlichen Gerichtsbehörde der Angeklagten und der juristischen Fakultät der Universität Tübingen bestätigt werden. Am 5. Juni 1788 hatte der Oberamtmann Klein sein ›Rechtliches Gutachten‹ zum Fall der Schwarzen Lies den Tübinger Juristen vorgelegt. Darin zitiert er des öfteren aus den Oberdischinger Geständnissen der Schwarzen Lies und breitet sein gesammeltes juristisches Fachwissen dergestalt aus, daß eindeutig die Todesstrafe nahegelegt wird. Auch sind dort wesentliche mentale Befangenheiten der strafenden Obrigkeit zu finden: Der bettlerische ›Müßiggang‹ öffnet allen Sünden und Lastern Tür und Tor. Wer nicht ordentlich arbeitet, ist dem Verbrechen schon anheimgefallen. Das verkommene Milieu der

Räuber und Gauner fördert die dumpfe Sinneslust, deren üble Agentinnen die bösen Frauen sind.

Der Herausgeber der 1966 erschienenen Neuausgabe der Erinnerungen von Johann Baptist Pflug, Max Zengerle, hat die Geständnisse der Schwarzen Lies mit Bemerkungen des Erstherausgebers Julius Ernst Günthert zusammengeführt. Daraus wurde eine biographische Skizze, in der sich alle Vorurteile und die Genugtuung über die Todesstrafe erhalten haben. So muß das Unrecht, das den Bettlerinnen, Diebinnen und Gaunerinnen, die niemanden umbringen mußten, um selbst getötet zu werden, immer und immer wieder in Schmähreden und Bannflüchen bekräftigt werden. Und findet man bei den Frauen nicht genug eigene Missetaten, so tragen sie dennoch die Hauptschuld, weil sie die Männer durch ihren sinnlichen Sog auf die schiefe Bahn hinabziehen.

»Elisabetha Gaßner, genannt die Schwarze Lies, war aus Biberberg (Landkreis Neu-Ulm) gebürtig, welches zur Gerichtsbarkeit des Reichsgotteshauses Kaisersheim gehörte. Die Tochter eines abgedankten Soldaten lief von frühester Jugend an als Bettlerin, Beutelschneiderin und Lustdirne herum und hatte es endlich im Jahre 1787 so weit gebracht, daß sie als eine der erfahrensten Sacklangerinnen, Erzdiebin und Ausbund aller verruchten Weiber aktenmäßig geschildert wurde. Damals war sie 45 Jahre alt, mit einem Manne, Johann Gaßner, längst verheiratet, Mutter mehrerer Kinder, zweier Mädchen und zweier Knaben, was sie jedoch keinen Augenblick abhielt, in wilder Diebsfreiheit herumzuschwärmen, die eigene bestialische Lust zur verworrenen Richtschnur nehmend, bis sich diese zu jenem Strang verdichtete, der ihr den verfehmten Atem auf immer raubte.

Am 26. September 1787 war sie in katholisch Neuhausen (auf den Fildern) verhaftet worden. Der Malifizschenk scheute weder Mühe noch Unkosten, um sie in seine Gewalt zu bekommen, und es gehörte zu seinen glänzendsten Erfolgen, als er diese Person unter starker Bewachung, als wäre es ein Hannikel oder der bayerische Hiesel selbst gewesen, in die Fronfeste zu Dischingen eingeliefert sah. War er doch von ihr zehn Jahre früher in Ludwigsburg bei der Anwesenheit des Großfürstenthronfolgers tüchtig bestohlen und mehr als das: blamiert worden, weil seine Verlegenheit und sein ungestümer Zorn bespöttelt oder gar mißdeutet worden waren! Vergebens hatte er nach ihr schärfstens gefahndet, alle Winde trugen ihm Kunde von ihrem verbrecherischen Treiben zu; Johann Gaßner war von ihm angeklagt und hingerichtet worden - nur sie konnte nicht beigebracht werden, an ihr scheiterte alle Kunst auch des berüchtigsten Diebsfängers jener Zeit, des Oberamtmanns Schäffer in Sulz, aller Spürsinn der Häscher - das Weib war seither wie gefeit gewesen, wild und frei geblieben, als hätte sie der Teufel selbst zur Liebsten erkoren. Endlich war sie in der Macht des Malefizschenken und ›nach unsäglich gebrauchten, lügenhaften Vorgebungen und ausgesonnenen Bosheiten in der mit ihr geführten Inquisition‹ legte die Lies ein unumwundenes Geständnis ab, gleich als ob es ihr letzter diabolischer Streich wäre, sich in ihrem ganzen schwarzen Glanze zu zeigen, die so lange fruchtlos gebliebenen Verfolgungen zu belächeln. Eine leichte Hoffnung auf Gnade mag ihr das erste Wort entlockt haben; mit dem unwiderstehlichen Ungestüm, der ihr ganzes Wesen charakterisierte, folgte das vollständige Bekenntnis nach.

Nachstehend wurde versucht, ein Bild von dem Höllenzickzack zu geben, in welchem das Leben der Schwarzen Lies umherschwirrte und flirrte; die Reihenfolge bezeichnet die Zeitbestimmung ihrer Bekenntnisse.

1781 Gelddiebstahl auf dem Markt in Laupheim; als verdächtig wird sie mit ihrem Mann in Oberhausen gefangengenommen - 14 Tage später entweicht sie.

1778 Diebstahl auf dem Katharinenmarkt in Günzburg; zu Weißenhorn verhaftet und nach sechswöchigem Arrest zu einer längeren Zuchthausstrafe verurteilt, wird sie ›mit 12 wohl angemessenen Stockstreichen abgefertiget‹. Sie hatte mit Erfolg geleugnet und sich den Namen Ebnerin gegeben.

1773 wurde sie in Riedlingen,

1781 in Ellwangen des Diebstahls verhaftet; auch in letzterem Orte suchte sie durch hartnäckiges Leugnen, unter der Angabe falschen Namens und Standes, sich freizumachen, und mit 20 Stockstreichen kam sie in Ellwangen davon.

1779 drängt sie sich in Ulm auf der Straße an einen jungen Herrn von Kolb - und ›ihm entkommt augenblicklich seine güldene Sackuhr‹. Der Bestohlene vermißt sie jedoch sofort, es entsteht Lärm, auf die Zudringliche fällt Verdacht; sie wird in den Turm gebracht, aber nach einigen Tagen entlassen, ›weilen Inquisitin die Uhr allschon von sich geleget hatte‹.

1774 am Blutfreitag in Weingarten wurde das Haus einer Witwe überfallen, die Witwe mißhandelt. Einer der Räuber hatte ihren Kopf durch das Fenster ergriffen und rieb diesen an dem Gesims des Fensterladens hin und her, bis die Witwe sich wieder losmachte. Worauf die zwei Diebe das Stubenfenster mit Gewalt aufgerissen und eingestiegen seien, die Witwe hingegen nach zusammengebundenen Füßen auf ihr Bett gelegt, mit dem schon bei sich bereitgehabten Feuerzeug ihr eigenes Wachslicht angezündet und, da die Margreth vor dem Häusel, Elisabetha aber etwas davon Wache gestanden - dieser Witwe nicht nur 60 Ellen Haustuch, 2 Boschen flächsen Garn, einen grünwollenen Weiberrock, ein violettfärbig und ein hellbraunes Schälkle usw. eine blau damastene Haube und das zwischen der Wand und Bettstatt verborgene Geld, 16 fl. 50 kr., geraubt, sondern dieser auch mittelst bitterer Bedrohung: sie auf der Stelle zu erschießen, wenn sie den Ort, wo ihr Geld versteckt sei, nicht anzeigen werde, zu zweimal das Terzrohr auf ihr Herz gesetzt, auch ohne Zweifel diese Witwe ganz ausgeraubt haben würden, wenn nicht ein, von ungefähr vorbeigelaufener Zimmergesell, dem Elisabetha und die Margreth mit den schimpflichsten Worten begegnet, hieran hinderlich gewesen wäre.

So setzt sich das Eingeständnis des Diebsreigens weiter über Füssen, Schaffhausen, Stühlingen, Neustadt, Rottweil, Tuttlingen, Göppingen, Tübigen, Biberach fort; - 1776 wurde zu Ulm bei dem Fischerstechen einem Herrn eine silberne Tabaksdose ›aus der Tasche genommen‹.

›Schon vor 21 Jahren habe die Schwarze Liesel in der Ernte zu Wellenschwang aus dem Opferstock 6 fl. und zu Klimmen mit einem Fischbein etwa 20 Batzen herausgezogen, dergleichen Plünderungen auch zu Welden, Holzen und anderwärts versucht, doch aber leer ausgegangen.‹

1760 wurde sie von 2 Soldaten angehalten, ›denen sie, weil selbe geschlafen, des Morgens wieder entflohen, hiedurch aber um ihre Krätzen gekommen sei‹. Nun schweift die Erinnerung der Gefangenen in die Schweiz auf den Flachsmarkt zu Villingen, St. Bläsi. ›Erst letztverstrichenen Bartholomä hat sie mit einem sichern Joseph und dessen Weib zu Markgröningen einem Schäfer bei dem bekannten Sprung 16 Federn-Taler im Gedränge aus dem Sack gestohlen.‹ Sie zeigte vor 5 Jahren (1782), als des Großfürsten Hoheit zu Ludwigsburg waren und sich daselbst ein großer Adel einfand, daß sie ohne ihresgleichen sei. Die Gefangene war nach der Lisbeth, dem Weibe des großen Domini, der unter dem Namen Schokolade Hans bekannt gewesen, in die Kapelle gedrungen und ließ einem großen Herrn, welcher aus einem grünseidenem langen Geldbeutel ein Opfer in den Klingelbeutel gelegt und während der Messe aus einer von Gold schweren Tabaquier geschnupft, nimmer aus dem Auge, in dem festen Vorhaben, selbige Tabaksdose aus dessen Tasche zu rauben. Elisabetha und ihre Kameradin drangen nach der Messe, wie erwähnter Herr aus der Kapelle gegangen, auf ihn zu, und da die Lies vorgestanden, die andere aber dem regierenden Herrn Reichsgrafen Schenk-Castell zu Dischingen in die Rocktasche gelanget, so haben sie anstatt der goldenen Tabaksdosen, auf welche sie spekuliert hatte, den Geldbeutel unter der Tür herausgelangt, in welchem für 1400 fl. an Louisd'or, dann 300 fl. an Dukaten und Maxd'or erwischt und diese Summe bei dem Zeughause mit einander geteilt und sofort sich damit unsichtbar gemacht. Es war ein Fang, bei dem sich die Mühe lohnte!

Weiter wurde gestohlen: ›In einem 2 Stunden von

Schorndorf gelegenen württembergischen Städtchen mit der Marianne: einem Weib über 6 fl. - allda ebenfalls einem Weib: 3 fl.; einem andern Weib zu Murrhardt in der Faßnacht letzten Jahres mit der bekannten Lisbeth, einem Mann, 18 fl. samt dem Schnupftüchl und am Thomastag einem Weib: 6 fl. - 2 Stunden von Ludwigsburg einem Weib: 4 fl. - einer Frauen zu Wimpfen bei dortigen Lindenbäumen eine Tabakdose von Silber aus dem Schurzsäckl um den Maientag diebisch gelangt - einem Schnellerhändler von Hundswil: 4 fl. - zu Elz 2 seidene Halstücher - am Pfingstmarkt gestrichelten Zeug, einem Weib 2 Federntaler - beim Zollhaus einem Mann aus der Rocktasche 7 fl. 9 kr. - 1777 zu Weingarten im Gasthaus einem Mann den Geldbeutel mit 3 fl. und im Klosterhof ›zwei Paar Gäderstutzl‹ und einen Sechsbätzner - zu Berneck einem Schnellerhändler 3 franz. Taler, einem Appenzeller 7 fl. - ›zu Alexi um Michäli‹ 15 fl. und einem Weib 4 fl. - 3 Stunden von Pfeffersbad (Pfäfers) einem Mann aus seinem hingestellten Armkrezli: 9 fl. - zu Gams einem Weib 4 fl., einem daselbstigen Krämer 2 blau gestrichelte Schnupftücher - 1781 einem Mann zu Rorschach bei der Schrann nebst einem silbernen Ringerl 3 fl. Geld; sofort oberhalb St. Gallen einem Appenzeller mit der Annamy den Geldbeutel mit 6 fl. und einem Halsschlößl von Silber - 8 Tage nachher zu Hundswil indem sie hat bekennen müssen, daß sie schon vor 20 Jahren mit einer Landstreicherin, namens Annamy, die schon 16 Jahre in Augsburg im Zuchthaus sitze, auf die Märkte gezogen und um die nämliche Zeit mit dieser selbst anderen, auch die Opferstockplünderung zu Wellenschwang unternommen habe. Und obschon, als sich Elisabetha mit dem Johannes Gaßner verheiratet und mithin beide zu Biberberg ansässig worden, bei ihr billig der Gedanke hätte rege werden sollen, von diesem verpönten Lebenswandel abzulassen, folglich ihr Stück Brot, wie andere ehrliche Leute, durch fleißiges Arbeiten zu erwerben zu trachten; so führte sie gleichwohl ihr bereits verstockter Sinn zu Ausübung solch enorm vieler Freveltaten, die fast alles Gefühl der Menschlichkeit übersteigen und die ihr den allgemeinen Ruf einer verwegenen und verleumten Diebin zugezogen haben.‹«

Glossar

Uhrencachet ein an einer Sackuhr anhängendes Siegel
Gesparin Genossin, Mitdiebin
Freiort Ort, an dem niemand verhaftet werden durfte, meist eine Kirche oder Kapelle
Pruiurschel Bräuers Ursula
Terzrohr Terzerol, kleine, meist einläufige Pistole
Federntaler im Volksmund die Münze, die nur einen halben oder Sechsteltaler darstellte.
Dukaten Goldmünze von sehr hohem Feingehalt
Maxd'or Goldmünze, von Kurfürst Max Joseph von Bayern 1752 ausgegeben
Schnellerhändler ein Garnhändler. Den gesponnenen und aufgewickelten Flachs nannte man in der Rolle ›Schneller‹
Sechsbätzner Münze, die sechs Batzen galt, die wiederum vier bis fünf Kreuzer an Wert hatten
Armkrezli kleiner Armkorb
Gädersstutzel kurze Strümpfe, Wadenstrümpfe
Kamisöle kleines Ärmeljäckchen, eine Art Weste

Buchhorn jetzt Stadt Friedrichshafen

Markgröninger Schäfersprung oder -lauf ein sehr altes Fest anläßlich des Jahrmarkts in dieser Stadt im Monat August. Schäfer und Schäferinnen laufen nackten Fußes über ein frisch abgemähtes Stoppelfeld um die Wette

Paltakin Baldachin

Pölz-Stutzen aus Pelz gefertigte Handwärmer, Pulswärmer

Leben und Taten der Mordbrennerin Friederike Delitz

In eine ganz andere Kategorie weiblicher Verbrechen gelangen wir mit der Mordbrennerin Friederike Louise Christiane Delitz, die am 18. Mai 1813 zusammen mit ihrem Raubgefährten Christoph Peter Horst in Berlin bei lebendigem Leib verbrannt wurde.

Hier geht es nicht um kriminelle Existenzvorsorge, um den täglichen Mundraub und ein paar Zusatzgulden. Hier scheinen sich die verbrecherischen Mittel (Brandstiftung, Mord, Raub) gegen den Zweck, ein Auskommen zu haben, verselbständigt zu haben.

Die ›reine‹ Brutalität, das Niederbrennen ganzer Ortschaften um des Geldes willen, könnte als verzerrte Spiegelung der abstrakt bedingungslosen Konsequenz des preußischen Prinzipienstaates begriffen werden. Die Untaten des Mordbrennerpaares fallen aus dem lebendigen Zusammenhang des Gauner- und Räuberwesens heraus. In der abscheulichen Strafe jedoch, die weit hinter den ›Zeitgeist‹ zurücklangt, sucht der Staat über das Verbrechen zu triumphieren.

Dennoch steigt die kriminelle Karriere der Friederike Delitz nicht einfach aus der Hölle herauf. Wir haben das Glück, in den folgenden Aufzeichnungen des Berliner Königlich Preußischen Polizeiassessors und Vorstehers des Polizei-Sicherheitsbüros, Heinrich Ludwig Hermann, ein einzigartiges Zeugnis der Sozialisation einer Verbrecherin um die Wende vom 18. zum 19. Jahrhundert zu besitzen. Wir veröffentlichen ungekürzt diejenigen Teile, die Friederike Delitz betreffen. Im Anhang geben wir einige ›Diebeslieder‹ wieder, die von Horst und der Delitz selbst verfertigt wurden. Mit dem Glossar der Diebessprache wollte der Polizeiassessor die voyeuristischen Interessen des erschaudernden Lesepublikums bedienen; mit der rotwelschen Geheimsprache sperren sich die Gauner von vornherein aus der Gesellschaft anständiger Menschen aus.

Im Oktober 1810 wurde bei Gelegenheit der Generalvisitation vom Schulzenamte zu Steinbach in Schlesien eine Frauensperson, welche sich Friederike Götsch nannte, wegen mangelnder Legitimation verhaftet und dem Magistrat zu Schwiebus zur weiteren Verfügung überliefert. Bei ihrer Vernehmung gab sie sich für die 18jährige Tochter eines Husaren vom 2. Brandenburgischen Husarenregiment aus und nannte Berlin als ihren Geburtsort. Vor einem Jahre wollte sie sich angeblich von ihren noch lebenden Eltern heimlich entfernt und nach Sommerfeld zu ihren Großeltern begeben, bei diesen aber keine Aufnahme gefunden, sondern von ihnen die Weisung erhalten haben, sich zu vermieten. Dies habe ihr jedoch nicht zugesagt, vielmehr wäre sie nach Reppen gegangen, zwei Tage dort geblieben und da sie auch hier kein Unterkommen gefunden, wie sie es gewünscht, habe sie sich in der Gegend von Züllichau umhergetrieben und dadurch zu ihrer in Steinbach erfolgten Verhaftung Veranlassung gegeben.

Da der Gefangenen vorgehalten wurde, daß der Zeitraum ihrer Abwesenheit von Berlin mit der Angabe ihres seitherigen Aufenthalts keineswegs übereinstimme, daß sich vielmehr eine große Lücke darin finde, änderte sie ihre Aussage und erklärte, daß sie Martini (11. Nov.) 1809 von ihren Eltern heimlich fortgegangen sei, nicht aber, wie sie früher gesagt, nach Sommerfeld zu ihren Großeltern, sondern nach Krossen, wo sie sich bei einem Branntweinbrenner eingemietet und 6 Wochen lang gedient habe. Danach sei sie beim Bauer Franck nach Grunow gezogen, 9 Wochen lang bei ihm im Dienst geblieben, dann aber, nachdem sie sich einige Zeit auf verschiedenen Dörfern herumgetrieben, um Johannis (21. Juni) nach Berlin gereist und hier, ohne sich ihren Eltern zu zeigen, bis zu Michaelis (29. September) verblieben, während welcher Zeit sie durch Gartenarbeit sich ihren Unterhalt erworben habe. Dann sei sie zu ihren Großeltern nach Sommerfeld gegangen, von ihnen aber nicht angenommen und dadurch gezwungen worden, bis zu ihrer Verhaftung einen vagabundierenden Lebenswandel zu führen.

Auch durch diese Angabe waren die Lücken in der angegebenen Zeit keineswegs ausgefüllt, und der untersuchende Richter wurde daher veranlaßt, sie darauf aufmerksam zu machen und zugleich dringend zur Angabe der Wahrheit aufzufordern. Dies hatte dann die Folge, daß sie ihre frühere Aussage, nachdem sie geäußert hatte: »Es ist wahr, daß meine Lebensweise nicht tadelfrei gewesen ist; ich habe mehrmals an den Verbrechen anderer Personen teilgenommen, indessen will ich mich bessern«, zwar änderte, aber ein neues

Gewebe von Lügen zusammenbrachte. Sie gab an, sie sei zu Berlin im Voigtlande geboren und die Tochter des Mauergesellen Gottlieb Delitz, welcher nach erfolgter Ehescheidung Berlin verlassen. Die Mutter habe sich später an den Husaren Götsch verheiratet, sie dann, in einem Alter von zehn Jahren, zu den Großeltern, den Kirchenhübnerschen Eheleuten, auf dem sogenannten Kukuk, 1/2 Meile von Sommerfeld, gebracht, wo sie sich bis zum 16. Jahre aufgehalten habe und nur deshalb von ihnen fortgegangen sei, weil sie auf Zurede und in Verbindung einer dortigen Frau des Müllergesellen ihre Großeltern bedeutend bestohlen. Einige Zeit habe sie sich bei dieser Frau versteckt aufgehalten, später sei sie auf eine kurze Zeit nach Berlin zu ihren Eltern und dann nach Krossen gereist. Hier habe sie bis Weihnachten 1809 bei einem Branntweinbrenner gedient und mit einem Füselier Malozewsky und einem Polnischen Deserteur Jasinsky, die beide Frauensleute bei sich hatten, Bekanntschaft gemacht. Während ihrer Dienstlosigkeit habe sie bei diesen Leuten ihren einstweiligen Aufenthalt genommen, und da sie vom Stehlen ein Gewerbe gemacht, mit ihnen gemeinschaftlich auf den nahe gelegenen Dörfern verschiedene Vieh- und Zeugdiebstähle verübt, wobei sie das Geschäft des Aufpassens und nachher des Verkaufs des geraubten Guts habe besorgen müssen. Später wären diese Leute als des Diebstahls verdächtig festgenommen, sie deshalb heimlich von Krossen fort und nach Grunow auf neun Wochen beim Bauer Franck in Dienst gegangen. Als sie wegen der dort herrschenden Unreinlichkeit den Dienst verlassen, habe sie nach Grüneberg gehen wollen, um ein anderweitiges Unterkommen aufzusuchen, unterwegs aber eine Frauensperson angetroffen, welche sich Lehmann genannt und sie gebeten habe, mit ihr zusammenzubleiben. Dies sei auch geschehen, sie wären beide auf dem Lande herumgezogen, die Lehmann habe in jedem Nachtquartier gestohlen, die Sachen mit ihr nachher geteilt, da sie, die Delitz, jedoch stets die Lumpen auf ihren Anteil erhalten, habe sie sich mit der Lehmann verkracht, sie verlassen und sich dann nach Berlin begeben. Von Johannis bis Michaelis 1810 habe sie dort bei einem Gärtner im Dienste gestanden, während dieser Zeit einen gewissen Kirschstein kennengelernt und auf sein Zureden, ihn auf einer Reise nach Schlesien zu begleiten, sich bereitwillig dazu erklärt. Ein Maurer, welcher ein Frauenzimmer namens Ernestine bei sich gehabt, sei mit ihnen gereist, und ein Justizrat Büttner, der eigentlich Bollenhoff heiße und ein Gewerbe mit der Anfertigung falscher Pässe treibe, habe ihnen die nötigen Pässe zur Reise nach Schlesien angefertigt. Mit diesen Personen sei sie von Berlin nach Krossen gereist und habe an mehreren Orten Vieh, Leinwand und dergleichen gestohlen, da ihr aber diese Gesellschaft nicht gefalle, sich in Krossen von ihr getrennt, die dortige Gegend allein durchstreift und sei endlich am Tage der Generalfahndung in Steinbach angekommen und festgenommen worden.

Alle diese Angaben schilderten die Festgenommene als eine höchst verdächtige Person und veranlaßten den Magistrat zu Schwiebus zu einer besonderen Aufmerksamkeit und ihrer sicheren Aufbewahrung; daher denn auch, als ein an ihr entdecktes höchst gefährliches venerisches Übel (eine Geschlechtskrankheit) ihre Entfernung aus dem Stockhaus und die Unterbringung in einem Zimmer, wo sie Wärme, Pflege und Wartung erhielt, notwendig gemacht, die zweckmäßigsten Anstalten zur Sicherstellung der Person getroffen wurden.

Soweit es ihr höchst schmerzhafter Zustand zuließ, wurden die Verhöre fortgesetzt; in einem gab sie an, daß sie mit 18 verschiedenen Personen, deren Namen und Nationalität sie ebenfalls bezeichnete, während ihres Aufenthalts in Berlin in verbrecherischer Verbindung gestanden und mehrere große Diebstähle begangen habe. Sie gab ferner an, daß von der Bande die Diebessprache geredet wurde, führte zum Beweise aus dieser Kunstsprache mehrere Wörter an und benutzte sie auch von jetzt in ihren Verhören.

Diese Umstände brachten den untersuchenden Richter auf die Vermutung, daß die Verhaftete zu der Brandstifterbande gehören könne, welche in der Nähe von Berlin mehrere Feuer angelegt habe und zum Teil in Berlin verhaftet worden sei. Auf die diesbezügliche Vorhaltung erklärte die Delitz geradezu: »Ich will es nicht leugnen, daß von jener Gesellschaft, mit der ich in vertrauter Verbindung gestanden, mehrere Feuer angelegt sind und namentlich Schönerlinde von ihnen abgeflaggert ist« (siehe Verzeichnis S. 125).

Sie erzählte dann, daß außer in diesem Dorf noch an verschiedenen anderen Orten Feuer gelegt worden sei, führte dabei genaue Nebenumstände, unter welchen die Tat und von wem begonnen sei, log aber hierbei ganz entsetzlich, denn teils war an den angegebenen Orten, wie z. B. in Malchow, Schöneiche und Blankenfelde, kein Feuer gewesen, teils aber hatten die Tatsachen, welche sie erwähnte, gar nicht stattgefunden.

Der Kriminaldeputation des Königl. Stadtgerichts zu Berlin wurde von der Verhaftung und Angabe der Delitz Nachricht gegeben, und sie fand es bei dem vorhandenen dringenden Verdacht, daß diese Person mit der Bande in Verbindung stehen mochte, zweckmäßig, auf den Transport zu drängen, welcher auch, nachdem sie einigermaßen von ihrer Krankheit wieder hergestellt worden war, erfolgte, und sie traf dann am 8. Februar 1811 unter militärischer Begleitung im Gefängnis der Stadtvogtei ein.

Wahres Geständnis der Delitz über die von ihr verübten Verbrechen

In den ersten Verhören, welche mit der Gefangenen hier abgehalten wurden, fuhr sie fort, den untersuchenden Richter mit Lügen und Erdichtungen hinzuhalten. Als es aber seinen vielen Bemühungen gelang, sie der Lügen zu überführen, gab sie den Ermahnungen zur Angabe der Wahrheit Gehör, gestand im allgemeinen zu, bei mehreren Brandstiftungen dabeigewesen zu sein, einige selbst mit eigener Hand veranlaßt und an anderen durch Hilfeleistung mehr oder weniger teilgenommen zu haben. Das Resultat ihrer Bekenntnisse ist folgendes:

Friederike Louise Christiane Delitz wurde im Jahre 1791 am 12. Oktober zu Berlin geboren und in der Sophienkirche getauft. Ihr Vater, der Maurergeselle Delitz, hatte sie mit der Tochter eines Schuhmachers Meyer, mit Vornamen Sophie Wilhelmine, außer der Ehe erzeugt und sie, nachdem sie das zweite Jahre zurückgelegt hatte, verlassen, da er wegen zu großer Liederlichkeit der Mutter nicht länger mit derselben leben konnte. Die Delitz wurde nun zu der Großmutter väterlicherseits, der Maurermeister-Witwe Delitz, gebracht, blieb jedoch nur eineinhalb Jahre hier, da diese Frau starb, und kam nun zu ihrer Mutter Schwester, der Speisewirtin Zangenberg, bei der sie bis nach vollendetem sechsten Jahr blieb und dann zu ihrer Mutter zurückkehren mußte. Diese hatte während jenes Zeitraums einen Bombardier Graßmann kennengelernt, mit ihm kurze Zeit in wilder Ehe gelebt und sich dann der Dieberei ergeben. Ihre eigene Mutter, die Witwe Meyer, diente ihr darin als ein besonderes Vorbild, sie war eine große Marktdiebin, bezog in Begleitung mehrerer fremder Personen und ihrer eigenen Kinder, der Mutter der Delitz, der verehelichten Jessen und Zangenberg die Messen, führte sie selbst zum Stehlen an und dirigierte jede einzelne Unternehmung der Konsorten. Bis zum 9./10. Jahr brachte die Delitz bei ihrer Mutter zu, lernte daher frühzeitig Verbrechen mancherlei Art kennen und wurde in vorkommenden Fällen selbst von ihnen verleitet, durch Wachehalten und dergleichen an den Verbrechen teilzunehmen. Die Zangenberg wurde wegen Teilnahme am Diebstahl gefangengenommen und zu zweijähriger Zuchthausstrafe verurteilt. Kaum hatte sie dieselbe gebüßt, als sie von neuem stahl und eine vierjährige Zuchthausstrafe erleiden mußte. (Erst vor kurzem hat sie wegen Marktdiebstahls eine einjährige Zuchthausstrafe erduldet und treibt sich jetzt mit Diebes-Gesindel im Auslande umher.)

Die Jessen traf, so wie die Mutter der Delitz, ein gleiches Schicksal. Letztere hatte bei diesem Gewerbe einen Arbeitsmann Götsch kennengelernt, und sie waren im Begriff, sich zu verheiraten, als beide gefangengenommen wurden; jene wegen begangenen Diebstahls, letzterer, weil er eine von ihm geschwängerte Person verstoßen und mißhandelt hatte. Kurz vor der

Verhaftung der Mutter wurde die Delitz ihrer Großmutter Meyer übergeben. Diese machte Bekanntschaft mit einem Artilleristen Kirchenhübner, welcher als Buschläufer nach Sommerfeld geschickt wurde und nach dreijähriger Dienstzeit auf dem sogenannten Königl. Kukuk die Stelle als Magistratsförster erhielt. Nicht lange vor der Verheiratung war diese Witwe Meyer aus dem Zuchthause entlassen, wo sie zwei Jahre lang Diebstahls halber gewesen war und eine bedeutende Bekanntschaft mit Diebesgesindel gemacht hatte. Statt solche in ihren neuen Verhältnissen aufzugeben, wurde sie vielmehr unterhalten und allen Dieben, welche sich ihrer Sicherheit wegen an jenem entlegenen Orte einfanden, in der Wohnung der Aufenthalt gestattet. Die Delitz lernte daher in ihrer Jugend nur Verbrecher und deren Handlungsweise kennen; sie wurde mit ihnen, da sie ihre Bedienung besorgen mußte, sehr vertraut und erlernte bald von ihnen die Diebessprache.

So lange die Delitz bei der Zangenberg gewesen war, wurde sie fleißig zur Schule angehalten, die Mutter hingegen kümmerte sich nicht darum, und wenngleich die Großeltern ihr in Sommerfeld einigen Schulunterricht geben ließen, so dauerte dies nur kurze Zeit und zwar bis dahin, daß die Delitz das Lesen erlernt hatte. So große Lust sie auch zeigte, das Schreiben zu erlernen, so sehr war die Großmutter dagegen, da sie den Grundsatz hatte, daß ein Mädchen so etwas nicht brauche, und solches nur dazu diene, ›Hurenbriefe‹ zu schreiben.

Nachdem die Delitz sich einige Zeit hier aufgehalten, machte sie unter anderem die Bekanntschaft eines gewissen Molly, eines Bauernsohns aus der Vorstadt von

Sommerfeld, der als Kanonier desertiert war und mit anderen seines Gelichters auf der Madihne (dieser Diebesausdrücke bediente sich die Gefangene in allen Verhören, und sind auch vom Herrn Inquirenten mit der näheren Bedeutung niedergeschrieben. *Auf der Madihne* herumzuziehen heißt: Die Dörfer oder das platte Land, in der Absicht zu stehlen, zu besuchen) herumzog. Sie kamen nach Sommerfeld, lernten die Delitz kennen, welche sich über die Mißhandlungen beklagte, die sie von ihren Großeltern ihrer Klatscherei wegen erdulden müßte, und benutzten diese Stimmung, sie zu bereden, sich ihrer Kabrousche (siehe Verzeichnis S. 126) anzuschließen und mit ihnen den Schock (siehe Verzeichnis S. 126) in Dresden abzuhalten, woselbst sie ihre Mutter wahrscheinlich auch finden würde und dann mit ihr ziehen könnte. Die Gefangene willigte in den Vorschlag, und die Reise wurde mit dem Molly, in Begleitung dessen Beischläferin, eines gewissen Dietrich und dessen Beischläferin, der Lotte Kegel, angetreten.

Sie nahmen ihren Weg über Pforste, wo Markt war, stahlen hier Pantoffeln, Schuhe, Kattune usw., und hierbei hatte die Delitz das Geschäft des Aufpassens. Von hier ging es nach Cottbus, es war um Weihnachten und der Christmarkt aufgebaut. Sie hielten sich bis zum 2. Januar 1804 bei einem dortigen Bekannten und Diebeshehler auf, lebten vom Stehlen auf dem Markt, und auch bei diesen Unternehmungen hatte die Delitz jederzeit mit dem Wachehalten zu tun. Von Cottbus ging die Reise nach Peitz, hier holte Molly seine bei einem dortigen Gastwirt niedergelegten Clamones (Diebesinstrumente, siehe Verzeichnis S. 125) ab, und dann wurde die Reise nach Spremberg, wo Markt war, angetreten. Während eines dreitägigen Aufenthalts wurde auf diesem Markt bedeutend viel Zeug gestohlen, der größte Teil davon zur Kleidung von den Dieben verbraucht, der kleinere hingegen von Molly verkauft. Nun wurde der Weg nach Dresden eingeschlagen und in 3 Tagen beendet. Die Ankunft erfolgte noch im Januar, und zwar einige Tage vor dem kleinen Markt in Neu-Dresden. Sie kehrten im Gasthof ›Zum Schwarzen Adler‹ in der Fischer-Straße ein und fanden hier den ehemaligen reitenden Artilleristen Müller mit seiner Familie, welche aus der Frau, seinen Söhnen Johann Carl, August, Andreas und dessen Beischläferin, der Dorothee Liebe, bestand, die ebenfalls in der Absicht, den Markt zu bestehlen, dorthin gekommen waren. Sämtliche Personen vereinigten sich und beschlossen, in Gesellschaft zu stehlen, das gestohlene Gut zu verkaufen und das daraus gelöste Geld gemeinschaftlich zu teilen. Es wurde sehr bedeutend gestohlen, die Delitz hielt, wie früher, bei Ausübung des Diebstahls Wache und nahm teil an der Losung (Beute).

Ihre Mutter fand sie nicht, sie war daher genötigt, bei dieser Gesellschaft zu bleiben, und ging nach achttägigem Aufenthalt mit nach der ungefähr drei Meilen von Dresden gelegenen Radeberger Wassermühle, wo Diebe gute Aufnahme fanden und vor jeder Recherche sicher waren. Die Frauensleute brachten sämtlich 14 Tage lang hier zu und beschäftigten sich mit dem Reinigen und Ausbessern der Kleidungsstücke, die Mannspersonen blieben jedoch nur einige Tage dort, zogen auf den benachbarten Dörfern umher und stahlen. Nach ihrer Rückkehr wurde eiligst aufgebrochen und die Reise über Görlitz nach dem zwei Meilen von hier gelegenen Dorf Rothwasser angetreten, weil von den Mannspersonen mit anderen Dieben, und zwar einem gewissen Paulich und Büttner, eine Zusammenkunft an einem bestimmten Orte und zur bestimmten Zeit verabredet worden war. Die beiden letztgenannten Diebe wurden auch schon im Kruge zu Rothwasser von der Gesellschaft angetroffen, der Paulich hatte seine Beischläferin, die Voigtländische Mine genannt, letzterer seine Frau bei sich.

Am Tage der Ankunft, es war ein Sonntag, wurde in Rothwasser der Fastelabend (Fastnacht) gefeiert, die Gesellschaft nahm daran teil, und die Nacht verging in Jubel und Freuden. Am andern Abend brachen die Mannspersonen auf und beabsichtigten in Leitersdorff, unweit Löbau, eine Masematte zu machen (siehe Verzeichnis S. 126). In der Nacht vom Mittwoch zum Donnerstage kamen sie, mit Ausnahme des Büttner, welcher beim Diebstahl verschüttet (verhaftet, arretiert, siehe Verzeichnis S. 128) war, zurück. Das mitgebrachte gestohlene Gut bestand an Frauenkleidern, die von Molly an die Wirtin im Kruge verkauft wurden. Am Sonnabendabend wurde von hier aufgebrochen und der Weg nach Sorau eingeschlagen, die Gesellschaft reiste getrennt, da auf dem Wege viel Lampen (Kundschafter, siehe Verzeichnis S. 126) wegen des vorgefallenen Diebstahls zur Ausmittelung des Täters aufgestellt waren, und eine große Gesellschaft, wie diese, leicht Aufmerksamkeit erregt haben würde. In Sorau wurde bei der Mutter der Liebe, einer alten Schuhmacherwitwe und bekannten Schottenfellerin (Marktdiebin, siehe Verzeichnis S. 128), Quartier genommen, und da der bevorstehende Markt abgehalten werden sollte, wohl 14 Tage lang dortselbst verweilt.

Bei den Marktdiebstählen hatte die Delitz, wie gesagt, anfänglich stets die Wache erhalten, sie faßte jedoch hier den Entschluß, zum erstenmal, unter Begleitung des August Müller, für sich ein Paar Schuhe zu stehlen, welches zu ihrer Freude vollkommen gelang. Das übrige gestohlene Gut, bestehend an Tüchern, Kattunen und dergleichen, wurde in die Wohnung der alten Liebe gebracht, die Tücher gleichmäßig unter die Gesellschaft verteilt und die Kattune nebst den übrigen Sachen verscherft (siehe Verzeichnis S. 128). Jeder erhielt den auf ihn fallenden Teil der Losung. Nunmehr ging es zur bevorstehenden Fastnachts- oder Reminiscere-Messe nach Frankfurt an der Oder; sie kamen dort am 27. Februar an und hielten sich zum Teil in der Lebuser Vorstadt im Schwarzen Adler, zum Teil aber auf dem Anger beim Tabagisten Perlewitz auf, da sie zusammen an einem Orte nicht unterkommen konnten. Es wurde hier sehr viel seidenes und baumwollenes Zeug gestohlen. Am letzten Meßtag (den 3. März 1809) wurde die Delitz von einem heftigen Fieber überfallen und genötigt, 14 Tage lang bei ihrem Wirt zur Kur zu verbleiben, während welcher Zeit ihre Gefährten sich nach Berlin begaben, um den dortigen Markt abzuhalten.

Nach der Rückkehr der Gesellschaft von Berlin war die Delitz wieder gesund und im Stande, ihr zu folgen, daher sie mit ihnen den Markt zu Suben besuchte und daselbst mit ihnen kräftig stahl. Das gestohlene Gut wurde mit auf die Reise genommen und zum Teil in Friebel von der dort wohnenden Scherfenspielerin (siehe Verzeichnis S. 128), der berüchtigten Leinweberfrau Schultze, teils in Sorau von der ebenso berüchtigten Witwe Liebe zu Geld gemacht. In Sorau kamen sie am 10. Mai an, die Delitz wurde wieder krank, und der alte

Müller meinte, daß sie zur Madihne noch zu jung sei, wandte sich deshalb an die Großeltern mit der Bitte, ihre Enkelin abzuholen und zu sich zu nehmen. Um sie dazu geneigt zu machen, hatte er dem Brief ein Stück gestohlenen schwarzen Tassent beigefügt.

In der Pfingstwoche kam auch wirklich die Großmutter nach Sorau; sie war erbittert über die Entweichung der Delitz, wollte sie mißhandeln; auf die Vorstellung der Müllerschen Eheleute, daß diese Person zu schwach und krank sei, ließ sie sich bewegen, ihre Enkelin mit nach Sommerfeld zurückzunehmen und die Züchtigung bis zur Genesung der Enkelin auszusetzen, wo sie dann auch wirklich noch erfolgte. Schon am 30. Mai war sie wieder hergestellt und besuchte mit den Müllerschen Eheleuten, welche nach Sommerfeld gekommen waren, den Markt zu Neu-Zelle, der an dem Fronleichnamstage stattfand. Hier stahlen sie gemeinschaftlich kattune Tücher, Schuhe und Stiefel, die Delitz erhielt auf ihren Anteil zwei Paar Mannstiefel, 10 Tücher und einige Ellen Kattun, welche Sachen sie ihrer Großmutter zubrachte. Die Stiefel trug der Großvater, die übrigen Stücke wurden verhandelt. Nun blieb sie geraume Zeit bei ihnen, besuchte teils mit den Müllerschen Eheleuten, welche beinahe volle zwei Jahre hindurch in Sommerfeld verblieben, teils mit anderen Dieben die benachbarten Messen und Märkte und führte das gestohlene Gut ihrer Großmutter zu, die ihr darüber vollkommene Zufriedenheit bezeigte. Die Delitz hatte unter diesen Beschäftigungen das Alter erreicht, wo sie den Religionsunterricht genießen sollte, und hatte sich deshalb beim Prediger Scheltz gemeldet. Durch das öftere Besuchen der Märkte konnte sie dem Unterricht nicht regelmäßig beiwohnen, und der Prediger nahm daher Veranlassung, den Großeltern über das häufige Versäumen des Unterrichts Vorwürfe zu machen. Diese fruchteten indessen nichts, der Prediger Scheltz sah sich deshalb genötigt, sie in besonderen Stunden zu unterrichten und das Versäumte mit ihr nachzuholen. Die Firme erhielt sie am 20. Sonntage nach Trinitatis (den 22. Oktober 1805), und bis zu Neujahr blieb sie bei den Großeltern, wo sie das Vieh füttern und Landarbeit verrichten, zuweilen aber auch mit Dieben, wie bereits erwähnt, die Schocks (siehe Verzeichnis S. 127) in der Nähe abhalten mußte. Der August Müller hatte zu jener Zeit ebenfalls seinen Aufenthalt bei den Kirchhübnerschen Eheleuten, arbeitete auf dem Felde und verrichtete die Dienste eines Arbeitsmanns, wenn er nicht Gelegenheit hatte, für sich andere und bessere Geschäfte zu machen.

Die Delitz erlitt von dem Großvater fortwährend eine schlechte Behandlung, die sie freilich oft durch ihre Liederlichkeit selbst veranlaßt hatte, trug sich deshalb schon lange mit dem Gedanken herum, sich wieder unabhängig zu machen und das Weite zu suchen, wozu sich auch bald Gelegenheit fand. Am Neujahrstage wollte sie in die Kirche gehen, der Großvater aber dies nicht zugeben, sie bestand jedoch mit Gewalt darauf, und der Kirchenhübner wurde deshalb dermaßen aufgebracht, daß er sie beim Arm nahm und zur Tür hinauswarf. Diese Behandlung veranlaßte sie, mit dem Müller gemeinschaftlich das Haus der Großeltern heimlich zu verlassen, ihren herumziehenden Lebenswandel von neuem anzufangen und ihre früheren Bekannten aufzusuchen. Sie nahm ihren Weg über Frankfurt an der Oder, Berlin, Oranienburg und kam am 6. Januar in dem nicht weit davon gelegenen Roten

Krug an, sich bereits eine Menge Diebe einquartiert hatte. Hier lernte sie unter anderen den Räuberhauptmann, den schönen Carl genannt, welcher eigentlich Unger hieß und in Magdeburg hingerichtet wurde, mit seiner Beischläferin, der schönen Christel, sowie den Mordbrenner Horst und dessen Bruder, den Musikanten Horst, einen berüchtigten Dieb, kennen.

Das schlechte Wetter verhinderte die Fortsetzung ihrer Wanderungen, sie wurden daher sehr vertraut miteinander, und am 26. Januar 1806 vereinigten sie sich sogar durch einen Eid. Dem schönen Carl wurde als dem Haupt der Gesellschaft gehuldigt, und er ließ unter Beobachtung mancher Zeremonien, vormittags die Mannspersonen und nachmittags die Weibsleute in einer besonderen Stube den Eid leisten, in dem ihm unverbrüchliche Treue, Gehorsam und Verschwiegenheit angelobt wurde. Nächstdem wurde vom Carl der Eid als Anführer abgeleistet und zum Schluß dieser Feierlichkeit eine Salve von neun Pistolenschüssen gegeben. Die Stube war durch Vorhänge vor den Fenstern finster gemacht, auf dem Tisch, welcher in der Mitte stand, brannten während der Feierlichkeit zwei Lichter, mehrere Waffen verschiedener Art lagen darauf, und der schöne Carl stand davor. Der Name Gottes war in der Eidesformel nicht enthalten, vielmehr wurde der Dirach (Teufel, Schutzpatron der Diebe, siehe Verzeichnis S. 125) angerufen.

Der größte Teil der Bande unternahm einen Streifzug in die Gegend von Magdeburg, um in einem dort gelegenen Dorf einen Kettenschub (siehe Verzeichnis S. 126) auszuführen; das Vorhaben gelang aber nicht und die sogenannte Cottbusser Dore, ein Mitglied der Gesellschaft, wurde verschüttet (verhaftet). Der Liebhaber der Delitz, August Müller, kam zurück, holte seine Geliebte, die jene Reise nicht mitgemacht hatte, wieder ab, durchzog mit ihr die benachbarten Gegenden von Sachsen und Schlesien und kam unter anderem nach Bautzen, wo er seinen Bruder, Carl Müller, dessen Beischläferin und noch andere antraf.

Im dortigen Stockhaus befand sich ein sehr berüchtigter Dieb namens Sock, welcher bei seinen Kameraden in hoher Achtung stand. Man nahm sich vor, ihn aus der Haft zu befreien, es wurde dafür ein Brot gekauft, ausgehöhlt, mit einer Uhrfeder, Feile und Bohrer angefüllt und mit einem Viertelpfund Butter wieder verschlossen. Eine Frau namens Schultze, die mit den Dieben im vertraulichen Umgang stand, übernahm die Besorgung, indessen mußte durch die Vorsichtigkeit der Gefangenenwärter das Vorhaben entdeckt sein, denn die Schultze kam nicht wieder zurück, statt ihrer aber fanden sich Lampen (Kundschafter) ein, welche sich nach den anderen Personen erkundigten, und bald darauf befanden sie sich sämtlich in den Händen der Schoter (Gerichtsdiener, siehe Verzeichnis S. 128), wahrscheinlich hatte die Schultze sie verraten. August Müller und die Delitz wurden gleich wieder entlassen, da der Müller sich vormals einen richtigen Paß, worauf die Delitz als seine Braut verzeichnet stand, zu verschaffen gewußt hatte.

Sie gingen nun über Görlitz und kamen in den Osterfeiertagen in Rothwasser an, wo der Wirt die Tochter verheiratete. Sie wohnten der Hochzeit bei, blieben acht Tage lang dort und begaben sich dann in Begleitung des Molly nach Friebel, wo sie von der in Bautzen erfolgten Entlassung der Leinweberfrau Schultze Kunde erhielten und erfuhren, daß sie in ihrem Hause sei. Sie gingen in ihre Wohnung, trafen sie in ihrem Bett liegend krank an. Molly stellte sie zur Rede, daß sie geschliechnet (verraten, siehe Verzeichnis S. 127), die Arretierung des Müller veranlaßt habe, zog das Messer aus der Tasche und versetzte der Schultze damit einen Stich, worauf diese in ein heftiges Geschrei ausbrach und um Johannis (21. Juni) an den Folgen der Verwundung starb.

Sie reisten weiter, verweilten in Tornow längere Zeit beim dortigen Kreuzwirt Schmidt, brachen dann zur Zeit des Subner Pfingstmarkts am 9. Mai wieder auf und langten am 11. Mai in Suben an. Hier traf die Delitz ihre Großmutter, welche ein Pferd gegen ein anderes auf dem Markt eingetauscht hatte; diese machte ihr zwar bittere Vorwürfe über ihre Entweichung, söhnte sich aber bald wieder mit ihr aus. Sie stahlen gemeinschaftlich ein Stück von 17 bunt seidenen Tüchern und kehrten dann nach Sommerfeld zurück. Die Delitz wurde bei ihrer Ankunft von dem Großvater mit Schlägen empfangen und acht Tage lang bei Wasser und Brot im Keller eingesperrt; Müller, welcher als der Verführer angesehen wurde, erhielt ebenfalls eine Züchtigung, der weitere Umgang mit ihm wurde deshalb aber nicht gestört, vielmehr blieb er mit der Delitz daselbst bis zur Neujahrswoche, besuchte mit ihr zweimal von dort aus die Märkte in Suben und erhielt die Großmutter das gestohlene Gut, was wie gewöhnlich in Kattun, Tüchern und baumwollenen Waren bestand. Nach Weihnachten kam der Müller auf den Gedanken, nach Berlin zu reisen, und beredete seine Geliebte, mit ihm zu gehen und bei dieser Gelegenheit ihre Mutter zu besuchen; sie war bereit dazu, die Großmutter willigte ein, und die Reise wurde angetreten.

Die Mutter war in Berlin nicht anwesend, sie gingen daher nach dem Roten Kruge bei Oranienburg, trafen dort die schöne Christel und mehrere andere ihres Gelichters, verweilten daselbst einige Zeit und ließen sich von ihnen bereden, mit ihnen gemeinschaftlich den Markt in Magdeburg zu besuchen. Sie brachen auf und trafen am 6. März 1807 morgens um 8 Uhr, gerade am Markttag, in Magdeburg ein. Hier wurde vormittags kräftig gestohlen; die Delitz hatte sich in Mannskleider eingehüllt und war so besonders tätig, daß sie mit der am Vormittag gemachten Beute nicht zufrieden war, sondern nach Tisch die Christel zu neuen Unternehmungen aufforderte. Sie wurden jedoch bei dem Diebstahl eines Stücks Tuch in einer Bude vom Kaufmann ertappt, das Tuch unterm Mantel der Delitz hervorgezogen und beide Personen zum Bürgermeister geführt, wo die Delitz aber die Gelegenheit wahrnahm zu entfliehen. Sie kam indessen nicht weit und wurde bald von zwei zu ihrer Verfolgung abgesandten Boten eingeholt und geschlossen in das Gefängnis abgeführt. Am anderen Tag erhielt sie für ihre Lügen und das bei der Arretierung bezeigte ungebührliche Betragen eine derbe Züchtigung. Bei der Untersuchung gestand sie zwar den Diebstahl ein, leugnete aber durchaus, die mit ihr arretierte Christel zu kennen, und erst später, als diese darüber ein Geständnis abgelegt hatte, war sie zur Abänderung ihrer früheren Angaben zu bewegen.

Nachdem sie acht Wochen unter dem Namen Dorothee Müller sich im Gefängnis befunden, hörte sie eines Mittags die Stimme ihres Geliebten, welcher ihr zurief, daß sie am Abend am Fenster auf ihn aufpassen und eine Schnur herunterlassen möchte. Sie verfertigte aus einem Tuch, welches sie zerriß und woran sie den

Hosenträger knüpfte, eine Leine, ließ es beim Erscheinen des Müller aus dem Fenster herab und zog dann die daran befestigten Feilen und Stricke hinauf. Die eine eiserne Stange vor dem Fenster wurde durchgefeilt, an der anderen ein Strick befestigt, und auf diese Weise entkam die Gefangene unbeschadet.

Sie gingen des Nachts und nahmen ihren Weg über Ziesar, Oranienburg, ruhten einige Tage im Roten Kruge aus, und da sie hier keinen Bekannten trafen, reisten sie über Müncheberg, Frankfurt an der Oder, Suben nach Sommerfeld zurück, nachdem sie sich unterwegs mehr oder weniger aufgehalten und, um ihren Unterhalt zu haben, Diebstähle verübt hatten. Etwa acht Tage vor Pfingsten erfolgte die Ankunft in Sommerfeld. Die Delitz mußte wieder im Garten und auf dem Feld arbeiten, besuchte aber, wie zuvor, mit dem Müller die Märkte zu Sossen, Christianstadt und Naumburg in Schlesien und blieb bis gegen Michaelis ununterbrochen bei den Großeltern. Müller hingegen machte mit anderen seines Gelichters, welche sich bei den Kirchhübnerschen Eheleuten einfanden, verschiedene Streifzüge und beabsichtigte namentlich die Beraubung eines Frachtfuhrmanns, welcher auf dem Kukuk eingekehrt war und in der Nacht weiterfuhr. Durch Zufall, indem mehrere Reisende durch die Heide kamen, wurde diese Tat verhindert, die gewiß den Tod des Frachtfuhrmanns zur Folge gehabt hätte, der jetzt mit einem Streifschuß im Gesicht davonkam.

Auf dem Markt in Dresden wurde Müller wegen Diebstahls verhaftet; etwa acht Tage vor Michaelis erhielt die Gefangene von ihm einen Brief durch einen entlassenen Mitgefangenen, worin er sie von seinem Schicksal benachrichtigte und zugleich bat, dorthin zu kommen und wenigstens einen Versuch zur Erlangung seiner Freiheit anzustellen. Sie machte sich am anderen Morgen sogleich auf den Weg, kam glücklich in Dresden an, stellte beim Müller mit einer Leine, welche er heruntergelassen hatte, eine Uhrfeder und mehrere Schnupftücher zu und begab sich sogleich aus der Stadt nach der nahe gelegenen, bereits bekannten Radeberger Mühle, die Ankunft des Müller dort erwartend. Diese erfolgte jedoch nicht, vielmehr erschien am anderen Morgen der Horst in Begleitung des Braunschweiger Richter, des Altmann und Stern. (Der Horst nannte sich damals Schwarz.) Da der Müller nicht kam, ließ sich die Delitz vom Horst bereden, ihm zu folgen und zogen sie demnächst auf einen Kettenschub (siehe Verzeichnis S. 126) nach Lorenzkirchen, bei dem sie, die Gefangene, Wache hielt. Das gestohlene Gut wurde geteilt, Horst, welcher wahrscheinlich davon etwas unterschlagen und nicht zur Teilung gebracht hatte, erhielt hier tüchtige Schläge und ging deshalb mit der Delitz, die sich seiner sehr angenommen hatte, allein nach der Radeberger Mühle zurück.

Nach einem kurzen Aufenthalt zogen beide weiter, da sie, die Gefangene, aber sich mit ihm nicht vertragen konnte, trennte sie sich von ihm und ging nach Liegnitz. Hier traf sie Carl und August Müller, welcher letztere ihr sein glückliches Entkommen aus dem Gefängnis dankte und nun mit ihr nach Sommerfeld zurückkehrte, nachdem sie gemeinschaftlich noch in Liegnitz und Grüneberg mehrere Diebstähle verübt hatten.

Ihre Ankunft in Sommerfeld erfolgte etwa vier Wochen vor Weihnachten. Die Großmutter war über das lange Ausbleiben ungehalten, noch mehr aber, als die

Delitz sie mit dem Zwecke der unternommenen Reise bekannt gemacht hatte, und verlangte nun die gänzliche Trennung vom Müller. Der Unwille der Großmutter nahm noch mehr zu, als sie durch ihre Dienstmagd erfuhr, daß ihre Enkelin schwanger zu sein befürchte. Sie ließ sie deshalb auf eine im oberen Stockwerk gelegene Stube kommen, fragte, ob die Sage begründet sei, und als dies verneint wurde, erklärte sie wörtlich: »Noch einen Monat behalte ich dich hier, bestätigt sich dann deine Vermutung, so jage ich dich aus dem Haus.«

Während dieser Unterredung war auch der Großvater hinzugekommen, er faßte seine Enkelin wütend an die Hand und warf sie mit den Worten: »Eine Hure leide ich in meinem Hause nicht!« zur Tür hinaus, gab auch nicht zu, daß sie die notwendigsten Sachen mitnehmen durfte, sondern riß ihr dieselben fort. Die Delitz begab sich zum Kuhhirten Pinz, der im Dorfe wohnte, die Großmutter schickte die Magd hin, um sie zur Rückkehr zu bewegen, da sie aber zurücksagen ließ, sie sei bestimmt schwanger, brachte ihr am anderen Tag die Großmutter die Kleidungsstücke und zwei Taler Reisegeld mit der Anweisung, ihr nicht mehr vor Augen zu kommen.

Die Delitz entschloß sich, nach Bobersberg zu gehen und beging auf der Reise dorthin im Krug zu Eulam einen gewaltsamen Diebstahl, indem sie mit einem Nachschlüssel eine Lade öffnete und außer zehn Talern noch mehrere Kleidungsstücke entwandte. Der Bestohlene hatte sie jedoch verfolgt, eingeholt und ihr die Sachen abgenommen, nach dem Geld aber nicht gefragt, da er es in der Eile wahrscheinlich nicht vermißt hatte.

In Bobersberg traf sie bei einer gewissen Noack den August Müller an, der sie hier unterbrachte und mit der Frau wegen Abtreibung der Leibesfrucht das Nötige verabredete, welche dann auch nicht eher ruhte, bis die Delitz dazu bereit war, die Abtreibung mit Gefahr für das Leben durch verschiedene schädliche Mittel zu bewirken. Dreizehn Wochen lang mußte sie sich von dieser Kur an bis zu ihrer Wiederherstellung hier aufhalten, und zwar acht Tage bis nach Ostern 1808. Am 23. April reiste sie dann in Begleitung des August und Carl Müller nach Marienhain und Carl sagte, daß dort Feuer angelegt und dann gestohlen werden sollte. Sie stimmte jedoch dazu nicht und blieb zurück, als die übrigen, mit den nötigen Schwärmern versehen, in dieser Absicht auszogen. Es wurde aber aus diesem Feuer nichts, da sie unterwegs Gelegenheit gefunden hatten, einen Dorfprediger zu bestehlen. Von Marienhain aus besuchte sie mehrere Märkte, die Gefangene wurde jedoch durch ihr anhaltendes Fieber daran gehindert, ernstlich Anteil an den Diebstählen zu nehmen, mußte vielmehr nach Bobersberg zurückkehren und dort bei der Noack von Pfingsten bis Johannis bleiben. Nach ihrer Genesung ging sie in Begleitung der Noack und des Müller nach Berlin, sie hielten sich aber hier nicht auf, sondern reisten nach dem Roten Krug bei Oranienburg, wo sie nochmals vom Fieber überfallen und acht Wochen im Bett zu bleiben gezwungen wurde. Müller, dessen Bruder Paul, der schwarze Franz, Büttner und andere trieben sich während dieser Zeit herum, stahlen, und wo sie den Diebstahl nicht sicher ausführen konnten, flaggerten (siehe Verzeichnis S. 125) sie, um unter Begünstigung des Feuers zu stehlen. Nachdem die Gefangene wiederhergestellt war, durchzog sie in Gesellschaft der Bande einen Teil von Sachsen und Schlesien.

Auf der Reise nach Sachsen wurde in der Gegend von Hoyerswerda im Walde ein Straßenraub an einem Soldaten verübt. Es war um Weihnachten 1808, als die Bande dahin reiste, um dort einer Hochzeit von zwei Kessen beizuwohnen und zugleich mit einer anderen sächsischen Bande zusammenzutreffen. Eines Morgens traten sie die letzte Tagesreise von Görlitz aus nach dem Ort ihrer Bestimmung an und waren etwa 1/2 Meile im Buschwerk gegangen, als in der Ferne ein Mensch bemerkt wurde, der einem Soldaten ähnlich sah, und einer äußerte: »Da kommt ein Balmachom« (Soldat, siehe Verzeichnis S. 125). Sogleich erwiderte ein anderer: »Wenn er Geld hat, muß er gepisackt (geknebelt, siehe Verzeichnis S. 127) werden«, und es wurden eiligst zwei Pistolen geladen.

Die Bande lagerte sich, um zu frühstücken, der Fremde kam heran, setzte sich vertraulich zu der Gesellschaft hin, erzählte, daß er in französischen Diensten stehe, aus dem Elsaß gebürtig sei und ließ von ungefähr bei dieser Erzählung Geld blicken. Auf einmal wurde er von einem der Bande beim Halstuch angegriffen und zu Boden geworfen, die anderen banden ihm die Hände und Füße mit Schnupftüchern zusammen, die Gefangene schnallte ihm die Geldkatze ab, und so ließ man ihn liegen. Um denselben zu schrecken, wurden beim Fortgehen in einiger Entfernung die geladenen Pistolen abgeschossen und die Reise fortgesetzt. Nachdem sie etwa 1/2 Stunde von jenem Ort entfernt waren, stieg bei der Gefangenen der Gedanke auf, daß der Beraubte in der Lage gewiß erfrieren würde, sie fühlte einiges Mitleid mit ihm, warf sich daher in Mannskleider, eilte zu ihm, fand ihn stöhnend vor und entledigte ihn der Banden. Sie tat, als wenn sie zufällig dort hergekommen sei, und kehrte dann auf einem Fußsteige zur Bande zurück. In Hoyerswerda wurde die sogenannte sächsische Bande unter Anführung eines gewissen Ringer angetroffen und ihm unter den Feierlichkeiten, die bei der Eidesleistung des schönen Carl stattgefunden hatten, gehuldigt. Die Bande hielt sich aber nicht lange, da ihr Anführer nach einigen Wochen sich erhängte. Hier wurden dann zwei Paar auf Kessen-Art verheiratet, d. h., sie schwuren Paar für Paar, keinen Menschen zu verraten, dem Hauptmann treu und gehorsam zu sein, und gelobten sich wechselseitige Treue.

Nachdem die sächsische Bande nach Verlauf von einigen Tagen aufgebrochen und die Delitz mit ihrer Gesellschaft noch im Krug zurückgeblieben war, sah sie zwei sächsische Dragoner auf den Krug zueilen. Alles verbarg sich, die Delitz und der alte Müller blieben aber in der Stube zurück und wurden, weil sie nicht gehörige Pässe hatten, arretiert, auf einen Wagen gesetzt und nach Dresden gebracht. Als sie zum Verhör kam, fand sie den beraubten französischen Soldaten, der sie sogleich als die Person erkannte, die er in Gesellschaft der Räuber gesehen habe, und sie wurde mit schweren Ketten belastet. Sie sowohl als der Müller leugneten jede Kenntnis und Teilnahme an der Beraubung, die Sache wurde abgeschlossen, Müller vorläufig zur Festung abgeführt, sie hingegen verblieb im Stockhaus.

Eines Abends bemerkte sie aus dem Fenster den August Müller, der ein Gespräch mit ihr anknüpfte und ihr eröffnete, daß er kein Schubbezeug (Feilen, Uhrfedern), wohl aber einen guten Clamones bei sich habe und ihr ihn verabreichen wolle. Sogleich fertigte die Gefangene aus einem in Stücke gerissenen Tuch eine Leine an und zog den Dietrich herauf. Sie öffnete damit das Schloß der Kette und der Gefängnistür, ging auf den Boden und ließ sich nun mit einer dort vorgefundenen Leine glücklich zur Erde hinab. In Begleitung des Müller ging sie ungehindert nach Luckau, sie bestahlen den Markt, zogen dann weiter nach Müllerose und von hier nach Frankfurt an der Oder, wo die Messe abgehalten werden sollte.

Acht Tage lang wurde hier täglich und ununterbrochen gestohlen, dann am 4. März die Reise über Ziebingen, Krossen nach Bobersberg angetreten, wo bei der Noack das gestohlene Gut geteilt und beinahe drei Wochen lang verweilt wurde, und zwar bis zum 28. März, wo der Markt in Krossen stattfand, auf welchem Kattun, Stiefel und Schuhe im Überfluß gestohlen und ebenfalls nach Bobersberg zu der Noack gebracht wurden.

Während des hiesigen Aufenthalts wurde in Jähnsdorff geflaggert, und die Gefangene war gegenwärtig. Sie erzürnte sich bei dieser Gelegenheit mit ihrem Liebhaber, verließ ihn und ging allein nach Frankfurt an der Oder. Sie kehrte beim Gastwirt Perlewitz ein, blieb hier bis zum dritten Ostertage und trat dann in den Dienst des Juden und Flußsieders Falck Bendix. Sie mochte vielleicht acht Tage in diesem Verhältnis gewesen sein, als August Müller ihr nachfolgte, sie zur Entweichung aus dem Dienst beredete und erreichte, daß sie eines Morgens, als sie mit der Kiepe Holz aus der Heide holen sollte, diese mit Sachen vollpackte und damit heimlich fortging. Sie nahmen ihren Weg über Krossen nach Suben, wo sie krankheitshalber beim

Schuhmacher Ulrich, der sie von Sommerfeld her kannte, Dienst nahm, bis zum Johannistag, den 24. Juni, daselbst verblieb und dann mit einem vorteilhaften Dienstentlassungsschein wieder abreiste. In Krossen vermietete sie sich zwar anderweitig beim Brauer Benecke, da sie sich aber mit ihm nicht vertragen konnte, ging sie heimlich fort und nach Berlin zum Besuch bei ihrer Mutter. Über acht Wochen blieb sie bei ihr, nährte sich als Tagelöhnerin und gab ihren Verdienst an die Mutter zur Bestreitung der Unterhaltskosten.

Da sie aber nicht satt zu essen erhielt, ging sie eines Morgens in aller Frühe wieder fort, nach dem Rollkrug bei Berlin und fand hier den Carl Müller, Bruder ihres Geliebten. Mit diesem kehrte sie nach der Stadt zurück, besuchte den Mildenschen Punschladen und benutzte hier die Gelegenheit, einem ordentlich gekleideten Manne mit solcher Geschicklichkeit eine Börse mit fünfundzwanzig Talerstücken aus der Rocktasche zu entwenden, daß er solches nicht merkte und sie glücklich sich entfernen konnte.

Sie reiste nun allein fort, ging an demselben Tage bis nach dem Erckner, am anderen Tage nach Hangelsberg, wo die Hoppensche Diebesfamilie Nachtquartier genommen hatte, und dann mit ihnen gemeinschaftlich nach Frankfurt an der Oder. Unterwegs im Krug zu Ahrensdorff, wo sie übernachteten, war Horst, saß am Tisch und trank Kaffee. Er war sehr freundlich, indessen wurde er gleichgültig behandelt, und ohne sich weiter mit ihm einzulassen, verließ die Delitz am anderen Morgen den Krug.

In Frankfurt an der Oder kamen sie am Montag nach Martini, den 13. November 1810, an, hielten die

Messe ab, und dann ging die Delitz wieder nach Krossen zurück. Sie mietete sich hier ein, indessen währte dieses Verhältnis nicht lange, denn von der einen Herrschaft wurde sie nach acht Tagen wegen ihrer Liederlichkeit entlassen, von der anderen ging sie nach einem ebenso kurzen Zeitraum wieder fort, da ihr Geliebter, August Müller, dorthin kam und sie wieder zu Streifzügen aufforderte. Sie bezogen die Märkte in Cüstrin, Wriezen an der Oder, Grüneberg und Liegnitz, gingen dann nach Frankfurt zur Messe und wohnten während derselben auf der Mühle zu Cunersdorff. Den Tag über besuchten sie die Messe und aßen zu mittag in dem dortigen Ronneburgischen Hurenhaus, woselbst sie mehrere Kessen, namentlich den Jaczinsky, Levinzky, Stegemann, Malczewsky, Carl Müller und Hanne Müller, trafen. Es wurde bei dieser Gelegenheit über mehrere Flaggereien gesprochen und vom Malczewsky das Dorf Zeitz bei Krossen dazu in Vorschlag gebracht, zugleich auch von allen einstimmig die Ausführung der Tat am Donnerstag nach der Messe beschlossen. Die Gesellschaft machte sich auf den Weg, von den Frauensleuten wurden Pechkränze gewunden, bestehend aus einem leinenen Lappen, der mit Pech und Schwefel getränkt war, und die Anlegung des Feuers am Mittwoch bestimmt worden, da an diesem Tage der größte Teil von den Bauern abwesend und in Krossen zu Markte war, mithin mit größerem Erfolg verfahren werden konnte.

Die Brandstiftung unterblieb indessen aus unbekannten Gründen, und die Gesellschaft zog nach der in der dortigen Gegend gelegenen Weitziger Mühle.

An diesem Ort blieb sie einige Tage, begab sich dann auf kurze Zeit nach der Cunersdorffschen Mühle und von hier nach Berlin, um den Ostermarkt abzuhalten. Es wurden auf demselben nur einige Paar Schuhe gestohlen und dann der Markt in Seelow besucht, von hier aus aber nach der Cunersdorffschen Mühle zurückgekehrt, wo das gestohlene Gut verkauft und das Geld in den Osterfeiertagen durchgebracht wurde. Später besuchten sie die Märkte in Zielenzig, Sternberg und Krossen, die Pfingstfeiertage waren unterdessen herangekommen, und die Gesellschaft feierte dieselben in mehrmals erwähnter Mühle. Die Männer gingen nach den Feiertagen fort, die Frauensleute blieben jedoch fünf Wochen lang hier zurück, zu welcher Zeit jene dann von ihren Streifereien zurückkehrten und viel Geld mitbrachten, ohne sich jedoch über den Erwerb näher auszulassen.

Nun wurde abermals eine Reise nach Berlin zu dem eintretenden Markt unternommen, auf der Tour aber von den Mannspersonen in der Nähe von Fürstenwalde in einem Dorf Feuer angezündet und mehrere Betten und Kleidungsstücke gestohlen, welche sie zum Teil später in Berlin verkauften. Bei Ankunft der Gesellschaft in Berlin hatte der Markt bereits seinen Anfang genommen, sie stahlen hier, wie gewöhnlich, Kattun, Leinwand, Tücher und dergleichen mehr, und die Delitz erhielt bei der Teilung die Summe von zwanzig Talern.

Es wurde verabredet, in der Gegend von Polnisch Crone einen Kettenschub bei einem Edelmann zu begehen, nach dem Markt wurde auch sogleich aufgebrochen und teils zu Fuß, teils mit dem Wagen die Reise nach Polnisch Crone vollendet. In dem kessen Wirtshaus vor dem Posener Tor kehrten sie ein und fanden die Kabrousche eines gewissen Preuß vor, welcher wenigstens den Anführer spielte.

August Müller sprach mit diesem über das Vorhaben, Preuß meinte, daß jener Edelmann, auf den es angesehen sei, am nächsten Tag nach Kalisch zu einem Ball fahre und daher das Vorhaben zu dieser Zeit ausgeführt werden müsse.

Die Bande zog bewaffnet aus, die Delitz und Stegemann trugen Pistolen, welche sie auf Geheiß des Preuß laden mußten, um nötigenfalls die Lampen abweisen zu können, ebenso waren die Frauensleute mit Mannskleidern versehen, und sämtliche Gefährten hatten ihr Gesicht mit Ruß schwarz gemacht. Um 11 Uhr nachts waren sie vor dem Haus des Starosten. Vier große Hofhunde fingen an zu bellen, Preuß befahl daher seiner Beischläferin Caroline, die Hunde zu päckern (töten, siehe Verzeichnis S. 127). Die tat dies, warf ihnen Wurst vor, und bald waren sie zur Ruhe gebracht. Es wurde nun das Fest (Blei, siehe Verzeichnis S. 125) an dem einen Scheinling (Fenster, siehe Verzeichnis S. 127) abgelöst, die Scheibe ausgenommen und nun eingestiegen; die vorhandene Dienerschaft, welche Lärm machen wollte, wurde geknebelt und nun von der Bande alles ausgeräumt, der Wagen mit zwei Pferden bespannt, vorgefahren, vollgepackt und mit zwei Reitpferden abgezogen. Im Wald wurde Halt gemacht, der Müller und die Delitz zerstritten sich mit den übrigen über die vorgeschlagene Reisetour und gingen von ihnen ab, nachdem sie auf ihren Anteil, die beiden Reitpferde und einen Geldbeutel mit vielem Geld, erhalten hatten. Sie eilten nach Landsberg an der Warthe und von hier nach der an der Mecklenburgischen Grenze gelegenen Buschmühle, wo gewöhnlich die Kessen einzukehren pflegen. Hier trafen sie auch wirklich den Horst mit der Lotte an. Ersterer sprach mit der Delitz nicht, sie fragte ihn daher, weshalb und worauf der Herr so stolz sei? Nach diesen und ähnlichen Neckereien vereinigten sie sich untereinander und tanzten die halbe Nacht hindurch. Einige Tage nachher ritten der Müller und die Delitz nach dem ebenfalls an der Mecklenburgischen Grenze gelegenen Rohrkrug; sie verkauften ihre Pferde für 50 und 30 Taler an Juden, die dort angetroffen wurden. Die Delitz zerstritt sich mit dem Müller, sie setzten sich daher auseinander.

Einige Tage nachher kam auch Horst mit der Lotte zu diesem Krug. Horst und Müller nahmen sich vor, in dem nahe gelegenen Dorf Neuensundt zu flaggern, der Plan wurde ausgeführt, und die Delitz nahm tätigen Teil daran; danach feuerten sie in Rassenheide und Schönerlinde; am 2. September trennte sich die Delitz von dem Müller und Horst in Rauen, da letzterer nach Jerichow, ersterer aber zum Markt nach Rheinsberg reiste.

Sie ging einstweilen nach dem Roten Krug bei Brandenburg. Beinahe drei Wochen lang blieb sie hier allein, da Müller so lange in Rheinsberg wegen Verdachts des Pferdediebstahls verhaftet war und Horst das gleiche Schicksal gehabt hatte. Sie kamen in der letzten Hälfte des Septembers an und wurde nun auf der Tour nach Berlin das Feueranlegen in Bensdorff, Großenkreuz usw. fortwährend betrieben, bis Horst in Berlin arretiert wurde. Die Delitz hatte dies bemerkt und eilte nach dem Rollkrug, erzählte dies dem August Müller, der darüber sehr erschrak und mit ihr augenblicklich nach Frankfurt an der Oder und von hier aus nach der Cunersdorffschen Mühle zurückging. Hier fanden sie den Carl Müller, die Hanne Müller, den Stegemann und mehrere andere. Am Freitag, den 5. Oktober, wurde ein großes Fest veranstaltet, Wein und Kuchen war im größten Überfluß vorhanden, und die Delitz erhielt mit der Hanne Müller wegen ihres bewiesenen Eifers und Muts bei dem Kettenschube in Polen das Ehrenzeichen. Es bestand in einer silbernen Medaille, auf deren einen Seite sich Pistolen und ein Degen, auf der anderen aber ein Schloß und ein Schlüssel, darunter sich aber der Name der Gefangenen befand. Stegemann hatte diese Medaille in Meseritz verfertigen lassen. Nach dem Essen wurde bis spät in die Nacht getanzt und auf diese Weise das Fest beschlossen. Am Sonntag, den 8. Oktober, brach die Gesellschaft von hier auf, um einen Kettenschub in Eulam zu begehen, die Delitz konnte krankheitshalber nicht folgen und ging auf der Tour langsam nach. In Krossen stahl sie auf dem Markt Kattun und baumwollenes Zeug und bemerkte, daß sie von mehreren Gerichtsdienern verfolgt wurde, sie warf daher die gehandelte Ware in ein Haus, eilte zum Tor hinaus, warf ihre Tasche, worin sechs Dietriche und die Medaille waren, in die Oder und entkam glücklich ihren Verfolgern. Eine und eine halbe Meile hinter Meseritz traf sie auf dem Sandkrug den Müller, welcher ihr über die Ausführung des Kettenschubes in Eulam bei einem Prediger Nachricht gab. Müller wollte weitergehen, die Delitz bat ihn, sie nicht zu verlassen, da sie ihrer Krankheit wegen nicht von der Stelle könne, er wollte aber nicht, sie gerieten deshalb in Wortwechsel, und Müller ging von ihr fort. Die Delitz trieb sich nun in dieser Gegend herum und kam so nach dem Dorfe Steinbach zu dem Dorfschulzen, den sie um Aufnahme bat. Er bewilligte ihr das, verlangte indessen einen Paß, und sie zeigte einen, den Müller angefertigt hatte. Der

Schulze äußerte, daß er daraus nicht klug werden könne, die Delitz meinte, er habe recht, es sei nur ein Brief, den Paß habe sie verloren, riß ihm solchen aus der Hand und warf ihn in das Kaminfeuer. Der Schulze führte sie hierauf zum Edelmann, der sie sofort arretieren, mit Ketten anschließen und am anderen Tag nach Schwibus transportieren ließ.

Ein vorherrschender Zug bei der Gefangenen war, daß sie gern mit ihren Taten prahlte, sie bekannte sich selbst am Anfang der Untersuchung zu Verbrechen, welche sie, wie sich in der Folge ergab, gar nicht begangen hatte. Später erst, durch die Vorhaltungen und Ermahnungen des Inquirenten zum Nachdenken gebracht, sah sie das Unrechtmäßige ihrer Handlungsweise ein und fing an, Reue zu fühlen.

So wenig die Mutter sich in früher Jugend um die Tochter gekümmert hatte, ebensowenig geschah dies während ihrer Gefangenschaft; nicht ein einziges Mal kam sie zu Besuch. Dagegen sprach die Gefangene mehrmals ihre Mutterschwester, die verehelichte Zangenberg. Als diese zum erstenmal in der Verhörstube zusammenkamen, erkannten sich dieselben nicht gleich wieder, da sie sich seit einer Reihe von Jahren nicht gesehen hatten; wie der Gefangenen gesagt wurde, die Person sei ihrer Mutter Schwester, die Zangenberg, umarmten sich beide und weinten. Bei der Unterredung schob sie alle Schuld auf ihre Mutter, welche sich nicht um sie gekümmert, sie vielmehr zum Bösen verleitet habe.

Auf die Frage der Zangenberg an die Gefangene: was aus ihr nun werden würde, antwortete letztere unter Tränen und Schluchzen: was sonst als der Galgen.

Auf die zweite Frage: »Mädchen, wie hast du das

Herz gehabt, Feuer anzulegen?«, erwiderte sie, daß sie es zuerst auch nicht getan, nachher aber gelernt habe.

In den mehrmaligen Zusammenstellungen mit dem Horst ermahnte sie ihn stets zur Aussage der Wahrheit und forderte ihn auf, durch Winkelzüge und Lügen die Sache nicht in die Länge zu ziehen.

In einer Verhandlung, wo sie dem Horst die bis dahin geleugnete Teilnahme an mehreren Brandstiftungen vorhielt und ihn zum Geständnis zu bewegen suchte, äußerte sie:

»Nein, ich will dem Horst zu Gefallen nicht länger lügen, ich habe die Wahrheit gesagt, und dabei will ich verbleiben, denn ich befinde mich dabei besser; solange ich noch nicht eingestanden hatte, habe ich keine Nacht ruhig schlafen können. Jetzt bin ich ruhiger, aber ich muß oft weinen, wenn ich bedenke, wie viele Menschen ich dadurch elend und unglücklich gemacht habe, daß ich Feuer anlegte. Wenn mir eine leichte Todesstrafe zuerkannt wird, will ich auch gewiß nicht appellieren. An meinem Unglück ist nur allein meine Mutter schuld; als ein kleines Kind hat sie mich verstoßen, sie hat nicht gefragt: brauchst du etwas, wirst du in der Religion unterrichtet, bist du eingesegnet, um nichts hat sie sich gekümmert. Ist sie wohl ein einziges Mal nach der Stadtvoigtei gekommen und hat nach ihrem Kind gefragt? Ich kann wohl mit Recht sagen, daß ich eine Rabenmutter habe, aber ich will ihr doch nicht fluchen.«

Während ihrer Gefangenschaft war die Gefangene sehr aufgeräumt und bei heiterer Laune, ihre Mitgefangenen hatten keine Langeweile. Ihre Erzählungen bezogen sich stets auf Verbrechen, und sie besang sie in Diebes- und Mordbrennerliedern verschiedener Art.

Dennoch zeigte ihr ganzes Betragen weniger Verdorbenheit des Charakters, als Horst in seinen Handlungen und Äußerungen blicken ließ. Von ihrer frühsten Jugend an sah sie in ihren Umgebungen von Eltern und Verwandten keine andere als schlechte Handlungen, sie wurde dazu aufgefordert und selbst angeleitet, ehe sie Recht und Unrecht zu unterscheiden vermochte. An Müßiggang und Unordnung gewöhnt, konnte sie später während des Aufenthalts bei den Großeltern in Sommerfeld nur durch Herbeischaffung von gestohlenem Gut sich leidliche Tage bereiten, und ihr grenzenloser Leichtsinn erstickte jeden Keim des Nachdenkens. Eine gewisse Art von Gutmütigkeit, Festigkeit und Entschlossenheit ließen Grundlagen in ihrem Charakter blicken, die unter glücklicheren Verhältnissen sie gewiß zu einem achtungswerten Mitglied der menschlichen Gesellschaft gebildet haben würden. Sie fühlte und gestand ihr Unrecht, ihr früheres Leugnen bezweckte mehr die Schonung ihrer Gefährten, als es Folge von Verstocktheit und Furcht vor dem Tod war.

Nach abgelegtem Bekenntnis bezeigte sie oft lebhafte Reue, die ihr Leichtsinn jedoch immer bald endete, dagegen erkünstelte Horst große Frechheit und zog sich dadurch selbst die Verachtung seiner Mitgefangenen zu. Für ihn sprach nichts, und für jeden Defensor (Verteidiger) wäre es eine Preisaufgabe gewesen, für diesen hartnäckigen und boshaften Frevler einen Milderungsgrund aufzufinden. Aus eigener Neigung, in einem Alter, wo er das Unrecht einsehen, die Folgen berechnen konnte, wählte er ohne besondere Veranlassung seine Laufbahn. Mangel an Mut, nur hoher Grad von Heimtücke, Bosheit und Fühllosigkeit sprachen sich in allen seinen Handlungen und selbst in dem Betragen während seiner Gefangenschaft aus. Reue war ihm fremd, er blickte mit großer Schadenfreude auf das Unglück zurück, welches er durch seine Ruchlosigkeit gestiftet hatte, dagegen aber war die Furcht vor dem Tode desto lebhafter und kleinlicher. Nur in den letzten Stunden schien er sich davon loszumachen, doch war es nicht zu verkennen, daß Frechheit die Veranlassung war.

Urteil in erster Instanz und dessen Publikation

Das vom Königl. Kammergericht abgefaßte und vom hohen Justizminister bestätigte Erkenntnis lautete dahin, daß Horst und die Delitz zur Richtstätte geschleift und dort mit dem Feuer vom Leben zum Tod gebracht werden sollten.

Am 25. August 1812 wurde dies den beiden Inquisiten publiziert, welche darüber in großen Schrecken gerieten. Die Delitz erklärte, daß sie sich bei dem Erkenntnis nicht beruhigen könne und daher das Rechtsmittel der weiteren Verteidigung einwenden wolle. Zugleich äußerte sie bei dieser Gelegenheit: »Was ich begangen habe, werde ich sagen, was ich aber nicht begangen, zurücknehmen.«

Am anderen Tag wurde die Gefangene vom Inquirenten aufgefordert, sich über die getane Äußerung näher auszulassen, sie bat jedoch, die Vernehmung bis zum folgenden Tag auszusetzen, da sie sich von dem großen Schreck noch nicht erholen könne. Es wurde ihrem Gesuch entsprochen, am anderen Tag erklärte sie sogleich beim Eintritt in das Verhörzimmer: Sie sei zwar willens gewesen, ihre früheren Bekenntnisse über die von ihr verübten Brandstiftungen zu widerrufen, sie habe sich jedoch eines anderen besonnen, da sie einsehe, daß ihr dies nichts helfen würde, weil sie überall in der Wahrheit beruhen. Dennoch aber wolle sie appellieren, da sie ihrer Jugend wegen in zweiter Instanz ein milderes Urteil erwarte.

Später widerrief sie zwar nochmals ihr Eingeständnis, nahm jedoch den Widerruf, der durch die Durchstecherei eines Beamten veranlaßt war, ebenso schnell wieder zurück.

Es wurde ihr, wie dies jederzeit geschieht, nach Publikation des Urteils ein Geistlicher zugeordnet, der sie zum Tode vorbereiten sollte. Nachdem er den ersten Besuch abgestattet hatte, bat sie dringend, ihn einzustellen, da sie dadurch aufs höchste beunruhigt und geängstigt werde; es wurde ihrem Gesuch nachgegeben.

Horst erklärte, nachdem er das Erkenntnis ruhig angehört hatte: »Das ist Spaß, ich will nicht appellieren, meinethalben kann es morgen losgehen! Wir wollen das Erkenntnis aber doch so lange aussetzen, bis die Zeugen vernommen sind, damit niemandem Unrecht geschieht.«

Er wurde aufgefordert, sich hierüber näher auszulassen, indessen meinte er: »Das wird solche Eil nicht haben, lassen Sie mir nur bis morgen Zeit.«

Am 22. wurde er in die Verhörstube gebracht, er bat um eine Unterredung mit seinem Verteidiger, und diese fand am 28. August statt.

Bei dieser äußerte der Gefangene, daß die Strafe viel zu gelinde für ihn sei, wenn er alle von ihm angegebenen Brandstiftungen verübt hätte, und widerrief alle seine Bekenntnisse. Er gab an, daß er zu solchen verleitet sei, und nannte eine Menge Dörfer und Städte, wo er sich zur Zeit der verschiedenen Feuer aufgehalten haben wollte, gab auch Zeugen an, die ihn dort gesehen haben sollten. Es wurde deshalb eine nähere Untersuchung veranlaßt, welche manche angegebenen Umstände in Hinsicht seines Aufenthalts zwar als wahr bestätigte, jedoch mit dem Zeitpunkt nicht übereinstimmten. Nachdem der Horst auf diese Weise die Sache ungefähr sieben Wochen aufgehalten hatte, erklärte er am 15. Oktober seine früheren Geständnisse wieder als wahr und wurde nun das Rechtsmittel der weiteren Verteidigung eingeleitet.

Der Defensor des Horst reichte, wie es bereits in der ersten Instanz geschehen war, eine sehr weitreichende Schutzschrift ein, worin er gegen den Tatbestand Ausstellungen macht, weil er ihn wegen der unterbliebenen Obduktion einiger bei verschiedenen Feuern verunglückten Personen nicht als festgestellt betrachtete, zugleich aber suchte er die früheren Angaben des Gefangenen, daß er durch Versprechungen von Beamten verleitet sei, ein Geständnis abzulegen, geltend zu machen, obgleich der Gefangene die Beschuldigungen mehrmals als unwahr zurückgenommen hatte, und richtete zuletzt seinen Antrag dahin, den Gefangenen mit der Todesstrafe zu verschonen.

Der Verteidiger der Delitz war bemüht, in einer kurzen, gehaltvollen Schrift die vernachlässigte Erziehung, das von Kindheit an gehabte böse Beispiel und die Jugend der Gefangenen als momenta defensionis (Verteidigungsgründe) dem Richter ans Herz zu legen und dadurch die Abwendung der Todesstrafe zu bewirken. Der erkennende Richter nahm aber darauf keine Rücksicht und widerlegte die angegebenen Milderungsgründe folgendermaßen: »Die Jugend kann der Gefangenen gar nicht zustatten kommen, da sie schon über 20 Jahre alt war, als sie Feuer anlegte. Die Verführung, die sie angibt, kann ebensowenig die Strafe lindern, da sie bereits die Jahre der Unmündigkeit überschritten hatte, als sie sich mit einer Diebesgesellschaft verband. Unwissenheit ist nur bei Polizeivergehungen und bei sinnlosen Menschen denkbar, Unbekanntschaft mit dem Strafübel hingegen ändert die Zurechnung selbst nicht, denn diese setzt nur eine allgemeine Kenntnis von dem Eintritt des Strafübels und zwar nur insofern voraus, als davon die Kenntnis des Verbots an sich abhängt, was aber bei Verbrechen um so weniger der Fall sein kann, je mehr das Gefühl schon einen jeden in seiner verbrecherischen Handlung wenigstens gleiches Übel befürchten läßt. Jede Unwissenheit dieser Art ist mithin affektiert. Endlich kann auf die angegebene vernachlässigte Erziehung keine Rücksicht genommen werden, da die Gefangene bis zum 14. Jahr die ihren Verhältnissen angemessene Erziehung genossen.«

Es wurde daher das erste Erkenntnis in zweiter Instanz überall bestätigt und von Sr. Majestät dem König mittels Reskripts d.d. Dresden den 14. April 1813 konformiert (bekräftigt). In der Nacht vom 16. zum 17. Mai, etwa zehn Stunden vor Publikation des Urteils, hatte Horst noch den Versuch gemacht, sich zu strangulieren, wurde aber daran durch die strenge und in der letzten Zeit verdoppelte Wachsamkeit der Wärter gehindert.

Publikation des Endurteils und Vollstreckung desselben

Am 17. Mai, am Himmelfahrtstag vormittags um elf Uhr, wurde den Gefangenen das Endurteil nebst dem allerhöchsten Konfirmationsreskript mit dem Bedeuten publiziert, daß die Vollstreckung der Todesstrafe am anderen Morgen vollzogen werde und dagegen nun kein weiteres Rechtsmittel stattfinde. Die Delitz äußerte: »Ich sterbe unschuldig, ich habe den Tod nicht verdient, ich habe alles aus Unüberlegtheit auf mich genommen und unterschreibe das Todesurteil nicht.«

Als das Endurteil dem Horst publiziert wurde, hörte er es ganz ruhig an, und als man ihm die Unterschrift Sr. Majestät des Königs vorzeigte, meinte er, es sei ihm gleich, wer es unterschrieben habe.

Da der Gefangene den Fall als möglich vorausgesetzt hatte, daß von einem oder dem anderen bei der Publikation des Endurteils vielleicht noch auf der Richtstätte ein Widerruf erfolgen könnte, so war im voraus bei dem hohen Justizministerium die nötige Anfrage über das in diesem Fall zu beachtende Verfahren geschehen und auf den Grund derselben festgesetzt worden, daß darauf keine Rücksicht genommen und mit der Vollstreckung der Strafe ohne Aufschub verfahren werden solle; mithin blieb die Äußerung der Gefangenen Delitz, die sie übrigens auch am Nachmittag wieder zurücknahm, unbeachtet. Horst sowohl wie die Delitz waren am Nachmittag und Abend sehr vergnügt, ersterer spielte mit den beiden ihm zur Bewachung zugeordneten Dienern Deutsch-Solo (Kartenspiel). Abends nach neun Uhr begab sich der Inquirent nach der Stadtvogtei, um sich von der Stimmung der Delinquentin zu unterrichten und sie zu einem anständigen und gesitteten Betragen bei der Hinrichtung zu ermahnen. Horst war sehr aufgeräumt, lustig und guter Dinge, erzählte, daß er Karten gespielt und eine Pfeife Tabak geraucht und ihm Essen und Trinken gut geschmeckt habe. Er äußerte sich über den in der vergangenen Nacht stattgehabten Vorfall scherzend: »Nicht wahr, Herr Justizrat, das wäre doch ein hübscher Spaß gewesen, wenn Sie, nachdem Sie sich so lange mit mir gequält und mich zweieinhalb Jahre konserviert hatten, mich heute morgen tot aufgefunden hätten. So eine Untersuchung wie diese hat gewiß in Berlin noch nicht existiert, und jede andere muß Ihnen daher zuwider sein; jetzt kann Sie der König in den Ruhestand versetzen.«

Er ergriff die Hand des Inquirenten, bat um Verzeihung wegen der unendlichen Mühe und Arbeit, des Verdrusses und Ärgers, den er ihm durch die vielen Lügen und Winkelzüge gemacht habe, konnte aber nicht den Wunsch unterdrücken, einen anderen Inquirenten gehabt zu haben, der sich weniger Mühe gegeben und nicht so sorgfältig die Spuren verfolgt hätte, weil es dann bis zum Scheiterhaufen wohl nicht gekommen sein möchte.

Sein Wunsch, eine Gefangene, welche er früher genau gekannt hatte, zu sprechen, wurde erfüllt; sie weinte, als Horst ihr mit fröhlichem Gesicht erzählte, daß er anderen Tages mit der Delitz verbrannt würde. Lachend fragte er: »Warum weinst du, ich gehe morgen voran und bestelle Quartier.«

Nachdem die Gefangene entfernt war, ermahnte ihn der Inquirent, zwar mit Fassung dem Tode entgegenzugehen, durch ein anständiges, reuevolles Benehmen aber dem bei der Hinrichtung versammelten Publikum ein gutes Beispiel zu geben. Auch die Delitz wurde vom Inquirenten bei guter Laune und in fröhlicher Stimmung angetroffen, sie erzählte, daß sie an keinem Tag auf der Stadtvogtei so viel gegessen habe als an diesem, und fragte ihn scherzend, ob ihm wohl bekannt sei, daß sie heute Braut und morgen ihr Hochzeitstag sei.

Sie erklärte dies auf näheres Befragen dahin, daß sie heute eine Himmelsbraut sei und sich morgen mit dem Himmel vermähle.

Sie versprach übrigens, den Ermahnungen des Inquirenten, sich bei der Abführung zum Richtplatz anständig und gesittet zu betragen, Folge zu leisten.

Am anderen Morgen um sechs Uhr, als das Exekutionskommando sich zur Begleitung der Delinquenten auf der Stadtvogtei einfand, wurden sie auf den Hof geführt, jeder auf einen besonderen Wagen gesetzt und daran mit einer Kette befestigt. Während dies geschah, ermahnte die Delitz den Horst, seine Courage nicht zu verlieren; beide waren ganz vergnügt und ausgelassen, betrugen sich aber unterwegs ruhig und anständig.

Nachdem sie etwa 150 Schritte vor der Richtstätte angekommen waren, wurden sie der Ketten entledigt und ihnen nochmals das Urteil vorgelesen. Auch hierbei waren beide gefaßt und ruhig. Als sie aber hierauf den Leuten des Scharfrichters übergeben und für die Schleifung zur Richtstätte von ihnen auf die mit einer Kuhhaut bedeckten Schleife gesetzt wurden, und zwar so, daß der Horst vorwärts mit dem Gesicht nach dem Scheiterhaufen, die Delitz hinter ihm rückwärts saß, brach bei der letzteren die Todesangst aus, sie rang die

Hände und konnte weiter nichts als die Worte »Ach Gott, ach Gott!« hervorbringen.

Horst hingegen behielt bis zum letzten Augenblick seine Ruhe, selbst noch da, als er auf der Schleife saß, knüpfte er mit den Scharfrichterknechten, die ihm zur Seite gingen, ein Gespräch an und bestieg mit großer Frechheit die Treppe des Scheiterhaufens. Auf diesem war ein Sitz für beide Delinquenten eingerichtet, rechts saß Horst, ihm zur Seite die Delitz. Als der Scharfrichter dem ersteren die Leine über den Kopf warf, um ihn zu befestigen, entwand sich der Inquisit derselben mit großer Geschicklichkeit und Schnelligkeit, sprang von seinem Sitz auf, küßte noch einmal seine Gefährtin und kehrte dann von selbst ruhig auf seinen Platz zurück. Nachdem das Festbinden erfolgt war, wurde der Holzstoß, aus 5 1/2 Haufen Holz bestehend, in Brand gesetzt und auf diese Weise zwei Verbrecher aus der menschlichen Gesellschaft entfernt, welche bis jetzt die Geschichte wohl schwerlich aufzuweisen hat.

45 Städte und Dörfer im In- und Ausland wurden vom Horst durch Brandstiftungen heimgesucht. Zehn Menschen verloren auf eine schreckliche Weise in den Flammen das Leben; der Schaden, welcher durch die Brandstiftungen angerichtet wurde, beläuft sich auf mehr als 300 000 Taler, und der ganze Gewinn des Inquisiten erreichte nicht den Betrag von 500 Talern; sie, die Delitz, welche unter anderen das gräßliche Feuer in Schönerlinde angelegt, hatte fast gar keinen Vorteil weiter als eine freie Zeche.

Einige Diebeslieder, von Horst und der Delitz verfertigt:

Mordbrennerlied

Heute sind wir unsrer Neune,
Stehen hier an dieser Scheune
und machen den Kaffern (Bauern) wohl bekannt:
Schöneberg wird abgebrannt.

Ihr Herren nehmt euch wohl in Acht,
Haltet Berlin in guter Wacht;
Ich mach euch dieses wohl bekannt,
Berlin wird nächstens abgebrannt.

Drum laßt uns heut noch fröhlich sein
Und trinkt ein Gläschen kühlen Wein.
Ich will nicht eher von dannen gehn,
Ich muß Berlin in Asche sehn.

In Ricksdorff, da gibt's reiche Leut,
Da machen Kessen gute Beut;
Drum mach ich's denn euch wohl bekannt,
Ricksdorff wird nächstens abgebrannt.

Ihr Brüder steckt das Kittchen (Gefängnis) an
Es ist ja unser Unglücksplan,
Und wo wir alle kommen h'rein
Und müssen hart gebasselt (angekettet) sein.

In Köpnick gehen wir alle rein,
Es soll und muß geflaggert sein.
Ich lebe dies zum Zeitvertreib,
Denn Flaggern, das ist meine Freud.

Ich bin der Häupter dieser Tat,
Der Pech und Schwefel bei sich hat.
Mein Name ist euch wohl bekannt,
Herr Hauptmann werd ich ja genannt.

Schottenfellerlied

Ich bin ein junges, kesses Weib
Und hab' ein' kessen Sinn,
Ich habe doch noch Herz im Leib
Und opfre für die kessen Leut'
Mein'n letzten Tropfen Blut.

Ich bin ja stets ein Handelsweib
Und handle Schock auf Schock,
Denn Schottenfellen soll allein,
Auf ewig meine Freude sein,
Ja, meine Freude sein.

Auch hab ich einen kessen Mann,
Der Zossen handeln kann.
Denn Kettenschieben soll allein,
Auch Kessen Ihre Freude sein,
Stets ihre Freude sein.

Nun, liebe Brüder, insgemein
Geschworen haben wir,
Drum laßt uns heut noch fröhlich sein
Und trinkt mit Kessen immer Wein,
Auf ewig kess zu sein.

Und komm'n wir in die Pennen h'nein,
Wo lauter Kesse sein,
Wo nichts als lauter Kesses ist
Und wo der Balbos freundlich spricht:
Willkommen Kesse hier!
So trinket fröhlich Bier.

Kettenschieberlied

Ein kesses Leben führen wir,
Ein Leben voller Wonne.
Bei Hollmusch, Lein' marschieren wir,
Knackert ist unser Nachtquartier,
Gallon ist unsre Sonne.

Heut kehren wir beim Gerlach ein,
Beim reichen Gollo morgen,
Da gibt's brav Käsoff, Moos und Wein
Was übrig ist, das packen wir ein,
Der Gerlach, der muß sorgen.

Ei, stehst du lieber Gerlach dann,
Dein Kieschen ist gehoben!
Dafür sollst du den kessen Mann,
der Kettenschieben auch gut kann,
Im Balloch einst für lohnen.

Und haben wir dann ausgeräumt,
Mit Luppert uns versehen,
Dann trinken wir uns Mut und Kraft
Und mit dem Gollo Brüderschaft,
Der in der Penne tronet.

Verzeichnis der in der Untersuchungssache vorgekommenen einzelnen Diebeswörter. Die Diebessprache ist keineswegs eine eigene, zusammenhängende Sprache, sie besteht vielmehr aus Kunstwörtern (terminis technicis), die teils aus dem Deutschen, teils aus dem Hebräischen entlehnt sind und den Gefangenen zu einer Unterhaltung dienen, von der niemand

Kenntnis erhalten soll. Sie ist in den Gefängnissen und in allen Zuchthäusern Deutschlands allgemein bekannt und gewährt den Polizei- und Gefängnisoffizieren, welche derselben mächtig sind, große Vorteile.

Ausschrobbern	ausbrechen
Baldovern	auskundschaften, ausmitteln
Balmachom	Kriegsmann, Soldat
Bassel	Kette
Balbos	Herr, Wirt
Balloch	Himmel
Bekaskert	betrunken
Bumbser	Schäfer
Claffern, Clamones	Diebesschlüssel, Dietriche u. dgl.
Dirach	Teufel
Dolmen	langes Messer, Dolch
Dorfdrücker	Taschendieb
Esche	Geliebte
Flaggern	Feuer anlegen
Flaggerfahrt	Brandstiftung
Fest	Blei an den Fenstern
Fackeln	schreiben
Flammert	der Schmidt
Flebbe	der Paß
linke Flebbe	falscher Paß
Flunkert	Feuer
Flunkert auswerfen	Feuer anlegen
Gampfen	stehlen
Gerlach	der Dorfprediger
Gefahr	ein Dorf
Gollo	der Bürgermeister
Gallon	der Mond
Gohle	Wagen

Goschen	schlafen
Handeln	stehlen
Hollmisch	der Sturm
Kaffer	ein Bauer
Kabber	ein Kamerad, Diebesgefährte
Kabrousche	Diebesgesellschaft
Kess, witsch	klug, im Gegensatz von dumm, d. h. ein Dieb, der das Handwerk versteht und auch der Sprache mächtig ist.
Kettenschub	ein Einbruch zur Nachtzeit
Kitte	das Gefängnis
Knackert	der Wald
Käsof	Silber
Kieschen	Geld in Menge, ein Schatz
Kappen	verhaften
Kaftlinge	kleine Schweine
Lampen	Wächter, Aufpasser, Polizeioffizier
Leine	Nacht
Luppert	Pistole
Labstock	Löffel
Moos	Geld oder Geldeswert
Mokum	Stadt
Mertine	Landstraße
Madihne	das platte Land
auf der Madihne gehen	herumziehen, um zu stehlen
blaue Mertine	Preußen
weiße Mertine	Sachsen
grüne Mertine	Böhmen
schwarze Mertine	Polen
Masematte heben	einen gewaltsamen Diebstahl begehen

Markt abhalten	den Markt besuchen, in der Absicht zu stehlen
Mohr	Furcht
Mohrflebbe	Steckbrief
Obermann	Hut
Oberkopf	Mütze der Frauen
Plattfuß	Gans
Penne	Gasthaus
kesse Penne	wo der Wirt mit Dieben umgeht, sie kennt und beherbergt
Platte Penne machen	unter freiem Himmel Nachtquartier machen
Pinkert	der Stern
Pisacken	knebeln
Päkern	morden
Päger	ein mit Krähenaugen vergiftetes Stück Brot oder Fleisch, welches den Hunden vorgeworfen wird, welche sich an dem Ort, wo ein Diebstahl verübt werden soll, vorfinden. Nach dem Genuß krepieren sie augenblicklich
Putz, zum Putz	zum Schein etwas tun, z. B. als Musikus auf dem Lande herumgehen, um desto eher stehlen zu können
Rosenkranz	Fußkette
Rollo	Müller
Rolle	Mühle
Scheinling	Fenster, Laterne
Schock	Markt
Soore	gestohlenes Gut
Schliechnen	verraten

Schottenfeller	Marktdieb
Schoter	Gerichtsdiener
Schnee	Leinwand
Schrobberzeug	Instrumente, welche zum Diebstahl und zum Ausbruch gebraucht werden
Stromer	Vagabunde
Schicksel	Mädchen
Schiffke	alte Frau
Schmusen	sprechen
Scherfen	gestohlenes Gut kaufen
Scherfenspieler	der, welcher wissentlich gestohlenes Gut kauft
Trittlingmalocher	Schuhmacher
Ticke	eine Uhr
Tippeln	gehen
Verschmäh	Obrigkeit
Verkabbern	verbergen
Verschütten	verhaften
Zinke	ein Pettschaft, ein Wink
Zosken	Pferd
Zoskenhändler	Pferdedieb
Zibisheichus	Stockschläge

Clara Wendel, die Räuberkönigin der Schweiz

In unserer Räuberinnengalerie begegnen wir nun der Schweizer ›Gaunerkönigin‹ Clara Wendel. War sie eine ›große Räuberin‹? Wer bemißt ihre Größe, wer sortiert sie nach welchen Kriterien? Räuberinnen haben leider keine Autobiographien hinterlassen, nicht einmal Briefe (mit ganz wenigen Ausnahmen) oder kleinere selbstgeschriebene Dokumente sind uns überliefert. Ihre Größe verdanken sie zweierlei Erhöhungsstrategien: Zum einen wachsen sie unter der Hand von Verhörrichtern, Fahndungsspezialisten oder Gefängnispfarrern, die ihre Geständnisse und Beichtreden notieren, zum andern können sie auf dem fantastischen Streckbett der Schauer- und Kolportageliteratur das Format von Gigantinnen des Verbrechens, der triebhaften Verfehlungen aller Art annehmen. Wenig oder gar nichts spricht dafür, daß die großen Räuberinnen selbst eine Empfindung ihrer außergewöhnlichen Energien, geschweige eine Freude oder ein Glück darüber verspürten. Sicher hat es mancher Räuberin gefallen, wenn ein Coup gelang, wenn dann Geld vorhanden war fürs Überleben oder sogar für ein üppiges Gelage, das allerdings nicht selten mit Zank und Schlägereien endete. Nie ist zu vergessen, daß auch Räuberinnen doppelt anzuschaffen hatten. Für die Schatzbildung der Bande, der Familie, der vielen Chefs und Zwischenhändler und für die Gefühlsgesundheit ihrer Männer und Kinder, die auf mannigfaltigste Weise gefährdet war.

Auch muß man daran denken, daß, je größer die Räuberin, desto sicherer Strick oder Schwert drohten.

Clara Wendel ist ein gutes Beispiel für die doppelte Überhöhung der Räuberin. Weil sie in die hohe Politik gezogen wurde, weil sie nach ihrer Gefangennahme gestand, der Tod des liberal-demokratischen Schultheissen Keller sei die mörderische Tat ihres Gaunerclans gewesen, wurde ihr der immense Apparat ausführlichster Verhöre, penibelster Nachforschungen zuteil. Und nebenher avancierte sie in der von den Kolportageindustrien belieferten kollektiven Fantasie zur Schweizer Gaunerkönigin, die alle Fäden der Fahrenden, des vermischten Raub- und Mordmilieus in der Hand hielt.

Im Jahre 1826 erschien in Aarau ein höchst bemerkenswertes Buch. Der ›gewesene Verhörrichter bei der in Zürich versammelt gewesenen Central-Verhörkommission‹ Heinrich Escher legte eine kritische Revision aller bis dahin erfolgten juristischen Bemühungen in Sachen Clara Wendel und dem unaufgeklärten Tod des Schultheissen Keller vor. In der Schlußphase des durch kantonale Zuständigkeiten heftig verzerrten Verfahrens hatte Escher versucht, Klarheit zu schaffen. Leider ist es unmöglich, zwischen allen Lesarten, durch alle Verhöre, politischen Rankünen, Geständnisse und Widerrufungen hindurch die Wahrheit über Clara Wendels Schicksal zu rekonstruieren.

Folgende Tatbestände aber scheinen gesichert:

In einer stürmischen Regennacht, am 12. September

1816, war der liberale Luzerner Schultheiß Franz Xaver Keller von einer Taufe in der Stadt unterwegs zu seinem etwas außerhalb gelegenen Landgut. Dabei fiel er in die Reuss und ertrank. Die nachfolgende gerichtsmedizinische Untersuchung des Toten und die Aussagen der beiden Töchter Kellers, die ihn in der stockdunklen Nacht begleitet hatten, führten zu der Einschätzung, Keller, der des öfteren an Schwindelanfällen litt, habe in einem solchen akuten Anfall das Gleichgewicht verloren und sei an einer besonders gefährlichen, abschüssigen Stelle in den Fluß gestürzt.

Acht Jahre lang verstummten die Gerüchte zwar nie, die einen Unfall ausschlossen und einen politischen Mord vermuteten, Indizien indes fanden sich nicht. Nährboden der Gerüchte waren die Intrigen ultramontaner Kreise gegen den aufklärerischen, demokratischen Luzerner Schultheissen.

Vor allem der ultramontane Luzerner Stadtarzt Leodegar Corragioni d'Orelli war als Kellers Gegner bekannt. Als solcher hatte aber auch der päpstliche Nuntius zu Luzern zu gelten. Eine sensationelle Wende kam in den Fall durch die Verhaftung einer heimatlosen Gaunerin, die in ihrem 28. Verhör unvermittelt angab, sie wäre dabeigewesen, als Mitglieder ihrer Landfahrersippe den Schultheiß absichtlich in die Reuss gestürzt hätten.

Zwar waren seit Kellers Tod mittlerweile acht Jahre vergangen, zwar war die Gaunerin damals gerade zehn Jahre alt gewesen, doch ergab sich im Verlauf der folgenden Verhöre ein immer komplexeres Gespinst, das eine Verwicklung von Corragioni und dem päpstlichen Nuntius Fabrizius Testaferrata in das absichtliche Unglück Kellers suggerierte. Auch sollten sich diese Herren der Gauner als Werkzeuge der eignen politischen Absichten bedient haben.

Der Name der aufgegriffenen Gaunerin war Clara Wendel. In den oft brutal und ausdauernd geführten Verhören hatte sie eine große Zahl der mit ihr herumziehenden Sippenmitglieder und auch sich selbst verschiedener Morde und unzähliger anderer Delikte bezichtigt. Die zuerst in Richterswill, dann in Luzern, schließlich in Zürich geführten Verhöre wurden vom liberalen Luzerner Schultheiß und eidgenössischen Schiedsrichter Josef Karl Am Rhyn und dessen Sohn geleitet. Durch Clara Wendels Aussagen und Angaben gelang es den eidgenössischen Verfolgungskräften, ihre gesamte Landfahrersippe, darunter die Mutter Catharina Dreyer, der Bruder Hans und die Schwester Barbara, festzunehmen. Im ganzen waren es 17 Männer, 22 Frauen und 27 Kinder, die in verschiedenen Gefängnissen verschwanden. Auch der als Anstifter des Mordes an Keller verdächtigte Corragioni wurde von den liberalen Untersuchungsrichtern eingesperrt.

Die Männer und Frauen der Gaunersippe blieben in der Haft mit dem Halseisen krummgeschlossen, ihre Aussagen kamen unter der Drohung und häufigen Anwendung von Stockprügeln zustande. Einer der fahrenden Gauner starb an den Folgen solcher Behandlung im Luzerner Gefängnis. Schließlich begannen aufgeklärte Justizbeamte an dem Verfahren zu zweifeln. Zu offenkundig war der Versuch des Luzerner Verhörrichters, den Fall im angenommenen Sinn des ihm politisch verwandten toten Schultheissen Keller zurechtzubiegen.

Die Angelegenheit wurde von Luzern nach Zürich verwiesen. Heinrich Escher wurde mit der Leitung der neuerlichen Verhöre beauftragt, die endlich Klarheit in den Fall bringen sollten, der mittlerweile weit über die Schweiz hinaus Aufsehen erregte.

Sein Buch, ein wichtiges Zeugnis kritischer und genauer Justizrevision, ist heute völlig unbekannt. Es zeigt den Zürcher Verhörrichter als einen gestrengen Freund der Bettler und Gauner, als jemanden, der die Landfahrer durch Arbeitsbeschaffungsmaßnahmen und väterliche Härte in die Gesellschaft der erfolgreich seßhaften Bürger integrieren wollte. Was beileibe nicht bedeutet, daß er im persönlichen Umgang mit den Gefangenen, mit Clara Wendel insbesondere, etwa ohne Abscheu und geradezu körperlichen Distanzierungsekel zu Werke gegangen wäre. Aber er wollte die Wahrheit wissen, wollte den Knoten zerschlagen, den seine parteiischen Luzerner Kollegen geknüpft hatten. Escher mag die Vorstellung gepeinigt haben, der von ihm verehrte Schultheiß Keller sei als Opfer eines schmutzigen Komplotts, einer Allianz falscher Ehrenmänner mit ruchlosen Landfahrern, ums Leben gekommen. Ein sauberer Unfalltod war einem würdigen Gedenken doch sehr viel angemessener. Er hat sich aber seinen Blick auf den Fall Keller nicht verdunkeln lassen.

Aus Eschers Buch zitieren wir einige Passagen, die vor allem mit Clara Wendel zu tun haben.

In der Nacht vom 26. auf den 27. Mai 1824 wurde bei Krämer Lukas Meuchli zu Räfels, Kanton Glarus, nächtlicher Weile mittelst Anstellen einer Leiter und gewaltsamer Biegung eines eisernen Fenstergitters ein beträchtlicher Einbruch an Krämerwaren verübt, wovon der Bestohlene den Betrag auf 1700 Glarner

Gulden anschlug. Anfangs Juni (am 7. oder 8.) wurde zu Einsiedeln im Kanton Schwyz eine Weibsperson angehalten, circa 20 Jahre alt, welche ein Quantum ähnlicher Waren, wie die dem Meuchli entwendeten, zu auffallend niedrigen Preisen feilbot und sich dadurch verdächtig machte. Der Stiefsohn des Meuchli, Franz Joseph Gullat von Räfels, wurde hiervon benachrichtigt und erkannte die von der Weibsperson feilgetragene Ware für einen Teil der dem Meuchli entwendeten, sie selbst aber für eine gewisse Clara, die Schwester eines gewissen Zeinenmachers Hans, der sich im Winter von 1822 auf 1823 mit Weib und Kindern bei Kaspar Mauser, Nachbar des Meuchli, aufgehalten hatte. Die Verhaftete sagte in einem Verhör, sie heiße Clara Wendel, ihr Vater, Joseph Niklaus Wendel, sei vor zehn Jahren zu Roth im Kanton Luzern gestorben, ihre Mutter heiße Catharina Dreyer.

Nach Glarus abgeführt, gab sie in ihrem ersten Verhör vom 25. Juni ihre Familienverhältnisse richtig an, im zweiten, vom 1. Juli, sagte sie, wie sie viele Gauner kennengelernt habe und viel Böses gesehen. Bereits gab sie in diesem Verhör einige Häuser an, zu Räfels, in der March und am Edel, wo die Ihrigen Zuflucht und Herberge finden. Aber während sie so, es sei aus eigenem Triebe oder durch Vorstellungen und Ermahnungen dazu bewegt, ihre Angehörigen und Bekannten verriet und zugleich in einer Art von Prahlerei damit sich zu gefallen schien, vielleicht auch durch solches Geschwätz sich für die Langeweile zu entschädigen suchte, die eine bereits drei Wochen dauernde Haft ihr machen mochte, zeigte sie sich im Grunde sehr wenig aufrichtig. Erst in ihrem dritten Verhör am 8. Juli gestand sie ein, daß sie bei dem Meuchlischen Diebstahl, den ihr Bruder Krusihans, Leonz Hauser, Basil Germann und ihr Schwager Twerenhold verübt hätten, in der Nähe gewesen und Waren, welche die Täter des Diebstahls unter einem Baum abgelegt, fortgetragen habe.

In der Tat zeigte die Clara Wendel im Verlauf der zu Glarus anfänglich wegen des Meuchlischen Diebstahls mit ihr verführten Verhöre sich als ein für die Polizei sehr brauchbares Werkzeug, um die Urheber einer großen Anzahl von Diebstählen, welche seit einer Reihe von Jahren teils im Kanton Glarus, teils in anderen Gegenden der Schweiz verübt worden waren, auszumitteln und in Haft zu bringen. Da sie selbst zu jener zahlreichen Klasse unglücklicher Menschen gehörte, welche leider immer noch unter dem Namen der Heimatlosen in der Schweiz ein jammervolles Dasein fristen müssen und deren trauriges Los einen widrigen Gegensatz bildet mit so vielem, was in diesem Lande Rühmliches durch Gemeingeist und Kultur unter dem Schutze der Freiheit zu Stande gebracht worden ist, so war sie mit den meisten dieser Bettler, wie sich diese Klasse gewöhnlich selbst zu nennen pflegt, teils verwandt, teils sonst bekannt und hatte in ihrem Umgang die Abenteuer und Verbrechen, die sie gegen die bürgerliche Gesellschaft, von welcher sie ausgestoßen sind, zu verüben pflegen, und die meistens der Gegenstand ihrer Unterhaltungen und wohl nicht selten ihrer Prahlereien sein mögen, erzählen gehört.

Weibspersonen dieser Klasse können überhaupt mit Vorteil benutzt werden, um solche Angaben zu erhalten. Ihre natürliche Redseligkeit und die dem Geschlecht angeborene Gefallsucht bringen sie oft wider ihren Willen dazu, Erzählungen zu machen, welche oft

Wahrheit, oft Lügen sind, oft beides gemischt enthalten. Bei der Clara Wendel vereinigten sich aber noch verschiedene besondere Eigenschaften, welche sie zur Angeberin vorzüglich geschickt machten. Ihr Bruder Johann Wendel, unter dem Namen Krusihans bekannt, der Sohn eines zwar schon vor etwa zwölf Jahren im Kanton Luzern verstorbenen Vaters Niklaus Wendel, Sidig Claus genannt, und der noch lebenden Catharina Dreyer, welche beide öfter wegen Diebstählen bestraft worden, hatte seit dem Jahre 1816 eine fast zahllose Menge von Diebstählen verübt und war während acht Jahren mit beinahe allen Dieben aus der Klasse dieser Heimatlosen in Verbindung gestanden. Ihr Schwager Joseph Twerenhold, ein in der Gemeinde Entlebuch Eingeteilter, dessen Vater zu Bern im Schallenwerk vor etwa fünfzehn Jahren gestorben, hatte sich, nachdem er im Jahre 1820 aus den Niederlanden, wo er kurze Zeit beim Regiment Auf der Mauer Tambour gewesen, wieder in die Schweiz zurückgekommen war, und die Barbara Wendel, mit der er mehrere Kinder zeugte, zur Beihälterin genommen hatte, ebenfalls ganz aufs Diebshandwerk gelegt und zu diesem Zwecke abwechselnd mit Krusihans und verschiedenen anderen Dieben in Verbindung gesetzt.

Die Clara Wendel, wenn nicht ihr Bruder und ihr Schwager beisammen waren, zog bald mit jenem bald mit diesem und erwies sich beiden als eine tätige und beherzte Gehilfin bei Einbrüchen, wo hingegen die meisten dieser Bettelweiber sich nur zum Auskundschaften und zum Verkaufen der gestohlenen Waren gebrauchen lassen. Es begreift sich demnach leicht, daß Clara Wendel im Stande war, sehr viele Angaben machen zu können. Hierzu kamen aber noch die Anklagen, wodurch sie sich vor vielen Geschöpfen dieser Klasse auszeichnet. Sie hat zwar eine unglückliche und zugleich lächerliche Berühmtheit erhalten, mehr durch das, was ihr begegnet ist, als durch das, was sie selbst war. Allein es ist doch allerdings richtig und muß von den verschiedenen Verhörkommissionen, welche die Clara Wendel der Reihe nach einzuvernehmen hatten, bezeugt werden, daß diese Person ein sehr glückliches Gedächtnis und mit viel Beobachtungsgabe die Fähigkeit besitzt, sich sehr bestimmt und deutlich auszudrücken.

Wer vermöchte es zu sagen, durch welche Beweggründe, Triebfedern, Absichten, Veranlassungen sie dazu gekommen ist, die Rolle einer Angeberin zu übernehmen und auf dieser Bahn immer weiter fortzuschreiten. Es läßt sich dieses um so schwerer ausmitteln, als die Verhörprotokolle von Glarus mehr nur den wesentlichen Inhalt der Aussagen der Clara darstellen, als daß sie genau alle Fragen und Antworten enthielten, wie sie auf einander folgten. Gewiß ist, daß die Verhörte gleich anfangs mit viel Bereitwilligkeit und ganz richtig die verlangten Beschreibungen nicht nur ihres Bruders und Schwagers, sondern sehr vieler anderer Bettler oder Gauner lieferte, daß sie mit großer Redseligkeit und einer Art von anscheinendem Diensteifer die Diebshehler und Diebshehlerhäuser bezeichnete und zuerst die Urheber einer sehr bedeutenden Anzahl von Diebstählen, die durch eingezogene Erkundigung sich als übereinstimmend mit ihren Angaben erwiesen, bekannt machte, wegen welcher an mehreren Orten unschuldige Nachbarn, oft die Bestohlenen selbst, als wären ihre Klagen in betrügerischer Absicht erdichtet, verdächtigt worden waren. Die Verhörkommission in Glarus konnte daher nicht umhin, die Angaben der Clara Wendel mit Aufmerksamkeit wenigstens in Hinsicht desjenigen zu verfolgen, was den Kanton Glarus selbst betraf. Sie hielt es außerdem und mit Grund für ihre Pflicht, ihre Aufmerksamkeit auch auf dasjenige auszudehnen, was teils die Clara Wendel selbst, teils die von ihr angegebenen Diebe in anderen Kantonen verübt hätten.

Wenngleich das elende Dasein dieser Heimatlosen vor jedermanns Augen lag; wenn nur allzubekannt war, wie sehr wenigstens das Eigentum in denjenigen Gegenden, wo sie am häufigsten und am zahlreichsten anzutreffen waren, alle Augenblicke durch Einbrüche angegriffen wurde; wenn nur allzu oft in jenen Kantonen, wo Strafanstalten oder Verwahrungsörter für gefährliche Menschen gänzlich fehlen, das Blut derjenigen verspritzt wurde, die andererwärts einige Jahre Zuchthausstrafe würden verwirkt haben: so hatte man doch vielleicht noch nie mit solcher Bestimmtheit eine solche Übersicht des ganzen Personals und der ungeheuren Menge oft zwar nur kleiner von ihnen verübter Diebereien vor Augen gehabt, wie sie nun in Folge von Clara Wendels Angaben gegeben war.

In ihren Verhören liegt das Verzeichnis teils einer großen Anzahl nur in jüngerer Zeit Hingerichteter, teils aller dieser Zeinenmacher, Zundelkrämer, Keßler, Kachelgeschirrhändler, Vogelträger, Weihwasserwedelverkäufer usw., welche mit etwelchem Anschein eines Gewerbes den Müßiggang und das Diebshandwerk einigermaßen verdecken. Man sieht aus diesen Angaben, wie alle diese Menschen, von denen die meisten untereinander verwandt oder durch die Art von Ehe, welche unter ihnen geübt wird und welche der Name von

Beihältern und Beihälterinnen bezeichnet, verschwägert sind, miteinander in vertrauter Bekanntschaft stehen und wie sie in steter Beweglichkeit auf Feuerplätzen oder in Ställen lagernd, oft selbst im Winter das Schneefeld zum Nachtlager zu nehmen genötigt, vom Mittelpunkt des an sechs andere Kantone unmittelbar angrenzenden Schweizergebiets sich westlich bis in den Hauenstein und in den Kanton Solothurn, östlich und südlich bis in die Kantone Appenzell, Graubünden, Tessin, ins Lichtensteinische und ins Piemont begeben, indem sie öfters auf den Gebirgsrücken oder dem Saum der Wälder entlang wandernd, bisweilen sich auf die Jahrmärkte wagend, die Kantone Luzern, Zug, St. Gallen, Glarus heimsuchen und die Grenzen der Kantone Bern, Zürich, Aargau gefährden. Allerdings haben mehrere unter ihnen um die Zeit ihres Jünglingalters Gelegenheit gehabt, ein ehrliches Auskommen als Dienstboten oder auf andere Weise zu finden. Allein die üblen Gewohnheiten des Lügens und Stehlens, der Hang zum Herumschwärmen, zum Müßiggang, zum Branntweintrinken, zu sinnlichen Ausschweifungen, die sie schon früher in der Gesellschaft der Ihrigen angenommen hatten, brachen unwiderstehlich wieder hervor und lockten sie zurück zu ihren Bekannten, die sie hier und da wieder antrafen.

Es wäre leicht, durch kalte Berechnung darzutun, daß der von ihnen gerade eben in solchen Gegenden, wo Armen- und Polizeianstalten, die diesem Übel steuern könnten, gänzlich fehlen, fortwährend gestiftete Schaden, mit welchen der von den Dieben wirklich aus dem Erlös gezogene Gewinn in gar keinem Verhältnis steht (indem sie den größeren Anteil den Diebshehlern überlassen müssen), hinreichend wäre, um mit gleichen Kosten Armenhäuser zu gründen, wo die unschuldigen Kinder dieser Menschen untergebracht und durch frühzeitige Angewöhnung zu nützlicher Arbeit dem Verbrechen und Laster entrissen werden könnten.

Dieses Gemälde, welches nun offen vor unseren Augen liegt, fordert laut die Menschlichkeit und die Nationalehre auf, dem Übel in dieser glücklichen Zeit des Friedens endlich einmal abzuhelfen, indem den Erwachsenen eine Heimat, welche nach den wahren Menschenrechten jedem Menschen von Rechts wegen gebührt, d. h. ein Ort angewiesen wird, wo sie nicht um ihrer bloßen Existenz willen, die sie von Gott, dem Vater aller, erhalten haben, verfolgt und wo ihre Weiber und unschuldigen Kinder geprügelt werden, um sie dem Nachbar zuzujagen; ein Ort, wo sie, wenn sie arbeiten wollen, arbeiten dürfen, wo sie in Krankheit die nötige Unterstützung, in gesunden Tagen Arbeit erhalten und in dem die Kinder durch frühzeitige Versorgung bei rechtschaffenen Hausvätern, durch Angewöhnung zur Arbeit und durch Religions- und Schulunterricht in die Klasse bürgerlich gesitteter Menschen eingeführt werden. Die zu einem so christlich notwendigen Zwecke erforderlichen ökonomischen Mittel sollten nicht nach engherzigen, kleinlichen Berechnungen, sondern mit Gemeingeist willig aufgebracht werden.

Im vorliegenden Fall ist zu bemerken, daß die Clara Wendel, als eine Person schlechten Leumunds und Wandels, nicht nur - wenigstens nach dem beobachteten Verfahren zu schließen - als gültiger Zeuge, sondern auch noch für sich allein als genügender Zeuge betrachtet wurde; da sonst nach allen Gesetzen in bloßen Schuldstreiten wenigstens zwei übereinstimmende Aussagen ganz unbescholtener Männer erfordert werden, Weibspersonen aber nur mit Einschränkung etwa zugelassen werden.

Man werfe einen Blick auf das traurige Los derjenigen Menschenklasse, unter welcher Clara Wendel geboren und aufgewachsen war, und man wird finden, daß sie unser ganzes Mitleid in Anspruch nimmt, aber nur nicht Glauben für ihre Angaben verdienen kann. Es ist keine Übertreibung, zu sagen, daß die kleinen Kinder dieser Bettler und Heimatlosen teils durch Schläge, teils durch das Beispiel ihrer Eltern und ihrer Gespielen und größeren Geschwister zum Lügen absichtlich gewöhnt werden, ehe sie nur ganz das Reden gelernt haben. Kaum können sie gehen, so werden sie von den Eltern, die sich im Wald verbergen, an die Straße geschickt, um zu betteln, unter dem Vorwand, daß sie weder Vater noch Mutter mehr haben. Wie sie etwas weiter herangewachsen sind, werden sie gelehrt, umständlichere Lügen und falsche Angaben über den Namen, den Aufenthalt oder Tod der Eltern und über ihre eigenen Verhältnisse zu machen; teils um die nachjagenden Polizeidiener und Bettelvögte, auch selbst etwa Beamte, zu täuschen, teils um einfältige Leute zu berücken und mit geschliffener Zunge milde Gaben zu erschleichen. Auf den Feuerplätzen, in den Ställen hören sie die Erwachsenen prahlen, teils mit den verübten Diebstählen, teils mit den listigen Vorgebungen, womit sie in Verhören und bei anderen Gelegenheiten sich geholfen hätten. Daher zeigt sich denn auch aus einer Menge von Prozeduren, daß dieser Klasse, Erwachsenen und Kindern, durchweg eine ordentliche, für ihre Verhältnisse berechnete Lügentaktik eingeprägt ist. Man greife irgendwo eine Schar dieser Leute, Männer, Weiber, Kinder, auf, die sich vielleicht schon mehrere Wochen beisammen aufhielten, verwandt sind oder sich sonst schon Jahre lang kennen. Es wird nicht fehlen, daß sie, abgesondert und einzeln verhört, nicht behaupten werden, sie kennen einander gar nicht näher; seien erst etwa eine Stunde zuvor zufällig zusammengetroffen. Die Kinder, besonders wenn die (am Tage meistens tiefer im Wald versteckten) Väter abwesend oder entsprungen sind, werden vorgeben, daß ihnen der Vater längst gestorben, oder sie werden demselben einen falschen Namen geben. Groß oder klein wird niemand etwas wissen wollen, als dessen sie gerade überführt werden. Ware, die bei ihnen gefunden wird, wollen sie von Unbekannten erhandelt oder eingetauscht haben. Wer nun könnte jemals den Reden solcher Menschen Glauben beimessen?

Und gerade in diese Klasse gehört Clara Wendel. Ihre Lügenhaftigkeit war nicht nur durch ihr langes Leugnen und Lügen in Betreff des Meuchlischen Diebstahls und anderer Diebstähle, die sie erst leugnete, nachher gestand, erprobt, sondern sie war schon zweimal in Luzern in Verhaft gewesen, Anno 1818, als sie in Folge verschiedener Kupferdiebstähle, die ihr Bruder Krusihans, der dem auf ihn schießenden Landjäger entsprang, mit ihrem seither in Zug hingerichteten Vetter Johannes Ulrich verübt hatte, mit diesem letzeren, dessen Schwester und ihrer eigenen Mutter und ihrer Schwester und Krusihansens Beihälterin im Schiltwald arretiert worden war; das andere Mal, im Mai 1820, wegen Entwendung von etwas Wäsche, die sie mit ihrer Mutter und ihrer Schwester in und bei Weggis gestohlen hatte. Beide Prozeduren liegen vor uns, und es erhellt daraus, daß die Clara Wendel auch wirklich gerade eben die Gewohnheit der Lügenhaftigkeit zu Tage legte, die wir oben im allgemeinen dieser ganzen Menschenklasse beilegten. Aus diesen beiden Prozeduren und aus den eigenen Angaben der Clara Wendel ist noch ferner bekannt, daß ihre Mutter, die Catharina Dreyer, sich durch freche Lügenhaftigkeit auszeichnete, und ihre Kinder von frühester Jugend zu dieser sowie zum Diebshandwerk erzog. Aus der schon erwähnten Prozedur wegen der Kupferdiebstähle vom Jahr 1818 wissen wir, daß der Clara ältere Schwester, Barbara Wendel, als Landjägerhure, wie sie durch viele Angaben ihrer Schwester und eigene Geständnisse bezeichnet ist, damals ihren eigenen Bruder und ihren Vetter verriet, indem sie die Landjäger auf den Platz führte, während sie nichts desto weniger in allen späteren Ereignissen als beständige Diebsgenossin erscheint; ein Charakter, der vollendete Heuchelei und gänzlichen Mangel jeder Art von Treue und Ehrlichkeit verrät.

Nachdem wir so den Charakter der Clara Wendel nach der Art ihrer Klasse im allgemeinen, nach bestimmten Proben, die sie schon selbst gegeben hatte, und nach dem Charakter ihrer Mutter und Schwester beurteilt haben, wollen wir nun ihre Angaben über Mordtaten und Brandstiftungen, in Mitte welcher ihre ersten Äußerungen über die angebliche Ermordung Herrn Schultheiß Kellers erfolgten, näher betrachten, wie und durch welche Veranlassung sie entstanden, ob sie das Gepräge der Gewissenhaftigkeit und Aufrichtigkeit tragen, ob sie glaubwürdig seien, und hierauf dann diejenigen Angaben, welche die Kellersche Prozedur veranlaßten, noch insbesondere prüfen.

Allein diese Prüfung kann wegen der mangelhaften Form und Beschaffenheit der in Glarus mit Clara Wendel verführten Prozedur nicht mit derjenigen Zuverlässigkeit, welche die Wichtigkeit der Sache verheischen würde, angestellt werden.

Die Clara Wendel hatte vor der Richtenschweiler Konferenz keine Angaben wegen Mord oder Brandstiftung gemacht, ungeachtet sie dazu auch schon in dieser Periode einige Veranlassung erhielt, auch selbst große Neigung verriet, mit den Säbeln und Pistolen zu prahlen, welche ihre Leute zu führen pflegten.

Da sie unterm 3. August 1824 zum erstenmal gefragt wurde, ob ihre Leute von ihren Waffen Gebrauch machen, erwiderte sie, ihr Bruder habe (vor etwa sieben Jahren) zu Meggen einer Frau durch den Unterrock geschossen, und Zeinenwezi habe vor einem Jahr zu Wollrau auf den Läufer schießen wollen. Am 26. und 27. gleichen Monats erzählte sie, wie sie selbst bei Diebstählen einmal mit einem Säbel, ein andermal mit einer Pistole Wache gestanden. Unterm 17. September gibt sie eine Brandstiftung an, welche vor ungefähr sechs Jahren Melk Marbeit, der im Zuchthaus zu Aarau gestorben, und Clemens Römer (Mäggiser-Menz), zur Zeit landesabwesend, im oberen Sparen (im Kanton Zug) aus Rache verübt hatten. Als sie dann im nämlichen Verhör ausdrücklich befragt wurde, ob ihre Leute oder vielmehr die von ihr oft benannten Gauner sonst nirgends Brandstiftungen versucht oder verübt haben, war ihre Antwort: Es hätten dieselben viel tausend Mal gesagt, sie wollen das oder dieses verbrennen. Zunächst auf diese Äußerung, am folgenden Tag, erklärte sie: Sie habe schon so viel gesagt, daß sie jetzt nichts mehr anzugeben wisse.

Da sie im Verhör gefragt wurde, ob sie den Plempelroth (Joseph Laubi), Johannes Feuchter, Mätsch-Aloisi, Lauenthaler (alles berühmte Diebe) kenne, gab sie an, daß Plempelroth im Schallenwerk zu Bern, Johannes Feuchter im Schallenwerk zu Aarau sei usw. Auf die fernere Frage, ob sie über die bekannten Personen nichts Näheres anzugeben wisse, antwortete sie: sie wisse nur, daß dieses auch von den Nachtigallen seien, die den Bauern die Schafe fressen.

Eine solche freche und burleske Äußerung ist wohl wenig geeignet, die Angaben, welche sie in nämlichen Verhör machte, als ernsthaft, überlegt und glaubwürdig darzustellen, und berechtigt vielmehr in der Vermutung, daß die Bemerkung, welche ihrer schlauen Beobachtung kaum entgehen konnte, welche Wichtigkeit man ihren Angaben, die wohl großenteils von Geschwätzigkeit und Eitelkeit herrührten, beilegte, mit welcher Neugier man dieselben abhorchte, und wie sich angesehene Männer anhaltend und geduldig mit ihr beschäftigten ihr einen gewissen Hochmut und eine Unverschämtheit einflößte, die sie zu mancher Erdichtung verleiten konnten.

Vom 4. Christmonat 1824 an bringt sie dann beinahe täglich Angaben von Mordgeschichten und Brandstiftungen vor, worüber wir uns nicht enthalten können, umständlichere Auszüge zu liefern, da die Merkmale derselben bei der Würdigung ihrer gleichzeitigen Äußerungen wegen Ermordung Herrn Schultheiß Kellers notwendig berücksichtigt werden müssen.

Den 4. Dezember 1824

Verhör mit Clara Wendel. Zuerst Angabe mancher Diebereien auf die in diesen Verhören herkömmliche Frage, was sie sich seit ihrem letzten Verhör des weiteren besonnen habe. Dann auf die Frage, ob sie den Joseph Laubi, genannt Plempelroth (den sie im Vorhergehenden selbst erwähnt hatte), auch kenne,

Antwort: Ja, sie kenne denselben wohl; er sei ganz besonders wohl mit ihrer Mutter bekannt.

Frage: Ob sie mit demselben sich auch oft auf Feuerplätzen befunden habe?

Antwort: Ja, einige Male.

Frage: Ob da nicht auch von Glarus die Rede gewesen und was allenfalls der Plempelroth davon gesprochen habe?

Antwort: Es mögen sieben bis acht Jahre seither sein, als ihre Mutter, das Babi und die Mey, die hier in Haft sitze, und Jakob Sprenger bei Haltikon ob dem Sageli gefeuert. Dahin sei denn auch der Plempelroth gekommen. Sie haben da Branntwein getrunken, den ihre Mutter in einem Glas gebracht. Nachdem sie brav getrunken, sei Streit entstanden, indem man der Nannen vorgehalten, sie sei in Glarus geschlagen worden; auch sei zur Sprache gekommen, die Obrigkeit in Glarus sei so scharf, worüber denn der Plempelroth erwidert, wenn man es allen Glarnern machen würde, wie er es einem gemacht habe, würden sie einem keine Zeichen mehr aufbrennen. Sein Kamerad, der Meermanns-Sepli, habe dann erzählt, was er einmal mit dem Schwyzer Läufer gemacht habe, worauf der Plempelroth dann gesagt: »Hättest du es ihm gemacht, wie ich es einem Glarner Läufer gemacht habe!« Er habe einem Jesus Maria gegeigt, daß er jetzt nicht mehr tanze usw.

Frage: Ob er denn nicht gesagt, wo und wie er ihn umgebracht?

Antwort: Er habe dieses alles erzählt; nur könnte sie hierüber bestimmt nicht reden. Nur erinnere sie sich noch, daß von Allenwinden und dem Lorzentobel die

Rede gewesen sei, und als wäre es an einem Nachmittag gewesen, wo sie im Wirtshaus zusammengetroffen und er vernommen, daß er ein Glarner sei und er mit dem Stilett erstochen worden. Vor circa vier Jahren sei der Ratsherr Etter dort auch erschlagen worden.

Frage: Ob sie jetzt keine näheren Umstände über diesen wichtigen Gegenstand mehr geben könnte?

Antwort: Sie wolle sich über diese Sache noch näher besinnen und dann das Weitere nachbringen.

Den 6. Dezember

Vor etwa 4 Jahren sei auf dem Feusisberg an einem Sonntag unter der Morgenkirche dem Ratsherr seine Frau von Bettlern, denen sie Almosen abgeschlagen, totgeschlagen worden; es sei hiervon auf den Feuerplätzen geredet worden; sie wisse nicht, wer die Täter gewesen; es möchte des Julis Toni und dessen Beihälterin und Bruder gewesen sein. Vor circa sechs Jahren haben Werni Marbeits Frau, die dato im Zuchthaus zu Aarau sei, und ihre Tochter, Basili Germanns Beihälterin, auf dem Hundsrücken, nächst Buri (Buchrain) eine Frau, die ihnen nichts gegeben, auf den Tod geschlagen.

Frage: Was sie sich seit dem letzten Verhör wegen des Alt-Läufers Glarner und dessen Schicksal weiter besonnen habe?

Antwort: Sie habe zwar der Sache nicht viel nachgedacht; wohl sei von einem blauen Schirm geredet worden, den der Glarner bei sich gehabt haben soll, und wie der Plempelroth ihm einen halben Tag nachgezogen sein soll.

Frage: Man habe sie aus letztem Verhör mit der

Äußerung entlassen, sich über die Sache näher zu besinnen; ob sie sich denn eines weiteren nicht besonnen habe?

Antwort: Sie habe sich wohl besonnen, aber sie könne jetzt nichts mehr sagen.

Den 6. Dezember nachmittags

Frage: Was sie sich weiteres über das eine oder andere am Vormittag Besprochene besonnen haben, sonderheitlich in bezug auf den Alt-Läufer Glarner?

Antwort: Sie gibt dann etliche nähere Umstände an, jedoch auf eine Weise, die Verlegenheit und Ungewißheit verrät.

Frage: Ob auf den Feuerplätzen nicht auch noch von anderen ähnlichen Vergehen die Rede gewesen sei?

Antwort: Im Augenblick wußte sie hierauf freilich nichts zu erwidern, als allerlei tolles Zeug von Säbeln und Pistolen.

Frage: Man müsse nochmals auf das Schicksal von Alt-Läufer Glarner zurückkommen, weil man aus den von ihr angegebenen Umständen schließen müsse, daß ihr über diesen wichtigen Punkt viel mehr bekannt sei, als sie bis dahin der Kommission angegeben habe.

Auf diese Zumutung macht nun die Clara Wendel in der Tat eine äußerst umständliche Erzählung, worin sie Schritt für Schritt angibt, wie Plempelroth vom Wirtshaus in Honau, wo er den Glarner angetroffen und vernommen, daß er ein Läufer von Glarus sei, in der Absicht, sich an diesem zu rächen für den anderen, der ihn transportiert hatte, auf Buonas, außer für Zug, Thalacker, Lorzentobel immer dem Glarner bald nach-, bald vorgelaufen auf Allenwinden ins Wirtshaus, wo man den Glarner hineingerufen; dort seien sie miteinander fort; auf einem Ruheplatz habe Plempelroth mit dem Glarner Streit angefangen, ihm einen Stich gegeben und etwa eine halbe Stunde lang mit ihm gekämpft. Er habe ihn dann im Gestrüpp begraben.

Man fragt neuerdings, wie, wann, wo Plempelroth die Ermordung des Glarner erzählt habe.

Allein viel später, unterm 8. Februar 1825, nachdem sie bereits ihren Bruder Krusihans in die Angaben einer Menge anderer Mordgeschichten und Brandstiftungen verwickelt hatte, so daß noch eine mehr ihm, wenn jene andere vom Richter für wahr angenommen wurden, nicht mehr schaden konnte, sagte sie ohne nähere, aus dem Protokoll ersichtliche Veranlassung, daß ihr Bruder Krusihans mit dem Plempelroth bei der Ermordung des Glarner gewesen sei. Indes habe sie doch die Sache angegebenermaßen zuerst vom Plempelroth, später dann aber auch von ihrem Bruder erzählen gehört.

Wir haben absichtlich die Veranlassung, erste Gestalt, allmählige Ausbildung und Erweiterung dieser Mordgeschichte umständlicher gezeigt, weil diese den Anfang von Claras Mord- und Brandgeschichten macht, und bemerken noch, daß nach zuverlässigen Angaben, worüber sich das hohe Appellationsgericht von Luzern leicht aktenmäßige Gewißheit verschaffen kann, wenn dieses nicht bereits von Herrn Verhörrichter Roschi ausgemittelt ist, zu derjenigen Zeit, wo der Alt-Läufer Glarner verschwand, der Plempelroth zu Luzern im Schallenwerk gewesen sein soll, daß der Glarner nach aller Wahrscheinlichkeit eine Barschaft von ein paar hundert Gulden bei sich hatte, die ihm wohl den Tod von der Hand eines Bösewichts zugezogen haben wird, wovon aber in der umständlichen Erzählung der Clara nichts durchblickt, und daß nach den Regeln vernünftiger Kritik eine Angeberin, die anfangs nur Weniges, hernach umständlich alle Kleinigkeiten angeben kann, einmal einen Täter, das andere Mal zwei angibt, wenig Glauben verdient. Gleichwohl hat mit dieser Geschichte die Clara am 4. und 6. Dezember den Anfang einer neuen Klasse von Angaben gemacht.

Ohne Zweifel wird sich dem Richter, wenn er die Glaubwürdigkeit von Clara Wendels Angaben wegen Ermordung Herrn Schultheiß Kellers prüfen will, vor allem die höchst wichtige Frage aufdrängen: Wie brachte sie dieselben vor, als sie zum allerersten Mal auf diesen Gegenstand zu sprechen kam? Allein leider können wir nach der Beschaffenheit der Akten hierüber keine Auskunft geben. Sie erwähnte also den Tod des Herrn Schultheiß Keller; wie tat sie das? Absichtlich, mit Bedeutung oder nur zufällig und sich an Volksgerüchte haltend; deutlich und einfach oder mit verschmitzter Künstelei, um ihre Verhörrichter auszuforschen und ihnen nähere Umstände zu entlocken? Dies können wir nicht beurteilen.

Sie tat dieses Umstandes Erwähnung während der Erzählung einer anderen Geschichte. Wie kam es aber, daß sie während der Erzählung einer anderen Geschichte jenes Umstandes Erwähnung tat? Dies läßt sich denken, entweder indem sie ihre Verlegenheit, da sie die näheren Umstände der fraglichen Geschichte angeben sollte, zu verbergen suchte durch das Ausweiten auf einen anderen Gegenstand oder indem sie die fragliche Geschichte selbst, anstatt offener Antworten, nur mit Anspielungen und Vergleichungen erzählen wollte. Das eine wie das andere ist eben nicht geeignet, ein günstiges Vorurteil für den Wert der ersten Äußerungen Claras über Herrn Kellers Tod zu erwecken.

Während der Erzählung einer anderen Geschichte. Welcher Geschichte? Eben jener Geschichte von dem tot gefundenen Mann bei Bäch; worüber sie früher eine lächelnde Miene gemacht, hierauf, und zwar gerade am vorhergehenden Tag, einen Traum erzählt und dann zuletzt allerlei Umstände vorgebracht hatte, welche wenig innere Wahrscheinlichkeit an sich tragen.

Leicht wäre es möglich, daß die erste Erwähnung von Schultheiß Kellers Tod auch in einer Traumgeschichte bestand. Der im Protokoll angemerkte Inhalt von Claras Angaben ist kurz folgender:

Am Todestage hätten ihn noch zwei von seinen Kindern begleitet; das eine davon wäre aber am Tor wieder nach Hause zurückgesandt worden, um etwas zu berichten, und das andere ein Stück weiter außen, das einen Schuh verloren gehabt. Diese Entfernung von seinen Kindern hatte, nachdem man seinen Tod erfahren, zu verschiedenen Mutmaßungen Anlaß gegeben. Die Todesart von ermeldetem Herrn sei aber folgende gewesen: ein gewisser Schneider, Joseph oder Aloys Meyer, wohnend im Reußtal, vor der hohen Farb, rechter Hand der Mühle, und ein gewisser Xaveri Leder haben an jenem Tag im Ibach getrunken, von da herkommend hätten sie dergleichen getan, als wenn sie in der Reuß fischten. Als Herr Schultheiß bei denselben vorbeigegangen, hätten sie ihn, als wenn es unversehens geschehen, in die Reuß hinunter gepufft; sie hätten dem Schein nach rückwärts wiederum gefischt und gehofft, es werde derselbe am Wald unten hängen bleiben, wo sie ihn dann herausziehen und berauben könnten. - Fridolin Zimmermann sei mit Meyer wohlbekannt. - Sie hätte Gesagtes entweder von Fridolin Zimmermann oder dem Leder selbst sagen gehört. Soviel sie meine, habe Meyer auf den Herrn Schultheiß einen Groll gehabt. Sie, die Clara, nebst den Ihrigen hätten an jenem Tag in Littauen ein Feuer gelegt.

Da wir wissen, daß Herr Schultheiß Keller bei dunkler, stürmischer Nacht seinen Tod fand, so muß es sogleich auffallen, daß hier die Sache so erzählt wird, als hätten die Täter dergleichen getan, zu fischen, was wohl voraussetzt, daß es noch bei Tage geschah. Wenn man ferner bemerkt, daß sie zwischen zwei Personen schwankt, von denen sie es gehört hätte, und einen Schneider Jospeh Meyer nennt, statt des Joseph Bucher oder Leonz Meyer, welche Stiefbrüder waren, so wird man wohl daran erinnert, daß die Clara Wendel zur Zeit jenes Ereignisses noch ein Kind von 12 Jahren, 6 Monaten und daß seitdem bis zu diesem Verhör 8 Jahre und 4 Monate verflossen waren, so daß sie kaum etwas Sicheres davon wissen konnte.

Indessen wurden obige Angaben schleunigst Sr. Exzellenz, dem in Richtenschweil befindlichen Herrn Schultheiß Am Rhin, als eine höchst wichtige Entdeckung mitgeteilt, und Hochderselbe säumte nicht, vom nämlichen Ort aus schon am 12. der Verhörkommission in Glarus schriftlich nähere Umstände über Herrn Schultheiß Kellers Tod mitzuteilen, damit solche dieselben bei der weiteren Einvernahme der Clara benutzen möge. Daß Sr. Exzellenz teils aus persönlicher Achtung für jenen tief betrauerten Staatsmann, teils in seiner amtlichen Stellung es für seine Pflicht halten mußte, einer solchen Mitteilung die größte Aufmerksamkeit zu schenken, ist allzu offenbar, als daß es hierüber weitere Worte brauchte; und daß Hochderselbe über den eigentlichen Charakter der Gefangenen und ihre Persönlichkeit nicht unterrichtet war, ist daraus abzunehmen, daß in dieser Mitteilung gewünscht wird, von ihr Auskunft zu erhalten, wegen einer in den Jahren 1801 oder 1802 in der Pfarre Rußweil angeblich verübten Brandstiftung, während die Clara Wendel erst unterm 1. März 1804 getauft wurde.

Die Clara Wendel sagt aber später, daß sie ihre Verhörrichter in jenem besonders gründlichen bis tief in die Nacht dauernden Verhör angelogen habe. Warum dieses? Etwa weil sie durch zweckgemäße Vorstellungen gedrängt wurde, über etwas Auskunft zu geben, was sie nicht wußte? Oder weil sie noch nicht Zeit gehabt hatte, über die Sache nachzudenken und die Umstände gehörig in Ordnung zu bringen? Das ist gewiß, daß sie gestand, die Verhörrichter angelogen zu haben, und also dieselbe ein zweites Mal ebensogut wieder anlügen könnte. Möglich war es freilich, daß sie auch die Wahrheit redete; allein wie konnte man es wissen, wann sie die Wahrheit redete?

Wir glauben nun, die Resultate der vorgenommenen näheren Prüfung hinsichtlich der Natur und Glaubwürdigkeit der von Clara Wendel zu Glarus über die angebliche Ermordung Herrn Schultheiß Kellers auf folgende Sätze zurückführen zu können:

1. Sie tat zuerst nur beiläufig einige unbestimmte und unüberlegte Äußerungen über den Tod des Herrn Kellers.
2. Da man hieraus schloß, sie wisse darüber nähere Umstände und sie drängte, diese anzugeben, so ver-

fiel sie das eine Mal in Lügen, welche sie dann selbst durch ganz abweichende Angaben widerrief; das andere Mal suchte sie sich durch ausweichende und rätselhafte Antworten auszuhelfen.

3. Daß es nach ihren Äußerungen höchst wahrscheinlich ist, daß sie anfangs nicht einmal wußte, daß Herr Keller in der Nacht ins Wasser kam und daß es sehr schlecht Wetter machte, sondern dies erst aus den an sie getanen Fragen merkte, so wie denn auch, daß das Unglück Herrn Keller begegnete, als er am Abend heim auf sein Landgut kehren wollte.
4. Daß sie zu Glarus bei ihren Angaben nur eine zufällige Tötung von besoffenen Menschen oder einen Raubmord, aber noch durchaus keinen gedungenen Mord verübt hatte.
5. Daß sie ungeachtet wiederholt an sie gestellter Fragen durchaus nichts Bestimmtes von Anstiftungen aussagte, am allermindesten Herrn Oberamtmann Joseph Piffer oder Herrn Dr. Leodegar Corragioni nannte oder bezeichnete.

Wenn es nun im Folgenden als ein großer Wahrscheinlichkeitsgrund angeführt wurde für die Begründetheit der angeblichen Ermordung Herrn Kellers, daß Krusihans ganz unerwartet in Luzern davon angefangen habe zu reden und daß die Clara bereits zu Glarus davon erzählt habe: so wissen wir nun, daß einmal die Angaben der Clara zu Glarus wenig Zuversicht einflößen können. Daß es mit der vielbesprochenen Aussage des Krusihans eine ungefähr gleiche oder noch schlimmere Bewandtnis habe, werden wir im Verfolge an seinem Orte zeigen. Hier machen wir noch einmal darauf aufmerksam:

1. daß eine Person wie Clara im allgemeinen nie ein glaubwürdiger Zeuge ist;
2. daß Clara Wendel zu der Zeit, wo Herr Schultheiß Keller dem Vaterland entrissen wurde, ein Kind von zwölf Jahren und sechs Monaten war.

Einer der stärksten Gründe für die Glaubwürdigkeit der von Clara Wendel über die Ermordung Herrn Kellers gemachten Angaben ist daher zu entnehmen, daß sie, zwar erst unterm 7. Februar 1825, ihren leiblichen Bruder als einen der Täter und unterm 11. Februar sich selbst gewissermaßen als Mitschuldige angab. Was nun gerade das letzte betrifft, so ist sie ohne weiteres klug genug, um sich einzubilden, daß ihre persönliche Verantwortlichkeit, wenn sie als ein zwölfjähriges Kind mitgelaufen und in der Nähe gewesen wäre, sehr gering sein und durch das Verdienst der Entdeckung mehr als aufgewogen werden würde, gesetzt auch, daß ihr hierüber niemals irgendein Wink erteilt worden wäre. Was aber ihren Bruder anbetrifft, so entsteht auch die Frage: Was konnte sie, nachdem sie einmal ihren leiblichen Bruder angegeben hatte, abhalten, wenn sie noch irgend Mitschuldige wußte, solche zu nennen? Dennoch hat sie nicht bloß die angeblichen Anstifter noch über sechs Monate ungenannt gelassen, sondern ebensolange auch verschwiegen, daß F. Zimmermann ein Teilnehmer der Mordtat gewesen sein solle, indem sie ihn einzig in ihren ersten, nachher von ihr selbst als lügenhaft erklärten Angaben zu Glarus als Erzähler der Sache und späterhin nebst Leonz Meyer als Gesellschafter auf dem Feuerplatze beim Rothen angeführt hatte. Ihren eigenen Bruder aber hatte sie als einen Teilnehmer an der angeblichen Ermordung Herrn Kellers erst dann angegeben, als sie ihn bereits der Teilnahme an mehreren anderen Mordtaten und Brandstiftungen angeschuldigt hatte, als sie daher, sofern ihre Angaben durchdringen sollten, denken mußte, daß das Leben ihres Bruders bereits verwirkt sei und sein Los durch seine angebliche Teilnahme an der Ermordung Herrn Kellers nicht mehr verschlimmert, dadurch nur die Glaubwürdigkeit der von ihr darüber vorgebrachten Geschichte erhöht werden konnte.

Allein was sollen wir von dem Charakter der Gefangenen denken, wie verdorben müßte er sein, wie durchaus ihre Angaben auch über die Kellersche Geschichte allen Glaubens unwürdig erscheinen, wenn wie verlauten will, das Resultat der in Luzern durch einen anerkannt geschickten Mann verführten Untersuchung dahin ginge, daß auch jene Mord- und Brandgeschichten, die ihrer Angabe auf ihren Bruder wegen Herrn Keller vorhergingen, nur boshafte Erdichtungen waren. Darüber ist soviel ausgemacht:

1. rücksichtlich der meisten angegebenen Mordtaten konnte nur niemals ermittelt werden, wer die ermordeten Individuen sein sollten, oder daß jemand an angegebenem Ort und Zeit ermordet wurde, noch wurde ein Leichnam entdeckt;
2. hinsichtlich der angegebenen Brandstiftungen ist wohl gewiß, daß an den angegebenen Orten Gebäude abbrannten, aber daß sie absichtlich angezündet wurden, ist wohl nirgends rechtsgenügend erwiesen worden;
3. die darüber von den Angeschuldigten erhaltenen Geständnisse, namentlich des Krusihans, wie wir

später aus den Akten näher zeigen werden, wurden durch die gröbsten Suggestionen und ein Unmaß von peinlicher Behandlung erzwungen;

4. die Gefangenen widerriefen, sobald bei einer neuen Verhörkommission diese Behandlungsweise aufhörte;
5. die Clara Wendel selbst hat kürzlich eingestanden, daß sie fälschlich vorgegeben, bei den meisten dieser Verbrechen Augenzeuge gewesen zu sein, indem sie sich noch mit der Ausrede hilft, sie habe doch wenigstens davon erzählen gehört.

Wenn jene Angaben der Clara Erdichtungen waren, so kann nur die seltsamste Verschrobenheit eines im Element der Roheit verwilderten weiblichen Herzens und ein durch zweckwidrige Behandlung aufgeregter Hochmut mehr oder weniger den Vorwurf grenzenloser Bosheit mildern, der sie treffen müßte. Wir dürfen nicht glauben, daß sie von ihren Verhörrichtern zu solchen Angaben ermuntert worden sei, indem man ihr zu verstehen gab, daß ihr Bruder und ihr Schwager schon um der vielen auf sie angegebenen qualifizierten Diebstähle und Einbrüche willen das Leben ohnehin verwirkt hätten, oder daß sie, die Clara, um dieser Angaben willen selbst wünschen müsse, daß die Angegebenen niemals mehr loskommen, indem sie sonst ihrer Rache ausgesetzt sein würde. Solche unerlaubte Infinuationen wurden ihr gewiß von keinem Verhörrichter gemacht. Aber sie konnte während eines langen Verhaftes auch selbst auf solche Gedanken verfallen, wenn nicht etwa Gefangenenwärter und dergleichen Leute sich Äußerungen dieser Art beigehen ließen.

Durch Heinrich Eschers umfangreiche Verhöre und Untersuchungen gelangte der Luzerner Appellationsrat am 2. September 1826 zu der Einsicht, daß weder Clara Wendel noch die von ihr denunzierten Verwandten und auch nicht Corragioni d'Orelli am Tod des Schultheissen irgendeine Schuld trifft.

So lautete das Urteil:

»In Betrachtung, daß die angebliche Ermordung des Schultheissen Keller lediglich auf Aussagen von Gaunern beruht, welche, abgesehen von dem spätem Widerrufe bei von denselben gemachten Angaben und Geständnissen, schon der dabei zum Vorschein gekommenen Widersprüche wegen keinen rechtlichen Glauben verdienen (...); in Betrachtung, daß bei dieser Sachlage sowohl die angegebenen Anstifter als die vermeintlichen Täter nicht als schuldig erklärt werden können, spricht der Gerichtshof Herrn Leodegar Corragioni d'Orelli von aller Anklage frei, erklärt gleichzeitig auch die Gauner dieses Verbrechens nicht schuldig, verurteilt letztere jedoch in die Kosten.«

Clara Wendel jedoch blieb nach vielem Hin und Her bei ihren Anschuldigungen. Drei der festgenommenen Landfahrer aus Clara Wendels Sippe wurden wegen anderer Delikte geköpft, die anderen zu langjährigen Zuchthausstrafen mit anschließender Gemeindeeinschließung bestraft. Die miteingelieferten 19 Kinder wurden einzeln auf Bauernhöfe in verschiedenen Orten verteilt, damit ihre Erziehung zur Seßhaftigkeit nicht etwa durch Verkehr untereinander gefährdet würde. Am schärfsten ging Clara Wendel mit sich selbst ins Gericht. 20 Morde, 14 Brandstiftungen und 1588 Diebstähle nahm sie auf sich. Das nahm ihr niemand ab. Sie scheint sich in das Bild eingeblendet zu haben, das die guten Schweizer von ihr entwarfen.

Die arme Gaunerkönigin, deren Reich die gesamte Ost- und Südschweiz umfaßt haben soll, deren Schönheit die Häscher blendete, die in Männerkleidern stets schießbereit von unerbittlicher Autorität war, Clara Wendel wurde mit zwölf Jahren Zuchthaus für die 126 amtlich anerkannten Diebstähle bestraft. Sie überlebte die Strafe und wohnte anschließend in einsamer Bescheidenheit auf dem Stegmättli in der Nähe von Malters im Kanton Luzern.

Im Sommer 1867 bezichtigte sie ein in der Nachbarschaft wohnender Urs Wagner, sie habe Gift in sein Brot getan. Die Klage wurde abgewiesen. Das Obergericht fügte hinzu, daß diesem abgefeimten Weibervolk ohnehin keine Untersuchungsbehörde gewachsen sei.

Clara Wendel starb im Alter von 80 Jahren am 29. Oktober 1884 in der Irrenanstalt von St. Urban im Kanton Luzern.

1986 erschien im Zürcher Limmat Verlag ein Buch über Clara Wendel: Gisela Widmer: Clara Wendel. Gaunerweib und Flammenzauberblick. Eine Erzählung. Gisela Widmer rollt die Untersuchung der Fälle Keller und Wendel auf neue Weise auf. Sie porträtiert Clara nicht als stummes Opfer der Umstände, sondern als eine, die sich wehren wollte, aber nicht wußte wie.

Die weibliche Räuberhöhle

Eine reiche Kaufmannstochter aus Ungarn, die auf Heiratsschwindel hereingefallen war, erschoß ihren hochstaplerischen Gatten.

Seelisch und finanziell am Ende, gründete sie nun eine weibliche Räuberbande. Einmal überfielen sie einen Reisewagen:

Sie fallen den Pferden ins Geschirr,
Zerren den Kutscher vom Bock herab –
Die Kaufmannstochter holt 'nen Strick,
Den sie zum Kau'n ihm gab.

Drauf öffnet sie den Kutschenschlag,
Drin saß ein junger Mann;
Sie schaute wohlgefällig ihn
Durch die Lorgnette an.

Dann lud sie ihn mit Höflichkeit
– Obgleich im Negligé –
Ins feste Räuberschloß hinein
Und kochte ihm Kaffee.

Und da das Männlein ihr gefiel,
Nahm sie ihn zum Gemahl ...

Doch auch dieser Gatte - und drei weitere noch - verfielen dem gleichen Schicksal wie der erste.

Der Dritte war ein Studio -
Von Leipzig kam er her,

Der vierte war ein Fiaker
Der fünft' ein Militär.

Eine Kompanie Soldaten konnte den Räubern das Handwerk nicht legen, sondern wandte sich an einen Jäger mit der Bitte, die bösen Weiber gegen eine große Geldsumme aus der Welt zu schaffen. Doch der Jäger, statt die Hauptmännin zu erschießen, wurde ihr Geliebter und - sie erschoß ihn.

Sie schießt den armen Jäger tot,
Gerade in das Herz –
Indessen dieser brave Mann
Verbeißt den bittern Schmerz.

Er sinkt von seinem Stuhl herab;
Es färbt die Dielen rot
Des grünen Jägers schwarzes Blut.
So starb er sich zu Tod.

Anonymus
(Illustrationen von Wilhelm Busch)

Aus Sorge um ihren Liebhaber kämpft die Piratin Mary Read an seiner Stelle gegen einen Seeräuber, der ihn mit Beleidigungen zu einem Duell herausgefordert hatte.

Anne Bonny, die gefährliche Piratin (Buchillustration Amsterdam 1725)

Die Hölzerlipsbande: 1 Der Schwarze Peter, 2 Sein Sohn Andreas, 3 Der Langbeinige Stephen, 4 Hölzerlips, 5 Dessen Frau, 6 Ihr buckliger Bube, 7 Mane Fritz, 8 Veit Kraemer, 9 Der Basti, 10 Der große Harz Bube, 11 Der Scheflenzer Bube, 12 Kraemer Mathes, 13 Erster Karlsbub, 14 Zweiter Karlsbub, 15 Dritter Karlsbub, 16 Vierter Karlsbub, 17 Peter Henrichs HanAdam

Julchen Blasius, die Räuberbraut des Schinderhannes (Porträt K.M. Ernst)

»Lustig ist das Räuberleben ...« – Romantische Buchvignette aus dem 19. Jahrhundert (Spessartmuseum Lohr)

Dianora, die zärtliche Geliebte, mit ihrem Rinaldo Rinaldini (Buchillustration)

Schleifen, Auspeitschen, zersägen: Hinrichtungsarten für Räuber und Räuberinnen

Enthauptung eines Mannes und einer Frau (1484)

Wanderndes Bettlervolk (Titelbild des Vagantenbuchs, 1510)

Clara Wendel, die Räuberkönigin der Schweiz. »Sie ist nicht älter als zwanzigjährig, ausgesprochen intelligent und sehr schön. Sie beging 20 Morde, 14 Brandstiftungen und 1588 Diebstähle.« (zeitgenössische Schilderung)

Die Diebinnen von Berlin

Mitte des 19. Jahrhunderts ging das Zeitalter der großen Räuber und Räuberinnen zu Ende. Die Polizei war immer effizienter bei der Verfolgung von Straftaten geworden. Darauf reagierten die Räuberinnen, indem sie nicht mehr in Banden, sondern alleine ›arbeiteten‹. Zwei dieser eher unauffälligen ›Schlüsseldiebinnen‹ stellte der ehemalige Kriminalkommissar und königlich-preußische Kammergerichtsreferendar Carl Wilhelm Zimmermann 1847 vor:

Gefährlicher als zehn männliche Diebe zu gleicher Zeit ist ein Weib, welches den Diebstahl mit Schlüsseln exerziert. Wer sieht in einem schlichten Frauenzimmer mit ihrem Handkorb, die Schlüssel in einer versteckten Diebestasche im Rock usw. verborgen, wohl die gefährliche Verbrecherin, besonders wenn sie mit einem gewandten Betragen sich beim Begegnen unwillkommener Personen nach diesem oder jenem gleichgültigen Umstand erkundigt, während jedermann bereit ist, jene, schon durch ihr herabgekommenes Äußeres, ihre Physiognomie, ihr durch Liederlichkeit zerrissenes oder verlebtes Ansehen kennbare männliche Individuen zu beargwöhnen. Namentlich habe ich zwei Nachschlüsseldiebinnen kennengelernt, welche ich für die gefährlichsten in Berlin halte.

Die eine ist die bekannte Franziska Braun. Sie ist die Tochter einer ehrlichen Handelsfrau und noch vielen bekannt, welche sie als junges, ansehnliches Mädchen mit Obst usw. vor dem Halleschen Tor sitzen gesehen haben. Jetzt steht sie in der Höhe der zwanziger, an der Grenze der dreißiger Jahre. Ein unbesieglicher Hang zum Stehlen führte sie früh dem Verbrechen in die Arme, und es war zu gleicher Zeit der Schlüsseldiebstahl, in allen seinen Variationen, der Taschen-, Laden- und Marktdiebstahl, worin sie es bald gleichmäßig zur Meisterschaft brachte.

Wegen des zweiten gewaltsamen Diebstahls endlich zu einer zwölfjährigen Zuchthausstrafe verurteilt, entsprang sie, nachdem sie hiervon dreieinhalb Jahr verbüßt hatte, durch einen Salto mortale über ein zwölf Fuß hohes Gitter aus der Strafanstalt in Brandenburg und wandte sich, wie alle Berliner Verbrecher, direkt nach Berlin, wo sie immer noch eher Aussichten hatte, längere Zeit auf freiem Fuß zu bleiben, als auf dem platten Land oder in kleineren Städten. Es gelang ihr, sich vom 11. November 1843 bis zum 7. Januar 1844 hier in Berlin zu verbergen, besonders da sie nur wenigen Polizeibeamten bekannt, in der Wahl ihres Aufenthalts sehr vorsichtig und beim Begegnen einiger Polizeikommissarien, von denen sie möglicherweise erkannt zu werden fürchten mußte, geständlich so klug war, diese durch eine angenommene schiefe Haltung und durch affektiertes Hinken irrezuführen, obschon man nicht in Abrede stellen kann, daß, wer sie einmal gesehen, sie an ihrer großen und anscheinend unbeholfenen Figur, an ihrem frechen Gesichtsausdruck und an dem Mangel der Vorderzähne unbedingt wiedererkennen müßte.

Endlich wurde sie bei der Verübung eines gewaltsamen Diebstahls erwischt und, nachdem sie noch über eine hohe Mauer gesprungen, bis in den Keller der Weberstraße verfolgt, vom Publikum festgenommen und zu dem sie noch nicht kennenden Revierpolizei-Kommissarius gebracht, welchem sie unverhohlen ihren Namen sagte und ein offenes Geständnis der von ihr während der Dauer ihrer letzten Freiheit verübten Diebstähle ablegte. Es waren einige dreißig gewaltsame oder sonst sehr listig angelegte derartige Verbrechen, welche sie einräumte und an deren Vorteilen eine Menge von ihr bezichtigter Personen teilgenommen hatten.

Inzwischen hatte sie auch ein Liebesverhältnis mit dem Dieb, früheren Zuckersieder, Karl P. - genannt der süße oder Zuckersieder-Karl - angeknüpft, in Folge dessen sie schwanger geworden war und während der Dauer der wider sie schwebenden Untersuchung von der Charité entbunden werden mußte. Obschon sie von hier aus, so wie später aus dem Arbeitshaus, wo sie ihr Kind säugte, entspringen konnte, so machte sie doch, wie sie selbst angab, von diesen Gelegenheiten zur Entweichung keinen Gebrauch, weil sie ihr Kind - ein Mädchen - zu lieb gehabt habe.

Eine 25jährige Zuchthausstrafe, welche sie in der Strafanstalt zu Sagan verbüßen sollte, wurde ihr zuerkannt. Doch gelang es ihr noch einmal, auf dem Transport dahin zu entspringen. Sie kam, nachdem sie durch begangene Diebstähle sich schickliche Kleidung verschafft hatte, wieder nach Berlin, wurde aber von den Frauen zweier Taschendiebe, die damals im Arbeitshaus eine polizeiliche Korrektionsstrafe verbüßten und deren Freilassung jene Frauen hierdurch herbeizuführen hofften, der Polizei verraten. Jetzt befindet sie sich in Sagan, wo man sie mit der größten Vorsicht und Aufmerksamkeit zu beobachten haben wird, und eben, als ich diese kurze Skizze ihres Lebens niederschreibe, ersehe ich aus den Totenlisten, daß ihr außerehelich gezeugtes Kind - Maria Franziska Braun - im Alter von zwei Jahren verstorben ist. Sonderbar! Diese große Verbrecherin, welche selbst erklärte, daß sie vom Stehlen nie und unter keinen Umständen ablassen könne, hat jederzeit eine unverkennbar zärtliche Liebe zu ihrem Kind, zu ihrer alten Mutter und zu ihrer sehr braven Schwester an den Tag gelegt!

Die zweite jener gefährlichen Schlüsseldiebinnen ist die geschiedene Kutscherfrau L., geb. H. Durch einen leichtfertigen Lebenswandel geriet sie - jetzt etwa 35 bis 36 Jahre alt - frühzeitig unter Verbrecher, heiratete den bald wieder von ihr geschiedenen Kutscher L., einen gefährlichen Dieb, von dem sie alle jene gaunerischen Kunstgriffe kennenlernte, und steht jetzt in dem Ruf, nicht bloß Hehlerin, Ladendiebin und Kupplerin zu sein, sondern namentlich auch die Schlüssel mit großer Sicherheit und Geschicklichkeit zu führen. Es blieb nicht aus, daß sie mit der Franziska Braun Bekanntschaft machte und dieselbe beherbergte. Deshalb wurde sie auch verhaftet und mußte, wie ihre Schwester, die Witwe Ph., die Untersuchung mit durchmachen. Später hat sie mit dem berüchtigten Scherfenspieler, Schneider Tr...m, und dem Kracherfahrer (d. h. Kofferabschneider auf den Landstraßen) Rh. zusammengelebt, sie ist aber mit beiden in Prozessen auseinandergegangen. Ihr Verkehr ist vielleicht der gefährlichste, den ein Weib zur Zeit hier unterhält, und es ist daher sehr natürlich, daß sie von den Polizeibeamten, welche sie kennen, streng überwacht wird. Selbst der Privatschreiber B. gehörte zur Zahl ihrer Liebhaber, welchen sie auch in Frankfurt a. O. im Gefängnis besuchen wollte, wo sie aber angehalten und mit Reiseroute nach Berlin zurückgewiesen wurde. Neuerdings bin ich ihr regelmäßig des Abends in der neuen Friedrichstraße, auf der Spandauer Brücke usw. begegnet, wo sie ihren Strich zu halten, d. h. jenem ehrlosen Gewerbe gesunkener Weiber nachzugehen pflegt. Auch hat sie bereits wegen Kuppelei in Haft und Untersuchung gesessen, nachdem ihre eigene Schwester, die Witwe Ph., sie wegen dieses Verbrechens polizeilich denunziert hatte.

Familienbande. Räuberinnen am Bodensee

Die Haidler-Schwestern

Als die Schwestern Anna und Barbara Haidler mit ihrer Mutter, dem schwarzkrausigen Marxl und einer Magd wenige Tage vor dem Osterfest 1655 von Bregenz nach Lustenau wanderten, hatten sie schon eine lange Reise hinter sich. Marxl wurde verdächtigt, auf der Höll bei Grizens eine Frau ermordet zu haben. Er war über Scharnitz nach Bayern und mit den Haidler-Frauen schließlich über Bregenz an den Rhein geflohen. Unterwegs war es zum Streit gekommen. Marxl hatte gedroht, die Frauen zu töten, wenn Anna - mit der er seit vier Jahren im Konkubinat lebte - ihn nicht endlich heiraten würde.

Die fünf übernachteten in einem Stadel in Lustenau, wo Marxl seine Drohung so laut wiederholte, daß der Herbergsvater sich einmischte und den Betrunkenen zu beruhigen versuchte.

Am folgenden Tag ging Marxl nach Ems. Währenddessen saßen die Frauen in der Küche des Hauses zusammen, und dort reifte zum Plan, was sie schon vorher erwogen hatten: Es wäre besser, daß ›eins als vier‹ um das Leben käme.

Als Marxl am Abend ›voll trunknen Weins‹ zurückkehrte, zeigte er Anna ein Messer und sagte, »da sehe sie ihren Herrgott«. »So wie er unterwegs das Messer bis an das Heft in ein Roß gesteckt habe«, so wolle er es auch mit ihr und den anderen Frauen machen. Er wolle ihr den Bauch aufschlitzen, »daß man davon zu sagen haben werde«[1], wenn sie nicht endlich Hochzeit halten wollte.

Anna gab dem Betrunkenen noch mehr Wein und redete beruhigend auf ihn ein, bis er einschlief. Dann legte sie ihm einen Strick um, ihre Schwester Barbara und die Magd Burga zogen die Schlinge zu. Aber Barbara ließ zu früh locker: Marxl war nicht tot. Er schlug um sich und traf Anna und ihre Mutter, während die Magd schrie, Barbara solle fest zufassen. Als Marxl schon kein Lebenszeichen mehr von sich gab, stach ihm Anna mit einem Messer mehrmals in den Hals. Den Leichnam schleiften die Frauen über »ein Guet oder Wiesen hin riedabwärts«[2] und warfen ihn in den Staldenbach. Dort wurde er am Karsamstag 1655 gefunden.

Gaunerlisten: Beschreibung des »liederlichen Gesinds«

Die ›wahre‹ Geschichte des von Anna und Barbara Haidler gemeinsam mit der Magd an Marxl begangenen und erst dreizehn Jahre später aufgeklärten Mordes zeigt, daß Frauen durchaus genauso grausam sein konnten wie ihre kriminellen männlichen Kollegen.

Grausam und unberechenbar und schlimmer als die schlimmste Rabenmutter war auch Geiger-Simoles

Frau, die ihren eigenen Sohn auf dem Gewissen hatte. Der Geiger-Simole war ein gefährlicher und gefürchteter ›Haupt-Nacht-Dieb‹, der beständig einen Hirschfänger und ein Terz-Rohr bei sich trug. Zusammen mit seinem Weib hatte er schon zu Hechingen ›inngelegen‹, war aber ausgebrochen. Als er einmal mit seinen Kameraden auf den Markt ging, bekam er mit seiner Frau heftigen Streit. Der Sohn ging dazwischen. Da »habe die Mutter gesagt, schieß den Hund nieder, welches er« – der Geiger-Simole – »auch gethan«.[3]

Dennoch vermitteln die ›wahren Geschichten‹ ein falsches Bild. Die meisten kriminellen Frauen waren weder große noch grausame Verbrecherinnen. Die schweren Verbrechen – ›Viehdiebstahl, Straßenraub, Einbruch, Mord, Falschmünzerei‹[4] – waren eher Männersache, die leichten eher die der Frauen. Innerhalb der Bande nahmen sie viele verschiedene Funktionen war: Sie standen ›Schmiere‹ bei Einbrüchen, seltener nahmen sie auch daran teil; sie hielten den Kontakt zur Außenwelt[5] und sorgten für den Unterhalt, »wenn sich ... keine Gelegenheit zu Einbrüchen etc. bot. Das geschah durch Betteln, Hausieren mit gestohlenen Waren, Stehlen auf Märkten, wobei häufig auch die Kinder mithalfen, durch Prostitution«. Die weiblichen Mitglieder einer 1734 in Lustenau verhafteten Bande führten Strickarbeiten durch, die sie verkauften.[6] Sie waren Speicherbohrerinnen und Sackgreiferinnen, Markt- und Kirchendiebinnen, gelegentlich auch ›Unterschlaufgeber‹; wie zum Beispiel Francisca Hämmerlin, genannt die ›Zischg‹, die in ihrem Haus im Reichshof Lustenau nicht nur Vaganten beherbergte, sondern auch Diebe und Raubmörder. Für ihre Dienste ließ sie sich gut bezahlen – mit Diebesgut. Das Haus war bekannt und seiner guten Lage wegen geschätzt. Es stand nahe am Rhein, so daß sich gute Fluchtmöglichkeiten über die Grenze boten. 1770 sagte ein in Bregenz festgenommener Vagant aus, »daß er schon als Kind mit seinen Eltern in diesem Hause übernachtet hatte und daß er es später mit seiner Frau und seinen Kindern wieder aufgesucht hätte.«[7]

1738 wurde bei Ulrich Wagner als »Beschreibung Samt Register Einer Moerder-Raueber-Kirchen-Marckt-Tag- und Nacht-Dieben, Falschen Geld-Müntzer, Wechsler, Spieler, und Brief-Trageren, auch anderen herum gehenden Liederlichen Gesinds«, kurz: als sogenannte Gaunerliste gedruckt, was der »in Stockach inngelegene Jacob Berger«, der »sogenannte Ziger-Buckel (...) angegeben / mit dem End bestaettiget / und dann endlich mit dem Tod bekraefftiget hat«.[8] Der Zigerbuckel muß ein gutes Gedächtnis gehabt haben, denn in der Liste sind unter 137 Nummern 156 Personen aufgeführt, 70 Männer, 68 Frauen und 18 Kinder, die er fast alle sehr genau beschreibt. Wenn die Gaunerlisten mit den ›Spezialisten‹ die schweren Fälle verzeichnen[9], so spiegeln die Aussagen dieses ›Ertz-Diebs‹ auch, daß die Domäne der Frauen die ›Bagatellsachen‹[10] waren. Das schwerste Verbrechen, an dem die kriminellen Frauen dieser Liste beteiligt waren, ist Falschmünzerei.

Catharina, Nummer 17 der Liste, »des Einaugigen Hanß Jörgen Weib, (...) seye eine Hausiererin« und »Stiegensteigerin, oder heimmisch Kittenmacherin, welche in denen Häuseren die Kammern und Traeg ausräume, auch eine Marckt-Diebin«.

»Gertrud«, Nummer 24, »des großen Seckels Schwester, (...) seye eine Person von 19. bis 20. Jahren...

Pflege aus den Opffer-Stöcken zu sencklen, und aus denen Scheuren die Früchte abzureiben«.

Appolonia, Nummer 26, ist unterwegs mit ihrem Mann, Georg dem Wannenmacher, einem Dieb und Einbrecher, und ihrer 12 oder 13jährigen Tochter, die der Mutter ›Wacht stehe‹ (Wagner, No. 25, 27): Appolonia »seye eine Marcktgängerin, und nehme in denen Haeuseren, was selbe erwischen könne«.

Berbel, Nummer 29, stiehlt auf Märkten und ist Hausiererin.

Margareth, Nummer 31, ist eine ›gute Sacklangerin‹; wie auch das Weib von Hanß Jörg (66) und Anna Maria (34), die drei Kinder hat, »deren das kleinste sie allzeit mit sich führe«.

Das ›Moraeuchle‹, Nummer 75, hat ›wegen Marckt-Dieberey‹ schon »ein paar Tag inngelegen«.

Aus der Liste läßt sich auch auf die Lebensrealität der kriminellen Frauen schließen. Die Grenzen zwischen Hausierern, die insbesondere in ländlichen Gegenden »allerhand Lumpensachen, wie Zahnstierer, Zahnpulver, Haarpulver, Blumensträuße, Schuhschwärze, gedruckte Lieder und dergleichen herumtragen«[11], Tagelöhnern, die auf der Suche nach Arbeit umherzogen und Dieben waren offensichtlich ›fließend‹[12]: Catharina, die ›Stiegensteigerin‹, ist – ebenso wie Berbel, die Marktdiebin – auch Hausiererin, die »reine(n) Spezialisten hat es zwar gegeben, sie waren aber eher die Ausnahme. Die meisten von ihnen mußten zumindest zeitweise betteln oder hausieren. Dieb, Einbrecher oder Mörder wurde man bei sich bietender Gelegenheit.«[13]

»Ein Dieb stiehlt sich selten reich«: Das Sprichwort, das Ernst Schubert in seiner Untersuchung über Bettler und Gauner in Franken zitiert[14], illustriert die Armut der Diebe - und der Bestohlenen: »Daß Kleinkriminalität, Nahrungsdiebstähle vor allem, die Hauptmasse der Jaunerdelikte darstellt, weist neben den Existenzproblemen des fahrenden Volkes (...) auch auf den perspektivischen Fluchtpunkt hin, von dem aus nur ein Bild der sozialen Verhältnisse im 18. Jahrhundert gesehen werden kann: Armut.«[15]; Frauen sind - davon wird noch zu sprechen sein -von dieser Armut in besonderer Weise betroffen (und schon deshalb auch in besonderer Weise vom Abstieg ins Vagantentum bedroht)[16]. In einer Aufstellung des Rothenburger Rates aus dem Jahr 1714, »was alles in den letzten zwei Jahren den Bauern innerhalb der Landwehr entwendet wurde«, ist »am kostbarsten ein Schwein im Wert von 8 fl. (...) ansonsten Gänse, Schmalz und geräuchertes Dörrfleisch aus den Vorratskammern, Strümpfe, Mieder, etwas Flachs, Wolle, Tuche usw (...) Kleindiebstähle mußten die Fahrenden oft begehen, um überhaupt ihr Leben fristen zu können. In der immer wieder auftretenden Not des Wanderlebens sind auch einige Brotlaibe oder Würste, die im Schlot hingen, und selbst ein Zwerchsack voller Äpfel höchstwillkommene Beute.«

Daß »die Erscheinungsformen der Kriminalität im 18. Jahrhundert (...) die große Armut in dieser Zeit wider(spiegeln)«[17], trifft nicht nur für Franken im 18. Jahrhundert zu. So hat ›Anna Maria des Speck-Martins Tochter‹, die Nummer 6 auf der Wagner-Liste, »das dürr Fleisch, Schmalz genommen«. Aber nicht nur der »Blick auf die Beute, die bei Einbrüchen und Diebstählen« zur selben Zeit im Vorarlberg gemacht wurden, sondern auch der auf die Bekleidung, die Bewaffnung und den oft schlechten Gesundheitszustand der Gesuchten »weist in dieselbe Richtung«: Ihr Leben war wie das aller »Vaganten (...) meist von Armut und vom täglichen Kampf ums Überleben geprägt«.[18] Sie sind gezeichnet durch nicht verheilende Wunden, Zahnlücken, Gebrechen, Narben, die in den Listen genau vermerkt werden. Catharina, die Nummer 17 der Liste, ist für ihre Verbrechen »gebrandmarcket (...) samt ihrem Mann«. Die »Bewaffnung war relativ dürftig«.[19] Von den 156 Personen, die der ›Ertz-Dieb‹ Jacob Berger beschreibt, sind nur fünf bewaffnet, und daß unter ihnen eine Frau ist, ist ungewöhnlich: Maria Eva trägt »ein Terz-Rohr in der Taschen, so man aufschrauben könne, dann auch ein klein Vogel-Flintlein«. Anders als die anderen Frauen ist sie kostbar gekleidet.

Aussehen und Bekleidung werden genau beschrieben: »Gertrud des großen Seckels Schwester, (...) seye eine Person von 19. bis 20. Jahren, groß langlechter Statur; mit braunem Angesicht, und Pfauß-Backen, grauen Augen, braunlechten Haaren, auch langlecht- und spitzigen Nase. Habe gemeinglich Schwaben-Mieder und schwartze Röck getragen.«

Appolonia ist »ein kleines, dickes und besetztes Weib, bey 40 Jahre alt, von kurtz braunem Angesicht, hohen Stirn, und Aug Brauen, braun-grau falschen Augen, so tieff liegen, habe ein grosses biß, und Zahn-Lucken. Trage an Werck-Tagen ein weiß-tüchenes Corsett, samt einem schwartzen wueffling Rock: An Sonn- und Feyertaegen aber ein roth Scharlachenes Mueder auf Baeurische Mode, schwartz Corsett, und grau-melierten Rock, roth Cartonen Schurtz, und dergleichen Zughauben mit schwartzen Spitzen.«

Margareth, Nummer 31, »werde gestutzte Ohren

haben, so ihro zu Stuehlingen wegen Sacklangen geschehen; gehe in schwartz-schwäbischen Ermlen, und schwartz-zeugenem Rock, mit schwartzen Zughauben, daran schwartze Spitzen«.

Das ›Moraeuchle‹ ist »von mittlerer Länge, aber ein mager und ranes Weibsbild von langlecht-ranem und schwartzem Angesicht, auch dergleichen Augen. Gehe in Kleidung wie ihre Schwester Würtembergisch«: »mit schwartzem Rock und Aermlen, zuweilen aber schwartzen Corsett, auf dem Kopff ein weiß gestepte Würtemberger-Zughauben, oder dergleichen schwartze.«

Wenn die Bekleidung der gesuchten Frauen so genau beschrieben wird, dann deshalb, weil sie ›ein echtes Unterscheidungsmerkmal‹[20] war: Es ist eine Ausnahme, daß Appolonia Kleider zum Wechseln besaß; die meisten besaßen nur das, was sie auf dem Leib trugen.

Anna Maria, die Nummer 111 auf der Wagner-Liste, ist Näherin, und ein Verbrechen ist in ihrem Fall gar nicht angegeben: Es besteht wohl allein in der Tatsache, daß sie mit dem ›Gesindel‹ zieht. Das wäre kein Einzelfall. Denn während »Nichtseßhaftigkeit, soweit es sich nicht um die traditionelle Lebensweise bestimmter ethnischer Gruppen handelte, (...) für besitzlose, arme Männer eine letzte (...) Möglichkeit dar(stellte), Notzeiten mit Gelegenheitsbeschäftigungen zu überbrücken«, war sie für Frauen »mit totaler Stigmatisierung verbunden«[21]: »In solothurnischen Bettelordnungen des 16. Jahrhunderts zum Beispiel werden die fahrenden Frauen« allgemein als »Huren, Luntschen und Matzen bezeichnet«[22]. Vagierende Frauen befanden sich »auf der untersten Stufe im sozialen Gefüge der Nichtseßhaften«[23]. Gleichzeitig waren die Risiken für Frauen, ins Heer der Vagierenden abzusinken, besonders groß.

Ernst Schubert zitiert Gaunerlisten, die »die Namen vieler junger Menschen (enthalten), die ›ohne Profession‹ sind, die ›nichts als die Bauren-Arbeit gelernt haben‹. In der Mittelsfelder Liste z. B. findet sich als Berufsangabe unter 313 männlichen Jaunern in immerhin 36 Fällen die Angabe ›ohne Profession‹. (Bei den 106 Frauen, die die Liste verzeichnet, erscheint überhaupt kein Vermerk über eine Erwerbstätigkeit, wie sie bei den Männern nach Möglichkeit notiert ist. Denn daß eine Frau außer Magddiensten nichts lernte bzw. lernen durfte, erschien der alteuropäischen Gesellschaft selbstverständlich.)«[24] Das Erlernen eines Berufes oder die Ausübung eines Gewerbes waren jungen Mädchen und Frauen einerseits oft verboten, andererseits wurden Frauen aus den Städten oft verwiesen, wenn sie alleinstehend und mittellos waren.[25]

Für die Region Vorarlberg hat Wolfgang Scheffknecht gezeigt, warum Frauen in besonderer Weise vom Abstieg ins Vagantentum und in die Kriminalität bedroht waren: Sie waren überproportional von der Armut betroffen. 1650 etwa waren »weit mehr als die Hälfte der in Feldkirch unterstützten Armen weiblichen Geschlechts«[26]. Erwerbstätige Frauen mußten sich mit schlechteren Löhnen als Männer zufrieden geben. »Mägde und Knechte heirateten während der ganzen frühen Neuzeit später als der Durchschnitt der Bevölkerung«[27], weil sie das in den Heiratsbeschränkungen verlangte Mindestvermögen oft nicht aufbringen konnten; gleichzeitig aber waren alleinstehende, verwitwete und erwerbslose Frauen in besonderer

Weise von dem Risiko bedroht, unter die Armutsgrenze abzusinken und den Status als ›würdige‹ – und das heißt: als unterstützungswürdige – Arme zu verlieren. Denn die Unterstützung verlor »das vom rechten Pfad der Tugend abgekommene Dienstmädchen und die Frau, die zu wenig auf ihre Tugend geachtet hatte (...). Damit wird auf Verstöße gegen sexuelle Normen angespielt. Die Gefahr sichtbarer Folgen derartiger Verstöße, etwa einer außerehelichen Schwangerschaft, war um so größer, je weiter die Zeit der sexuellen Reife und der mögliche Zeitpunkt einer Eheschließung auseinander lagen. (...) Außereheliche Schwangerschaften waren bei Angehörigen der ärmeren Bevölkerungsschichten häufig Folge ihrer Mittellosigkeit und konnten mitunter drastische Folgen haben«[28]: Frauen versuchten, »ihre Fruchtbarkeit abzutöten«[29]; Kindestötungen und Landesverweisungen wegen unehelicher Schwangerschaft waren keine Seltenheit.[30]

›Arme Weiber‹ – Scheffknechts Titel trifft in einem die Lage der Unterschichtsfrauen, Vagantinnen und kriminellen Frauen der Bodenseeregion im 18. Jahrhundert. Der Teufelskreislauf blieb in seiner Grausamkeit auch manchem Zeitgenossen nicht verborgen: »Man erwäge nur« – so schreibt im Jahre 1792 ein Menschenfreund in der Zeitschrift der fränkischen Aufklärung – »den außerordentlich oft eintretenden Fall, daß die Töchter armer Eltern, die vor einigen Jahren in einem Dorf gewohnt haben und hinweggezogen oder gestorben sind und die nirgends Verwandte als gleich arme Leute haben, (...) daß eine solche arme als Magd dienende Person schwanger wird. Nachdem sie bey den Gerichten alle ihr Hab und Gut für Strafe und Kosten hat zurücklassen müssen und nun nichts weiter mehr als ihre täglichen Kleider besitzet, wird sie von dem Bauern aus dem Dienste entlassen, und, weil sie nicht im Dorfe gebürtig ist, von dem Beamten oder den Ortsvorstehern aus demselben verwiesen. Sie sucht nun ihre Unterkunft in ihrem Geburtsort: aber dorten weiset man sie mit Strenge um deswillen von sich, weil sie nicht mehr als Dorfkind zu betrachten sey und anderwärts gesündigt habe. Will noch irgend ein armer Verwandter Barmherzigkeit an ihr ausüben und sie zu sich aufnehmen, so wird er mit Härte bedrohet, daß man ihn zusammen mit der Dirne aus dem Dorfe jagen werde. Mit einem Wort, die Unglückliche findet nirgends eine Aufnahme, und was ist nun ihr unverdientes Schicksal? Dieses, daß ihr alle Gelegenheit zu einem ehrlichen Broterwerb abgeschnitten und sie ganz wider ihren Willen zum Herumziehen und Betteln gezwungen wird, welches nach unseren Gesetzen verboten ist, und wenn sie daher auf diesem für sie gleich traurigen als unwillkürlichen Geschäffte von Bettelvögten und Landstreichern angetroffen zu werden das Unglück hat, aller für sie so lautsprechenden Gründe ohnerachtet, als eine Vagantin auf einige Zeit in ein Zuchthaus geliefert und endlich förmlich des Landes verwiesen und in ein anderes gewiesen wird, wo man auf dergleichen Personen nicht weniger Jagd machet.«[31]

Es ist gut möglich, daß in diesem Schicksal auch Lisel, die Nummer 70 auf der Wagner-Liste, porträtiert ist, die mit 13 Jahren ihr erstes Kind bekam. Noch in der leidenschaftlichen Fürsprache und Anklage wirkt das Bild der Frau nach, zu dem die Vagantin als Hure das Negativ geben soll. Es porträtiert weniger die Frauen als viel mehr die Gesellschaft, der sie entweder als unschuldiges, entsexualisiertes, reines oder aber als unberechenbares Triebwesen, als Tier erscheint.

Familienbande: Barbara Waldnerin und Madlena Kriegin

1749 wurde bei Ferdinand Caspar Daschek eine Sammlung von 59 Steckbriefen gedruckt. Als Nummer 59 verzeichnet die Liste:

Die Bohnen Tenne / Nahmens Bärbel zwischen 40. und 50. Jahr alt / mittler Postur / magern Leibes / und scheußlichen Angesichts / auch durch die Blatteren ziemlich gezeichnet / etwas schielender Augen / und schwartzbrauner Haare; auf der rechten Schulter habe sie einen großen weißen Fleck; seye ein Marckt- Tag- und Nacht-Diebin; diese ist ein sehr gefährlich / und abgetreibenes Weibsbild / und lieget dato auch hier zu Hohenems.

Die Bohnen Tenne / Nahmens Bärbel, auch bekannt unter den Namen Barbara Fischerin, Fesslerin, Hoferin oder Barbara Waldnerin, saß also zu der Zeit, als der Steckbrief erschien, bereits hinter Schloß und Riegel. Sie war am 14. November 1748 in Lustenau zusammen mit ihrer achtköpfigen Bande festgenommen worden. Zum festen Kern gehörten außer der Waldnerin ihre beiden Kinder Franz Jospeh und Anna Maria und zwei ihrer Patenkinder, Sofia und Margaretha, sowie die knapp zwanzigjährige Madlena Kriegin - nebst ihrem Bruder und ihrem Liebhaber. Die Bande war vor ihrer Verhaftung mit einem Trödlerkarren von Markt zu Markt gezogen. Die beiden Frauen gaben den Ton in der Bande an: Die Kinder hatten entweder die zum Kauf ausgelegten Waren zu stehlen oder gestohlenes Gut zu übernehmen und in Sicherheit zu bringen. So war es auch in Lustenau geplant, aber vermutlich ein Streit zwischen Madlena und ihrem Liebhaber hatte wohl die Aufmerksamkeit der Obrigkeit erweckt, bevor die Bande zum Zuge kommen konnte.

Daß die Mörderinnen Anna und Barbara Haidler Schwestern waren und die Mitwisserin ihre Mutter, daß Barbara Waldnerin mit ihren Kindern in einer Bande zusammenlebte und Madlena Kriegin mit ihrem Bruder und Liebhaber, ist kein Zufall. Wie auch in anderen Gruppen von Nichtseßhaften, der Hausierer, Bettler; die im 17., 18. und 19. Jahrhundert durch die Länder und Ländchen vagierten, so zogen auch in den kleinen und größeren Diebesbanden oft ganze oder halbe Familien mit: Paare mit und ohne kirchlichen Segen, mit Kindern oder ohne, Mütter oder Väter mit ihren Kindern oder Stiefkindern allein, Geschwister, Geschwisterkinder. Von den 156 Personen der Wagner-Liste sind 89 miteinander verwandt, und es gibt 43 Paare mit und ohne Trauschein. Die Kinder werden ins Milieu hineingeboren. Anna Maria, die Nummer 6 auf der Liste, ist eine junge Frau von 20 Jahren. Sie ist eine Marktdiebin, ihr Bruder Johannes ist ungefähr 12 und steht Wache.

Auch Madlena Kriegin stammte ›aus einer typischen Vagantenfamilie‹. Der Vater war - so hat sie es im Verhör angegeben - Steinhauer und schon 1736 gestorben, die Mutter war Bettlerin. Madlena Kriegin wuchs »wie viele andere Vagantenkinder (...) ohne Vater auf. Schon im Alter von 13 Jahren wurde sie das erste Mal wegen ›Sackgreifen‹ in Bad Waldsee gefangen und mit Ruten gezüchtigt«.[32]

Wenn Barbara Waldnerin zur Zeit der Veröffentlichung des Steckbriefes samt ihrer Bande schon hinter Schloß und Riegel saß, dann belegt dieser Umstand, daß die Gaunerlisten mehr waren als Fahndungshilfen. Durch die Veröffentlichung versprach man sich in diesem Fall offensichtlich, »noch mehr Informationen über sie« zu erhalten und »zu einer vollständigen Übersicht über die vom Inhaftierten begangenen Straftaten«[33] zu gelangen. Noch mehr, denn Barbara Waldnerin hatte unter Androhung der Folter gestanden:

1. Zusammen mit dem ›Stöffel‹, dem ›schreymauligen Hanns Geörgen‹ und dem ›Straßburger Jackel‹ hatte sie vor ungefähr 11 Jahren im Gericht Grünenbach 12–13 Pfund Fleisch im Wert von 1 Gulden und 30 Kreuzer aus einem Speicher gestohlen.
2. Vor ungefähr sieben Jahren hatte sie zusammen mit dem Sebastian Schönenberger; dem »Stoffel«, dem ›schreymauligen Hanns Geörgen‹ und dessen Weib zu den sechs Höfen in der Reichsherrschaft Ratzenried nachts »mittelst Abhebung eines Ladens von dem Stubenfenster und Aushebung des Fensters« in ein Haus eingebrochen und »ein kleines Schmalzkübele mit Schmalz, eine kupferne Pfanne, einen kupfernen Fueßhafen, Schuhe und anderes auf 7 fl. (= Gulden) geschazt«.
3. Vor etwa vier Jahren hatte sie zusammen mit der ›Christkindler Lena‹ u. a. in Nesselwang »ein Paar neue Weiber Schuhe und etwas Flachs« gestohlen.

4. Am Heiligen Abend des Jahres 1747 hatte sie zusammen mit einer anderen Diebin einem gewissen Michael Yle eine Tabakspfeife, ein Schnupftuch, ein Paar Pantoffeln und andere Kleinigkeiten entwendet.
5. Etwa 1733 hatte sie in Triesnerberg in Liechtenstein einem Mann namens Johann Seele einen neuen braunen Rock mit gelben Knöpfen, zwei kupferne Kindspfannen, ein neues Tischtuch u. a. gestohlen, alles zusammen im Wert von 8–9 Gulden.

Schließlich hatte sie auch gestanden, daß ihre elfjährige Tochter auf Jahrmärkten in Lindau, Rorschach, Berneck, Weingarten, Kempten, Wangen, Meersburg, Dornbirn, Isny, Tettnang u. a. auf ihren Befehl verschiedene Waren von Kaufmannsständen entwendet hatte.[34]

Barbara Waldnerin und Magdalena Kriegin sind prominente Beispiele dafür, daß längst nicht alle Frauen in den vagierenden Randgruppen ›nur passiv leidende Rollen ausgefüllt haben‹ oder in den Banden nur ›Hilfsdienste in einer von Männern beherrschten Umwelt‹ erbrachten: »Das taten sie genausowenig, wie ihre Geschlechtsgenossinnen in der etablierten Gesellschaft. Hier wie dort waren sie auch ›aktiv Handelnde‹, vor allem in der Art, daß sie ›die an sie gerichteten Verhaltensanforderungen und Normen‹ akzeptierten und selbständig weiterentwickelten. Das zeigt sich in der Bildung von Banden, die nur aus Frauen bestanden oder in denen Frauen (...) den Ton angeben.«[35]

Selbständig agierte zum Beispiel auch die »aus Schaffhausen stammende Margaretha Böckin, die Anfang Oktober 1634 zusammen mit Anna Waldvögtin in Oberriet gefangengenommen wurde«. Sie »hatte zusammen mit ihrer Begleiterin drei Hauseinbrüche und zwei Diebstähle in Altenstadt, Höchst, Dornbirn und Schaffhausen begangen. Weiters hatte sich Margareta Böckin der Prostitution schuldig gemacht. In keinem dieser Fälle ist die Mitwirkung eines Mannes als Komplize oder Zuhälter nachweisbar. Die in Dornbirn geborene Magdalena Felderin gestand 1742, im Alter von erst ca. 12 Jahren ihrer älteren Schwester bei zehn Diebstählen zur Hand gegangen zu sein. Teilweise hatten hier Männer mitgewirkt, aber der Befehl zu diesen Verbrechen war jeweils von ihrer Mutter ausgegangen. Maria Anna Rickin, die Schwester der oben genannten Madlena Kriegin, gestand im Januar 1749 rund dreißig Vergehen in den Ortschaften Isny, Steinach, Riedlingen, Saulgau, Lindau, Kaufbeuren, Schongau, Feldkirch, Leutkirch, Mindelheim, Bad Waldsee, Ravensburg, Pferrich, Memmingen, Bregenz, Gutenberg, im Hochstift Augsburg, in Biberach, Ehringen, Engen, Münderkingen und Altstätten, von denen die überwiegende Mehrzahl ohne männliche Beteiligung geschehen war. Auch hier stand, zumindest zeitweilig, die Mutter als Leiterin und Planerin im Hintergrund. Es ist auffallend, daß die Opfer der von den genannten Frauen verübten Verbrechen fast ausschließlich auch Frauen waren. Bei Anna Maria Rickin läßt sich rekonstruieren, daß sie bei Diebstählen auf Märkten und Prozessionen 66 Frauen, aber keinen einzigen Mann bestohlen hat. Dies hängt eindeutig mit der Zugehörigkeit der Täterinnen zum weiblichen Geschlecht zusammen. Die Verbrechen fanden dort statt, wo das Risiko am geringsten war, wo die Täterinnen am wenigsten auffielen: in einer von Frauen beherrschten Umgebung.«[36]

Auch wenn man bedenkt, daß »ein neues Tischtuch, ein Paar Weiber Schuhe, eine Tabakpfeife, ein Schnupftuch, ein Paar Pantoffeln« möglicherweise die einzige Tabakspfeife, das einzige Schnupftuch, das einzige Paar Schuhe ihrer rechtmäßigen und in aller Regel ebenfalls armen Besitzer waren, erscheinen die gegen Magdalena Kriegin und Barbara Waldnerin erlassene Urteile »nach heutigen Maßstäben sehr hart, ja unmenschlich«[37]. Nachdem ihre Aussagen überprüft worden waren, wurde Barbara Waldnerin, »weil sie wiederholt straffällig geworden war; zum Tode verurteilt. 1749 wurde sie auf dem Schinderkarren von ihrem Kerker in Hohenems nach Lustenau geführt. Bei der gräflichen Taverne tagte das Lustenauer Hofgericht unter dem Vorsitz des Amanns Peter Paul Hollenstein. Dort brach der Amann den Stab über die arme Sünderin, die im Schinderkarren weiter zur Lustenauer Richtstätte auf dem Galgenfeld (...) geführt wurde. Man darf annehmen, daß sie dort schon von einer großen Menge Schaulustiger erwartet wurde, denn damals zogen Hinrichtungen ungeheure Zuschauermengen an. Der Hohenemser Scharfrichter Michael Reichle enthauptete sie und vergrub anschließend ihre Leiche unter dem Hochgericht.«

Madlena Kriegin ›kam etwas besser davon‹: Sie hatte »sich noch nicht so viel zuschulden (...) kommen lassen wie ihre Komplizin« und war schwanger. Sie mußte der Hinrichtung der Barbara Waldnerin beiwohnen und »wurde dazu verurteilt, das Land zu verlassen. (...) Schon wenige Jahre später stand sie (...) wieder wegen ähnlicher Vergehen vor Gericht.«[38]

1 Ludwig Welti: Fahrendes Volk im Reichshof Lustenau. In: Jahrbuch des Vorarlberger Landesmuseumsvereins Bregenz 114 (1970), S. 146
2 ebd.
3 Vorarlberger Landesarchiv in Bregenz, Reichsgrafschaft Hohenems 103, 25
4 Wolfgang Scheffknecht: Armut - Mobilität - Kriminalität. In: Biblos, 1990, Heft 3, S. 227
5 vgl.: Thomas Meier und Rolf Wolfensberger: Nichtseßhaftigkeit und geschlechtsspezifische Ausprägungen von Armut. In: Anne-Lise Head und Brigitte Schnegg (Hg.): Armut in der Schweiz (17.-20. Jh.), Zürich 1989, S. 40
6 vgl.: Wolfgang Scheffknecht: Fahrende Leute und Scharfrichter. Beispiele für nicht-seßhafte und seßhafte Außenseiter und Randgruppen in der Geschichte Vorarlbergs. In: Dornbirner Schriften. Beiträge zur Stadtkunde, Nr. 8 (1989), S. 28
7 ebd., S. 35
8 Vorarlberger Landesarchiv in Bregenz, Reichsgrafschaft Hohenems 103, 25
9 vgl.: Scheffknecht, Armut - Mobilität - Kriminalität, a. a. O., S. 227
10 Wolfgang Scheffknecht: Arme Weiber. In: Alois Niederstätter / Wolfgang Scheffknecht (Hg.): Hexe oder Hausfrau. Das Bild der Frau in der Geschichte Vorarlbergs, S. 95
11 Aus einem 1736 zur Bekämpfung des Gaunerwesens von den Fürsten des Schwäbischen Kreises erlassenem Patent, zitiert bei: Wolfgang Scheffknecht: Die Hinrichtung der Barbara Waldnerin 1749 in Lustenau. In: Jahresbericht d. Bundes-Oberstufen-Realgymnasiums Lauerach 1987/88, S. 55
12 Wolfgang Scheffknecht: Fahrende Leute und Scharfrichter, a. a. O., S. 34
13 Scheffknecht, Armut - Mobilität - Kriminalität, S. 227
14 Ernst Schubert: Bettler und Gauner im Franken des 18. Jahrhunderts, Neustadt an der Aisch 1983, S. 256
15 ebd., S. 262
16 vgl.: Wolfgang Scheffknecht, Arme Weiber, a. a. O. und Brigitte Schnegg: Armut und Geschlecht. In: Anne-Lise Head und Brigitte Schnegg (Hg.): Armut in der Schweiz (17.-20. Jh.), Zürich 1989, S. 12 ff.
17 Schubert. a. a. O., S. 255/256
18 Wolfgang Scheffknecht: Fahrende Leute und Scharfrichter, a. a. O., S., 34
19 Scheffknecht, Armut - Mobilität - Kriminalität, S. 224

20 ebd.
21 Brigitte Schnegg, Armut und Geschlecht, a. a. O., S. 16
22 Thomas Meier und Rolf Wolfensberger: Nichtseßhaftigkeit und geschlechtsspezifische Ausprägungen von Armut, a. a. O., S. 37 ff.
23 Brigitte Schnegg, Armut und Geschlecht. a. a. O., S. 16
24 Schubert, a. a. O., S. 107
25 vgl. ebd., S. 111 ff.
26 Wolfgang Scheffknecht, Arme Weiber a. a. O., S. 80
27 ebd., S. 90
28 ebd., S. 90
29 ebd., S. 91
30 vgl.: ebd., S. 90
31 zitiert bei Schubert, a. a. O., S. 120
32 Wolfgang Scheffknecht, Arme Weiher. a. a. O. S. 98
33 Scheffknecht, Armut - Mobilität - Kriminalität, a. a. O., S. 223
34 Nach: Wolfgang Scheffknecht, Die Hinrichtung der Barbara Waldnerin 1749 in Lustenau, a. a. O., S. 57
35 Wolfgang Scheffknecht, Arme Weiber, a. a. O., S. 97 unter Berufung auf Ute Frevert
36 ebd., S. 98/99
37 Wolfgang Scheffknecht, Die Hinrichtung der Barbara Waldnerin 1749 in Lustenau, a. a. O., S. 58
38 ebd., S. 58/59

Unterm Rock das Brecheisen – Zur Rolle der Frauen in den Räuberbanden zwischen Rhein und Elbe

Am Abend des 14. November 1800 hatte der jüdische Handelsmann Sender Isac im Hunsrückort Weierbach eine höchst unangenehme Begegnung. Mit Pistolen bewaffnet stürmten zwei Räuber in sein Haus und forderten 25 Louisdor; die der Überfallene schließlich schweren Herzens bezahlte, kam er doch so ohne Mißhandlungen davon. Erst später sollte er erfahren, wer ihm da die Ehre gegeben hatte. Es war der berühmte Schinderhannes höchstpersönlich. Und auch über den zweiten Räuber sollte für Isac Sender bald Klarheit bestehen. Als Komplizen, da war er sich sicher; hatte Schinderhannes seine Geliebte Julie Blasius mitgenommen, allerdings in Männerkleidern. Später vor Gericht, bei dem großen Prozeß gegen die Bande in Mainz, konnte dieser Verdacht nicht erhärtet werden, weil Julie Blasius standhaft leugnete und Schinderhannes als seinen Komplizen einen bereits hingerichteten Räuber nannte. Selbst der Zeuge Isac Sender wurde bei diesen Aussagen schwankend. Eine Frau, die raubt und dazu noch in Männerkleidern, das war so außergewöhnlich, daß es niemand so recht glauben wollte. Obwohl einiges für ihre Beteiligung sprach, wurde Julie Blasius schließlich nur zu einer zweijährigen Zuchthausstrafe verurteilt – wegen »Landstreicherei, weil sie vor fünf Jahren ihr väterliches Haus verlassen und mit Schinderhannes herumgezogen ist, der damals schon allgemein als Räuber bekannt war«, und weil sie »mehrere gestohlene Sachen umsonst angenommen« hatte. Auch die anderen Frauen der Schinderhannes-Bande erhielten ihre Strafen wegen ähnlicher ›Delikte‹: Margreth Eberhard und Anne Marie Grein wurden verbannt, Margreth Landfried mußte für ebenfalls zwei Jahre ins Zuchthaus.

Damit hatte die irdische Gerechtigkeit auch dafür gesorgt, daß die klassischen Rollenbilder nicht durcheinanderkamen. Rauben war, im Verständnis des ›starken‹ Geschlechts, immer noch Männersache. Aber was schon nicht, wie wir bereits gesehen haben, für die von Frauen gelenkten Banden galt, das hatte auch für die männerdominierten keine generelle Gültigkeit. Immer wieder gab es in der ›großen Zeit‹ der deutschen Räuberbanden, also zwischen 1770 und 1815, Frauen, die sich aktiv an Überfällen beteiligten. In seinem 1793 erschienen ›Abriß des Jauner- und Bettelwesens in Schwaben‹ berichtete der Ludwigsburger Gefängnispfarrer Johann Ulrich Schöll z. B., daß die ›Beischläferinnen‹, wie die Frauen der Räuber damals genannt wurden, vor allem dann zu Einbrüchen mitgenommen wurden, »wenn sie beherzt und es an Kameraden fehlt, wo sie dann zum Wachehalten gebraucht werden. Sonst halten sie sich gemeinhin irgendwo in der Nähe des Ortes auf, wo der Einbruch geschieht – etwa eine Viertelstunde davon an einem Gehege –, und erwarten dort die Diebe mit ihrem Raub, der meistens ihnen zum Nachtragen oder auch zum gleichbaldigen Verschluß gegeben wird«.

Gerade in kleineren Banden, die alles raubten, vom Dörrfleisch bis zum Bettzeug, konnten die ›Beischläferinnen‹ auch direkt zum Einbruch mitgenommen werden, da eine mit Wäsche oder Stoff bepackte Frau weitaus unauffälliger war als eine ähnlich ausstaffierte Männerschar. Den Frauen kam dabei eine wichtige Rolle zu, denn sie trugen schließlich das gesamte Diebesgut. Das konnte allerdings auch schiefgehen. Ein solcher Fall ist aus dem Spätsommer 1802 überliefert, und zwar von dem Darmstädter Hofgerichtsrat Carl Friedrich Brill in seinen 1814 und 1815 veröffentlichten »Actenmäßigen Nachrichten von dem Raubgesindel in den Maingegenden, dem Odenwald und den angrenzenden Ländern«. Eine kleine Gruppe von Räubern, zu der auch eine gewisse Caroline Eckardin gehörte, hatte in Kloster Neustadt am Main einen Kramladen aufgebrochen und alles mitgenommen, was nicht niet- und nagelfest war. Bei Lohr wurde die Bande von Heumachern verfolgt und »suchte sich über einen Bach zu retten. Caroline Eckardin, eine berüchtigte Gaunerin, welche jetzt im Zuchthaus zu Mannheim sitzt, die Band und Schnüre in einer Züge hatte, blieb, als sie über den Bach setzen wollte, mit ihrem Rock an einem Reisigbündel hängen und ließ in der Angst die Züge in das Wasser fallen, welches dieselben mit sich fortnahm.« In diesem speziellen Fall war es vor allem die Bequemlichkeit der Männer, die zum Verlust des Diebesgutes führte. Man hatte die Frau als Lastesel mitgenommen, um selbst nichts tragen zu müssen. Diese Bande, die zwischen Wetterau und Spessart ihr Unwesen trieb, setzte Frauen auch bei

Überfällen als Kundschafterinnen ein, z. B. bei einem versuchten Straßenraub im Merchinger Wald. Die Geliebte des Räubers Friedel war an die Straße gesetzt worden, um, so noch einmal Brill, »bei der Ankunft des erwarteten Juden das Zeichen zu geben. Die Räuber hatten die Nachricht, daß der Jude zu Fuß komme; es kam inzwischen einer zu Pferd, den sie zwar für jenen hielten, aber doch nicht gewiß waren. Auf das von des Friedels Beischläferin gegebene Zeichen kamen die Räuber aus den Hecken heraus; der auf dem Fußpfad, welcher an der entgegengesetzten Seite der Straße herzog, reitende Reisende hatte sie aber durch die nicht dick stehenden Hecken wahrgenommen, hatte seinem Pferd die Sporen gegeben und war davongejagt, ehe die Räuber ihn festhalten konnten.« Also wieder ein Fehlschlag, weil sich dieses Mal die Männer nicht gut genug versteckt hatten.

In solchen kleineren Gruppen, die sich auf die weniger gefahrvollen nächtlichen Einbrüche spezialisiert hatten, waren Frauen voll in die Strukturen integriert. So gehörte zur Wetterauer Bande, die der Gießener Hofgerichtsrat Friedrich Ludwig Adolf von Grolman 1813 in seiner ›Actenmäßigen Geschichte‹ beschrieb, auch die Schwester eines der Haupträuber; Anna Margaretha Vielmetter. Sie war so weit akzeptiert, daß sie selbst an typischen Männerritualen teilnehmen durfte, etwa an der ›schwarzen Messe‹ in der Kirche zu Herren-Haag bei Büdingen im Herbst 1810. Zunächst hatte sich die Bande an der Glocke versucht, die sie im Auftrag stehlen sollte. Aber nur den Schwengel konnte sie aus der Halterung lösen. Was weiter geschah, schilderte Grolman: »Darauf wurde die ganze Orgel zerstört und die Windlade zerschnitten. Von den Pfeifen nahmen sie mit, was sich fortbringen ließ; alle übrigen wurden unbrauchbar gemacht. Auch ein Pfarrersmantel, zwei Leichentücher, sogar der Klingelbeutel und zwei Gesangbücher wurden entwendet. Die Glockenseile wurden abgeschnitten und der Altar umgeworfen. Einer schlug von der Kanzel sein Wasser ab, während er mit umgehängtem Mantel den Prediger affektierte. Die drei anderen hörten dem aus Zoten und Lästerreden bestehenden Vortrag zu und verrichteten a posteriori ihren Unrat in die Kirche.«

Ein solches extremes Beispiel ist allerdings eher untypisch.

Es war nicht die Regel, daß Frauen mitstahlen oder Schmiere standen, denn sie hatten in der Bandenlogistik vor allem andere Funktionen, die nur sie ausfüllen konnten.

Eine ihrer ganz praktischen Aufgaben war (wie wir bereits in den vorhergehenden Kapiteln gesehen haben), dann, wenn es für die Männer nichts zu rauben gab, die Familien mit Marktdiebstählen, kleinen Betrügereien oder Bettelei über Wasser zu halten. Selbst in ihrer Zeit gefürchtete Räuber wie die Hauptmatadore der Neuwieder Bande, Fetzer, Picard und Schmitt, schickten ihre weiblichen Komplizen auf Märkte, um »Kotton, Zitz und dergleichen vermittels ihrer langen Mäntel zu entwenden«.

Unverfängliches Diebesgut wie dieses, dessen Herkunft später nicht mehr zu ermitteln war, eignete sich auch glänzend für den ambulanten Handel, der ebenfalls von den Frauen betrieben wurde und der doppelten Gewinn brachte: zum einen die Nettoeinnahme durch den Verkauf und zum anderen wichtige Hinweise über lohnende Objekte, denn als Hausiererinnen kamen die Frauen in fast alle Häuser und konnten sie ausspionieren. Als geschickte ›Baldowerinnen‹ waren die Frauen sehr geschätzt, zumal der Erfolg eines Überfalls oder eines Einbruchs nicht unwesentlich von diesen ›Vorarbeiten‹ abhing. Belege für diese Tätigkeit finden sich in der einschlägigen Gerichtsliteratur in größerer Zahl. Noch 1846 warnte der Erfurter Polizeibeamte Christian Rochlitz in seinem Buch über ›Das Wesen und Treiben der Gauner, Diebe und Betrüger Deutschlands‹ vor falschen Bettlerinnen, »die während des ganzen Tages auf den Straßen und Dörfern herumstreunen«. Sie erschienen »in den Gehöften und Häusern, wo sie um eine Gabe ansprechen, hauptsächlich aber das Sachdienliche zur Ausführung eines Diebstahls erforschen. Da diese Baldowerer von Jugend auf zu diesem Zweck benutzt wurden, durch ihr Zusammenleben mit Dieben die Art und Weise, wie ein Diebstahl am besten auszuführen sei, genau kennen und bei ihnen ein Ortssinn ausgebildet ist, der ihnen die gemachten Bemerkungen selbst nach Monaten nicht vergessen läßt, so erhalten Diebe durch sie jede nur erwünschte Nachricht«.

Aus der Geschichte der Rheinischen Räuberbanden ist bekannt, daß bei der Vorbereitung eines Überfalls oder Einbruchs auch auf den Rat der Frauen gehört wurde, nicht zuletzt deshalb, weil sie sich weitgehend unauffällig bewegen konnten und so über Informationen verfügten, an die gesuchte und deshalb versteckt lebende Räuber nicht herankamen. Die Frauen hielten, das wird später noch deutlicher werden, das gesamte Informationsnetz aufrecht. Das Unverdächtige ihres Auftretens wurde gelegentlich auch genutzt, um

Einbruchswerkzeuge an den Ort des vorgesehenen Raubes zu transportieren. So erzählt der unbekannte, aber äußerst sachkundige Autor des 1804 erschienen zweiten Teils der ›Actenmäßigen Geschichte der Räuberbanden an den beyden Ufern des Rheins‹, daß die Ehefrau eines der Haupträuber der Krefelder Bande »immer ein Brecheisen unter ihrem Rock zu tragen pflegte«. Die Transport- und Kurierfunktion der Frauen konnte für die Bande sogar überlebenswichtig werden, nämlich dann, wenn ein oder mehrere Räuber in Haft saßen. Am Ende des 18. und zu Beginn des 19. Jahrhunderts war das Paßwesen noch so unterentwickelt, daß sich weibliche Bandenmitglieder ohne größere Schwierigkeiten als Schwestern oder Ehefrauen der Gefangenen ausgeben konnten und so Zugang zu den Gefängnissen erhielten. Zeigten sich Polizisten, Wärter oder Gerichtsbeamte dennoch störrisch, wurde mit Goldstücken nachgeholfen. Denn nur über die Frauen konnten die Gefangenen, denen in der Regel die Todesstrafe drohte, Werkzeuge für den Ausbruch oder wichtige Informationen über die Aussagen ihrer Komplizen erhalten.

Das Repertoire, das die Frauen für solche Fälle entwickelt hatten, ist beeindruckend. Schon vor der Stunde X begannen die Vorbereitungen. Wer konnte, der suchte das Vertrauen von Polizisten zu gewinnen, um so frühzeitig von geplanten Durchsuchungsaktionen zu erfahren. Schlug das Schicksal trotzdem zu, dann versuchten die Frauen, ihren Männern Ehrenerklärungen oder falsche Alibis zu verschaffen. Die Untersuchungsrichter ließen sich nicht selten von diesen, wie es in der Geschichte der Rheinischen Räuberbanden heißt, »gar herrlich glänzenden Zertifikaten« beeindrucken und setzten die Räuber auf freien Fuß. Waren diese Versuche gescheitert oder hatten sie gar nicht erst unternommen werden können, dann mußten die Frauen dafür sorgen, daß sich die Gefangenen nicht gegenseitig belasteten oder widersprachen. Auch war es für die inhaftierten Räuber wichtig zu wissen, ob wirklich einer von ihnen geplaudert hatte oder nicht. Denn schon damals waren die Untersuchungsrichter keine tumbe Toren mehr, sondern mitunter psychologisch sehr geschickt agierende Kriminalisten, die mit allen Tricks arbeiteten. Und nur ein gemeinsames Vorgehen konnte der Bande die Köpfe retten. Die Frauen versuchten deshalb, den Gefangenen Botschaften ins Ohr zu flüstern oder Kassiber zuzustecken. Wie das vor sich gehen konnte, ist der schon mehrfach zitierten ›Actenmäßigen Geschichte der Räuberbanden an den beyden Ufern des Rheins‹ zu entnehmen. Einer der gefährlichsten Anführer der Neuwieder Bande, Damian Hessel, war im Oktober 1800 nach langer Suche endlich in Köln verhaftet worden und saß streng bewacht, durfte aber, wie die meisten Räuber, Besuch empfangen.

»Ein junges, schönes Mädchen, jenseits des Rheins zu Hause, wie sie sagte, erschien den 30. Oktober vor dem Municipalbeamten Weyer und begehrte Erlaubnis, den verhafteten Damian Hessel zu sprechen. Man gab ihr die Erlaubnis, jedoch schickte man zugleich einen Polizeisergeanten mit; denn alles, was den verschmitzten Hessel betraf, mußte mit einer besonderen Vorsicht behandelt werden. Das Mädchen tritt in Begleitung des Sergeanten in das Gefängnis. Weit entfernt, hier sich zu verraten, irgendein Komplott durchschimmern zu lassen, spricht sie vielmehr von dem Schimpf, den der liederliche Damian schon wieder seiner respektablen Familie zuzöge, von der Ursache seiner Haft und predigt mit eben dem Ernst wie mancher Sittenprediger reine Moral, so daß der anwesende Polizeisergeant mit ineinander gefalteten Händen dasteht und ihr zuhorcht. Über diesem aber läßt sie ein Briefchen heimlich auf die Erde fallen. Der Sergeant merkt Unrat, rafft das Briefchen auf, trägt es auf das Polizeibüro und zwingt die schöne Moralistin mit dem Sirenengesichtchen, mit ihm dorthin zu gehen. Der Municipalverwalter Weyer öffnet den Brief und liest, wie ein gewisser Augustin dem Damian Ratschläge erteilt, wie er sich vor Gericht zu benehmen, was er zu leugnen habe. Weyer hält die Sirene fest und dringt in sie, zu erklären, wer und wo der Briefsteller, der sich Augustin nenne, sei. Diese spielt die Unschuldige, sie leugnet, von dem Brief zu wissen, sie sucht Ausflüchte, verwickelt sich in Widersprüche und will, obgleich man ihr droht, nichts bekennen. Br. Keil und Weyer wenden alle Mühe an, sie zum Geständnis zu bringen. Sie schmeicheln ihrer weiblichen Eitelkeit, sie wundern sich, daß ein so schönes Mädchen, das mit seiner Figur allenthalben ein großes Glück machen könne, sich unter Banditen mische, ihre Helfershelferin abgebe, sich in dunkle, schmutzige Schlupfwinkel verkrieche. Alles ist vergebens. Die süßesten Worte schallen eindruckslos an ihr vorüber. Man schreitet nun zum Entgegengesetzten, man sperrt sie in das dunkelste, abscheulichste Verlies, man droht ihr, der Unkundigen, mit ewigem Gefängnis. Auch das fruchtet nicht.«

Auch an einem gescheiterten Ausbruchsversuch Damian Hessels aus dem als besonders sicher geltenden Kölner Gefängnis waren Frauen beteiligt, die ihm das entsprechende Fluchtwerkzeug auf einem geradezu klassischen Weg hatten zukommen lassen. Darüber berichtete der vorsitzende Richter beim späteren Prozeß gegen den Räuber, der Aufklärer und Schriftsteller Georg Friedrich Rebmann, in seinem 1810 veröffentlichten Buch ›Damian Hessel und seine Raubgenossen‹:

»Hessel saß in Köln, der Gefangenenwärter war unbestechlich und vorsichtig, er schnitt immer sein Brot in kleine Stückchen. Endlich wurde er etwas weniger mißtrauisch und begnügte sich, es in der Mitte entzwei zu brechen. Hessel schrieb mit einem Strohhalm mit Blut beim Schein seiner brennenden Pfeife ein paar Worte und wußte sie an einen Ort zu bringen, von wo aus er am spitzen Ende des Brotes eine Feile erhielt. Schon war er nach seiner Arbeit im Hof des Korridors, schon wollte er über die Mauer steigen, als seine zitternden Füße wankten und er gegen die Fenster des Kerkermeisters fiel und entdeckt wurde.«

Damian Hessels Mitgefangener, der lange gesuchte Carl Heckmann, einer der gefürchtetsten Räuber seiner Zeit, war bei seinem Fluchtversuch aus dem Kölner Gefängnis ›erfolgreicher‹, allerdings nur auf Kosten eines Menschenlebens. Er fesselte und erwürgte den unglücklichen Gefangenenwärter mit einem Seil, das ihm eine seiner Besucherinnen heimlich zugesteckt hatte.

Frauen sorgten aber nicht nur für Feilen im Brot, für Seile, Messer oder Haarnadeln, mit denen die Inhaftierten den Mörtel aus den Steinfugen kratzen konnten, sondern auch für andere, eher unkonventionelle Ausbruchswerkzeuge, z. B. für einen knielangen Frauenrock. Picard, Fetzer und Schmitt, drei Anführern der Rheinischen Banden, gelang mit Hilfe eines solchen Kleidungsstückes die Flucht aus ihrer hochgelegenen Arrestzelle in Altena. Schmitts Frau hatte den Rock als ›Souvenir‹ zurückgelassen, als Erinnerungsstück für den Todgeweihten, gegen das auch ein Gefangenenwärter nichts einwenden konnte. Die drei rissen den Stoff in Streifen, verknoteten die Fetzen und seilten sich mit dem daraus entstandenen Strick aus dem Turmzimmer ab. Vorher hatten sie noch einen Wärter bestochen, um ungestört ein Loch in den Zellenboden schneiden zu können. Woher das Geld dafür stammte, läßt sich nur vermuten. Der schon erwähnte Hessel-Biograph Rebmann jedenfalls empfahl in seinem ›Maßregelkatalog‹ für Vollzugsbedienstete schon 1810, Frauen vor dem Gang in die Zelle »ein Klistier mit etwas Essig- oder schwacher Tabaks-Infusion« zu geben, da »die Weiber Goldstücke« in den »Eingeweiden verborgen zu halten« pflegten. »Man kann dies merken, wenn man auf die Gebärden beim Niedersetzen Achtung gibt.«

Auf der anderen Seite hatten die Justizbehörden selbst großes Interesse an den Frauen. Denn sie hofften nicht zu Unrecht, von ihnen weitere Informationen über Bandenstrukturen, Kommunikationswege, Diebsherbergen, Hehler, geplante Verbrechen oder über die Identität von gefangenen Räubern zu erhalten. Gerade letzteres war besonders wichtig. Denn viele Gefangene verschwiegen ihre wahren Namen, weil nach geltendem Recht nur ein eindeutig Identifizierter verurteilt werden konnte. Als Grund, die Frauen festzuhalten, genügte der mehr oder weniger intensive Kontakt mit einem Räuber oder einer Bande. Wie schon das Beispiel der Julie Blasius zeigte, erfüllte das allein schon den Tatbestand der Landstreicherei, damals kein leichtes Delikt, das mit einer mehrjährigen Zuchthausstrafe geahndet werden konnte.

Die Untersuchungsrichter versuchten, die Frauen mit allen ihnen zur Verfügung stehenden Mittel unter Druck zu setzen. Es ist erstaunlich, in den Protokollen und ›Aktenmäßigen Berichten‹ nachzulesen, wie standhaft die arg Bedrängten blieben, wußten sie doch, daß von ihren Aussagen das Leben eines oder sogar mehrerer Räuber abhängen konnte. Unter welche psychischen Zwänge die Frauen gesetzt wurden, verdeutlicht ein Beispiel aus dem Jahr 1810. Es ging dabei um den Mord an einem Schweizer Kaufmann. In seiner ›Aktenmäßigen Geschichte der Räuberbanden an den beiden Ufern des Mains, im Spessart und im Odenwald‹ schilderte der Heidelberger Stadtdirektor Ludwig Aloys Pfister, wie versucht wurde, die Identität eines dringend Tatverdächtigen, des Manne Friederich, zweifelsfrei festzustellen. Die Schlüsselrolle spielte dabei die Frau des Räubers.

»Am 8. Juni erschienen auf vorgängige Ladung der Gefangenenwärter von Zwingenberg und sieben andere Einwohner aus dortiger Gegend, wovon zwei den Manne Friederich eingefangen hatten, die übrigen aber ihn wohl zu kennen behaupteten; auch erkannten ihn wirklich sämtliche als den in Zwingenberg eingesessenen und von dort entwichenen Philipp Friederich Schütz und behaupteten dieses auch sämtlich dem Manne Friederich ins Angesicht. Er leugnete mit unbändiger Frechheit und beharrte darauf, selbst als alle acht Männer in seiner Gegenwart ihre Aussagen gegen ihn mit feierlichen Eiden bestätigten.

Es wurde nun der Versuch gemacht, von Manne Friederichs Frau ein näheres Geständnis zu erhalten. Veit Krähmers Konkubine und Schwiegermutter erkannten sie und behaupteten ihr in das Gesicht, sie sei dieselbe Frau, welche vor wenigen Wochen zugleich mit der ersten zu Katzenbach in derselben Scheuer niedergekommen sei; sie leugnete dieses mit unbeschreiblicher Kälte und fügte jedesmal die Bemerkung bei: solche Leute nähme sie nicht an, die seien Arrestanten wie sie und könnten nichts gegen sie beweisen. Es wurde versucht, die Inquisitin durch Einwohner des Ortes Katzenbach, in welchem sie niedergekommen war, erkennen zu lassen; es erschienen auch wirklich auf vorgängige Ladung der Eigentümer der Scheuer, in welcher die Manne Friederichin zu Katzenbach niedergekommen war, dessen Knecht und der Schulmeister von da; allein unglücklicherweise konnte keiner von ihnen jene Inquisitin erkennen, obschon wenigstens der erste den Veit Krähmer und dessen Konkubine erkannte. Es konnte also von einer Konfrontation die Rede nicht sein; doch versuchte man, ob es nicht möglich sei, auch durch den bloßen Vortritt der Katzenbacher einigen Eindruck auf die Inquisitin zu machen. Jene drei traten daher als stumme Personen auf; der Inquisitin wurde bedeutet, es seien Einwohner von Katzenbach, sie versicherte, sie kenne sie nicht, und fügte bei: die drei Männer würden sie auch nicht kennen; die drei Männer schwiegen. Es wurde der Inquisitin bedeutet, unter diesen drei Männern befinde sich auch derjenige, in dessen Scheuer sie zugleich mit Krähmers Konkubine niedergekommen sei; sie beharrte auf ihrem Leugnen. Veit Krähmer wurde vorgeführt und erklärte auf die Frage, wer die vorstehende Frau sei: ›Es ist meine Gevatterin, die Ehefrau des Manne Friederich, welche zugleich mit meiner Frau in Katzenbach niedergekommen ist.‹

Und nun erklärte die Inquisitin, Veit Krähmer sei wirklich ihr Gevattermann, und was er soeben angegeben habe, sei wahr. Der Mann, welcher mit ihr von Hanau nach Heidelberg abgeliefert worden sei, sei wirklich ihr Mann, der Manne Friederich. Sie bitte wegen ihres bisherigen Leugnens um Verzeihung; sie habe es tun müssen, denn ihr Mann habe ihr gedroht, er schlage ihr Arme und Beine entzwei, wenn sie die Wahrheit rede.«

Ob sie wirklich aus Angst vor Rache geleugnet hatte, ist mehr als fraglich, da sie wußte, was ihre Aussage bedeutete, nämlich den Tod ihres Mannes. Das allein dürfte Grund genug gewesen sein, standhaft zu bleiben.

Auch bandenintern mußten mutige Frauen gelegentlich eingreifen, um ihre Männer vor dem Strick oder dem Henkerbeil zu retten, denn die Konkurrenz unter den Räubern trieb bisweilen seltsame Blüten. Aus der Geschichte der Rheinischen Räuberbanden ist ein besonders kurioser Fall überliefert. Drei Haupträuber, Picard, Fetzer und Simon Ruben, waren nach Essen beordert worden, um bei einem lukrativen Coup zu helfen.

»Sie kamen dort noch einige Tage eher an, als sie in erwähntem Brief bestellt worden waren; allein die Essendischen waren schon zu dem Raub aufgebrochen und hatten niemand als ihre Weiber zurückgelassen. Picard, Fetzer und Ruben Simon ergrimmten, daß man sie hintergangen und den Coup ohne ihre Mitwirkung auszuführen gesucht habe. Sie berieten sich und beschlossen, ihren Kameraden einen schlimmen Streich zu spielen; schlimm genug, denn, wenn er ihnen geglückt wäre, so würden diese dem Strick nicht entgangen sein. Der Streich bestand darin, daß sie ganz in der Nachbarschaft stehlen und die Gegend alarmieren wollten, damit die vom Raub zurückkehrenden Essendischen mochten eingefangen werden. Wie es kam, ist nicht bekannt geworden, genug, die zurückgebliebenen Weiber des Serves Joseph und des Joseph mit der Warze (mer de wrat) erfuhren den Anschlag des Picard und des Fetzer und waren auch ihrerseits nicht untätig. Sie suchten Gleiches mit Gleichem zu vergelten, gingen in den Ort, den Fetzer, Picard und Gesellen bestehlen wollten, und benachrichtigten die Einwohner von deren Vorhaben. Picard und die Seinigen wußten von alledem nichts und zogen des Nachts auf die etwa eindreiviertel Stunde von Essen liegenden Bauernhäuser, denen ihr Besuch bestimmt war, los. Etwa eine Viertelstunde von diesen stießen sie plötzlich auf vier mit Flinten versehene Bauern, die auf dem Fußpfad lauerten. Weit entfernt, sich dadurch abschrecken zu lassen, fielen sie über die armseligen Wächter her; entwaffneten sie, banden sie aneinander und trieben sie vor sich her in ein nahegelegenes Wäldchen, legten sie auf den Boden und ließen sie durch einige von ihnen bewachen; Picard und Fetzer hingegen schlichen in die Nähe des Hauses, das sie berauben wollten, um nähere Kunde einzuziehen. Ganz nahe an dem Haus stand abermals ein Bauer mit einer Pistole unter dem Arm Schildwache. In einem Hui war er entwaffnet und zu den anderen in den Wald getrieben. Jetzt schlichen Picard und Fetzer zum anderen Male an das Haus, legten sich dort auf den Boden und horchten. Sie wurden bald gewahr, daß in der Scheune viele Leute versammelt waren und ganz leise zueinander sprachen. Sie kehrten in den Wald zurück, führten die gefangenen Bauern in das freie Feld, hielten ihnen Pistolen auf die Brust und erklärten ihnen, daß sie sterben müßten, wenn sie nicht bekennen würden, was das alles zu bedeuten habe, ja sie nötigten sie, auf die Erde zu knien und sich zum Tode zu bereiten. Der zuletzt Eingefangene gestand endlich, daß sie Schildwache gestanden hatten, weil sie gewarnt worden waren, daß ein Diebstahl vor sich gehen sollte. Die Räuber sahen nunmehr auf das deutlichste ein, daß sie verraten worden waren.«

Die beiden Frauen, die ›ihre‹ Bande retten wollten, hatten einiges riskiert, denn sie mußten danach die Rache der drei Haupträuber fürchten, die sie ihrerseits fast an den Galgen geliefert hätten. Nicht jedes weibliche Mitglied einer Räuberbande war so bereit, sich selbst in Gefahr zu begeben, um damit etwas für die Männer tun zu können. Denn Mißhandlungen von Frauen bis hin zum Mord waren in Räuberbanden fast an der Tagesordnung. Manche Männer hatten gleich mehrere ›Beischläferinnen‹ oder trieben sich in Bordellen herum, wo sie das Geraubte in wenigen Tagen verjubelten. Frauen galten fast als persönlicher Besitz und wurden nicht selten von Räuber zu Räuber weitergereicht.

Aber selbstbewußte Frauen konnten den Spieß auch umdrehen, wie die von Pfister überlieferte Geschichte des Hölzerlips zeigt, der vornehmlich im Odenwald und Spessart sein Unwesen trieb.

»Hölzerlips wurde in Bergen wegen Landstreicherei durch eine Streifmannschaft verhaftet und saß dort geraume Zeit. Seine Abwesenheit benutzte ein gewisser Heinrich Pfeiffer, um eine vertraute Bekanntschaft mit seiner Frau anzuknüpfen. Es gelang ihm, und er hatte sie beständig als seine Konkubine bei sich. Hölzerlips erfuhr dieses in seinem Arrest zu Bergen und schnaubte Rache. Seine Freilassung erfolgte, und sein erstes Geschäft war nun die Aufsuchung seiner Frau. Er fand sie noch am selben Abend und den Pfeiffer und seine zwei eigenen Kinder bei ihr. Noch ehe er seine Vorwürfe begann, schilderte sie ihm die Freundschaft, mit welcher Pfeiffer sich ihrer und seiner Kinder angenommen, sie gegen Hunger und Mangel geschützt und allerorten für sie gesorgt habe, mit so lebhaften Farben, daß der Zorn des Hölzerlips schon in seinem Ausbruch gemindert wurde. Zwar begann er seine Vorwürfe, aber wie leicht waren diese widerlegt! Alles war Verleumdung boshafter Menschen, welche ihm sein Unglück gegönnt und gerne gesehen hätten, daß auch sie und ihre Kinder zugrunde gegangen wären, und die nun, da dieses nicht erfolgt sei, sie durch ihn selbst verderben wollten. Hölzerlips hatte keine Beweise, seine Frau fuhr fort, ihn durch die heiligsten Versicherungen ihrer Treue zu beschwichtigen, erzählte ihm ihre Teilnahme an seinen Leiden, ihren tiefen Kummer und ihre Trostlosigkeit, ließ sich seine Leiden erzählen und, um ihn schnell dafür zu entschädigen und sie leichter vergessen zu machen, Branntwein holen. Hölzerlips, welcher dieses Getränk bis zum Unsinne liebt, trank den Versöhnungstrunk. Der Groll war vergessen, es wurde des köstlichen Trankes mehr und immer mehr gebracht, bis Hölzerlips berauscht auf sein Lager nieder und in den tiefsten Schlaf versank, aus welchem er erst spät am folgenden Morgen erwachte, um sich mit seinen zwei kleinen Kindern allein, von seiner Frau und Pfeiffer verlassen zu sehen.«

In Räuberbanden ging es aber keineswegs sexuell so freizügig zu, wie es nach außen hin den Anschein hatte. Wirkliche Promiskuität gab es nur selten; Vergewaltigungen waren sowohl innerhalb der Bande als auch bei Überfällen verpönt. Aus den Akten und den ›aktenmäßigen Geschichten‹ der Rheinischen Räuberbanden ist nur ein einziger Fall überliefert, der allerdings von Einzelräubern und nicht von Bandenmitgliedern begangen worden war. Grobes Fehlverhalten wie sexuelle Nötigung wurde zum Teil sogar brutal bestraft. Dazu ein Beispiel aus der 1804 von dem Sicherheitsbeamten des Kantons Simmern, Johann Nikolaus Becker, veröffentlichten Geschichte der Schinderhannes-Bande, geschrieben aus der Sicht eines Mannes, der, wie die meisten Richter seiner Zeit, Frauen, die Kontakte zu Räubern unterhielten, tief verachtete. Der Wahrheitsgehalt ist allerdings unbestritten.

»Im Kanton Kirn waren hauptsächlich zwei Ortschaften, wo die Räuber Zuflucht und Sicherheit fanden, Hahnenbach und Schneppenbach. Dort wohnte ein schmutziges altes Weib, Anne Marie Frei, die schon lange vorher die Unterhändlerin der Leute vom Handwerk war. Schinderhannes feierte in ihrem Haus das Beilager mit seiner geliebten Elise Werner, die er gleich nach seiner Flucht von Saarbrücken hier etablierte und standesmäßig unterhielt. In Schneppenbach hatte sich ein anderes Weib, Elise Schäfer von Faid im Kanton Cochem, mit ihrer damals vierzehnjährigen Tochter niedergelassen. Dieses Mädchen, das nachher unter dem Namen Buzliese-Amie bekannter geworden ist, versammelte bald eine Menge kräftiger Räuber als Anbeter um sich. Sie war sehr gut gebildet, fleischig anzufühlen und nicht spröde gegen denjenigen, der ihr gefiel. Seibert von Liebshausen und Schinderhannes wetteiferten um ihre Gunst; darüber wurde Placken-Klos eifersüchtig, der seine Elise an Schinderhannes abgetreten hatte.

Placken-Klos war ein wüster Mensch ohnegleichen. Mit zwei vollen Branntweinflaschen und einer Pistole im Gürtel durchstreifte er die ganze Gegend und lebte von der Faust. Ganz wütend kam er eines Tages nach Schneppenbach und forderte die schöne Amie von der Mutter zur beständigen Gefährtin. Er zog sich auf der Stelle nackend aus und machte Anstalt zu einem spartanischen Tanze. Amie, deren Herz der sanftere Schinderhannes gewonnen hatte, flüchtete sich vor seinen Begierden in den Keller. Mehrere Stunden lang trieb er den größten Unfug im Hause und bedrohte alles mit Mord. Als aber Amie schlechterdings darauf bestand, ihm nicht folgen zu wollen, bemächtigte er sich ihrer Kleider und machte sich davon.

Andern Tags, am 22. Dezember 1797, kamen Schinderhannes und Seibert nach Schneppenbach. Die Alte klagte ihnen den Frevel und daß Placken-Klos die Kleider ihrer Tochter entwendet hätte. Es wurde beschlossen, den Räuber aufzusuchen. Fink und noch einige kamen dazu. Die Mutter begleitete selbst den Haufen. Auf dem Baldenauer Hof im Kanton Rhaunen trafen sie den Placken-Klos, der von Seibert und Schinderhannes auf der Stelle angegriffen und über den Feuerherd geworfen wurde. Sie brachten ihm einen Messerstich bei und schlugen in vollends mit Knüppeln tot. Auf dem Leichnam gingen sie mit Füßen und schleppten ihn unter wildem Gelächter in der Küche herum.«

Daß sich die Frauen nicht alles gefallen ließen und selbst die Initiative ergriffen, ist nicht verwunderlich, denn die wichtige Rolle, die sie innerhalb der Bandenstruktur spielten, hatte auch ihr Selbstvertrauen gestärkt. Sie fühlten sich als gleichberechtigte Partner, und ihre Formen der Rache waren subtiler als die der Männer; aber nicht weniger wirkungsvoll. Verrat aus Eifersucht war deshalb alles andere als selten. Nicht wenige Räuber kamen auf diese Weise hinter Schloß und Riegel, im schlimmsten Fall sogar auf das Schafott oder an den Galgen. Was manche angeblichen ›Räuberbräute‹, die vorher betrogen und geschlagen worden waren, nicht ohne Befriedigung registrierten. So ließ es sich z. B. die Frau eines der Haupträuber der Wetterauer und Vogelsberger Bande, des Georg Tascher, nicht nehmen, mitsamt ihren Kindern der Hinrichtung ihres Mannes in Darmstadt im November 1813 beizuwohnen.

Aber Frauen waren nicht nur passive Beobachter bei Prozessen und Exekutionen. Sie standen auch selbst vor Gericht oder am Pranger. Zumeist wurden sie wegen Landstreicherei oder Hehlerei belangt. Das waren, wie wir bereits gesehen haben, keineswegs leichte Verbrechen. Das französische Recht, das während der Besatzungszeit, also von rund 1795 bis 1815, im Rheinland zur Anwendung kam, sah sogar die Todesstrafe für den Fall vor, daß eindeutig geraubte Ware versteckt oder verkauft wurde. »Ein schwaches, ununterrichtetes Weib«, bemerkte der Chronist der Rheinischen Räuberbanden 1804 dazu, »das demnach Effekten verbirgt, mit Kenntnis, daß sie gestohlen sind, wenn es auch die Art, mit welcher sie geraubt worden sind, nicht weiß, wird mit dem Tode bestraft wie der Räuberchef, der an der Spitze einer bewaffneten Schar einbricht und gegen die Hausbewohner wütet. Setzt man nun den Fall, das Entwendete, das irgend jemand mit Wissen aufnehme, rühre nicht von einem Einbruch, sondern etwa nur von einem einfachen, unqualifizierten Diebstahl, einer Beutelschneiderei her, so würde, was man vielleicht noch sonderbarer finden wird, der Diebshehler wegen des gleichen Verbrechens, wegen dem er im obigen Fall zur entsetzlichsten Strafe, zum Tode, verdammt worden wäre, wegen des Verheimlichens des Gestohlenen, nun völlig frei ausgehen, denn das Gesetzbuch bestimmt keine Strafe für die Komplizität in leichteren Verbrechen.«

Glücklicherweise ist die Todesstrafe an Frauen nur in äußerst seltenen Fällen vollzogen worden. Aber das, womit Frauen rechnen mußten, war angesichts der katastrophalen Verhältnisse in den damaligen Gefängnissen kaum weniger schrecklich. Ehefrau und Tochter von Carl Heckmann (der in Köln seinen Gefangenenwärter ermordet hatte) wurden z. B. 1802 »wegen Beteiligung an einem in Mainz verübten Diebstahl in die Gefängnisse dieser Stadt gebracht und von dem dortigen Kriminalgericht zu einer sechzehnjährigen Einsperrung verurteilt«.

Fünf Jahre vorher war in Koblenz Margaretha Saurens mit vierzehn Jahren Einzelhaft belegt worden, weil sie sich mit Räubern der sogenannten Moselbande an dem »Diebstahl von mehreren Krämerwaren bei dem Posthalter Theiser auf der Alf« beteiligt hatte. Aus der Bande des Damian Hessel mußten gleich vier Frauen für sechzehn Jahre hinter Gitter, weil sie mit Räubern zusammengelebt, sie bewirtet oder ihre gestohlenen Waren verkauft hatten.

Vor Gericht durften Frauen nicht auf eine milde Behandlung hoffen. Spätestens ab der französischen Besatzungszeit erhielten sie die gleichen Strafen wie ihre männlichen Kollegen - und sie wurden auch mit den gleichen Mitteln verfolgt, z. B. mit Steckbriefen, die damals noch Signalements hießen. Im frühen 19. Jahrhundert erschienen dann die ersten Fahndungsbücher; z. B. 1828 G. L. Gieses ›Actenmäßige Notizen über eine Anzahl Gauner und Vagabonden des nördlichen Deutschlands‹, aus denen die beiden folgenden ›Signalements‹ stammen.

»Dorothea Lotte Feldmann, fälschlich Jette Julius, aus Peine gebürtig, 34–36 Jahre alt.

Größe 5 Fuß 4 Zoll Kalenbergisch, Haare schön, dunkelblond und lang, Stirn hoch, Augenbrauen blond, Augen blau, Nase länglich, Mund groß, mit starken Lippen, Gesicht länglich, Gesichtsfarbe gesund. Besondere Zeichen: Sie trägt bald eine Locke auf der Stirn, bald aber eine schwarze Haartour und färbt dann ihre Augenbrauen und Wimpern schwarz. Spricht im brandenburgischen Dialekt.

Eine unverbesserliche, höchst gefährliche Diebeszuhälterin, früher Begleiterin des August Riechelmann, seit 1816 aber des Levi Lappenboms.

Im Juni 1811 saß sie in Stade und entwich auf dem Transport zu Buxtehude. In demselben Jahr wurde sie mit Riechelmann in Bremen verhaftet, entsprang hochschwanger im November 1811, wurde im Dezember wieder verhaftet und im April 1812 durch Riechelmann befreit. Bald nachher genau dort wieder erwischt, wurde sie auf unbestimmte Zeit ins Zuchthaus gesperrt, im Juni 1814 aber nach ihrer Heimat entlassen.

Im Juli 1814 mit Jacob Elias in Bremen verhaftet und im November dem Amt Ottersberg überliefert, wurde sie wegen Verbindung mit der Thonbeckschen Bande nach Bremen zurücktransportiert, von da aber im Mai 1815 nach Peine geschafft.

Vom 11. Februar bis 18. April 1816 saß sie mit Levi Lappenboms zu Stolzenau und vom Juni bis Dezember 1818 zu Leer.

Im Jahre 1821 besuchte sie diesen im Gefängnis zu Diepenau. Im Mai 1824 wurde sie von der Polizeidirektion zu Hannover verhaftet und an den Magistrat zu Peine überliefert. Gegenwärtig streicht sie wieder umher.

Sie treibt einen kleinen Handel und besaß im Jahre 1819 unter dem Namen Jette Julius aus Kolberg, angeblich zu Enger wohnhaft, einen Paß aus Detmold für sich, eine Magd und ihre drei Kinder.

Marie Catharine, verwitwete Schilling, geborene Meyer, fälschlich Witwe Schulze, Schwarze, Meyer und Dohrmann, gebürtig aus Hüningen 59-60 Jahre alt.

Größe 5 bis 8 Zoll Osnabrückisch, Haare schwärzlich, graumeliert, Stirn niedrig, etwas gewölbt, Nase spitz, groß, Augen dunkelbraun, groß, Augenbrauen schwarz, stark, Mund gewöhnlich, Kinn rund, etwas vorstehend, Gesicht oval, Gesichtsfarbe gesund, Statur länglich, mager.

Die Witwe des im Jahre 1816 in der Karre zu Lüneburg gestorbenen Räubers Friedrich Schilling, welche wegen Vagabundierens, Diebereien und Gaunerverbindungen häufig verhaftet und bestraft ist.

Sie saß 1790 ein halbes Jahr zu Münster; 1807 anderthalb Jahre in Bremen, 1808 vier Monate in Bruchhausen und Ehrenburg, 1811 einige Monate in Harburg, Nienburg und Lüneburg, 1812 bis 1813 zwei Jahre im Zuchthaus zu Hamburg und Lübeck, 1814 bis 1815 anderthalb Jahre in Bremervörde, 1817 einige Wochen in Wesel und Münster, 1819 vier Monate in Celle, 1820 einige Tage in Osnabrück, Almelo und Zütphen, 1821 sechs Monate in Herford, 1821 vier Monate in Gronau und von 1822 bis 1824 bei der Justizkanzlei in Osnabrück, von welcher sie auf fünf Jahre zum Zuchthaus verurteilt wurde.

Sie hat zehn Kinder gehabt, von denen sieben am Leben sind.«

Welche Lebensschicksale verbergen sich hinter solchen dürren Zeilen eines Fahndungsbuches.

Sehr viel mehr wissen wir über eine andere Frau, die zur Bande des Konstanzer Hans gehörte. Die ›Schleiferberbel‹ war die ›Beischläferin‹ des Räubers, der von 1779 bis 1783 zahlreiche Überfälle und Einbrüche in Südwestdeutschland begangen hatte. Für den schon eingangs erwähnten Gefängnispfarrer Johann Ulrich Schöll, den Biographen des Konstanzer Hans, war sie ein gerissenes, tief böses Weib, das einen an sich nicht schlechten Menschen auf die schiefe Bahn gebracht hatte. In seiner Lebensgeschichte des Konstanzer Hans ließ Schöll kein gutes Haar an der Schleiferberbel. Wir haben uns trotz dieser inhaltlichen Bedenken dafür entschieden, an das Ende dieses Kapitels einen Auszug aus dem 1789 erschienenen Buch zu stellen, weil es - bei allen Vorbehalten und sicherlich unbewußt für den Autor - eine ungemein kraftvolle Persönlichkeit zeigt, eine Frau, die mit unerbittlicher Konsequenz ihr Leben am Rand der Gesellschaft führte.

»Die Schleiferberbel war recht dazu gemacht, unter den Gaunern die ausgezeichnetste Rolle zu spielen. Ohne einen Vorzug körperlicher Schönheit zu besitzen, vereinigte sie alle Laster in sich, die eine weibliche Seele verunstalten können: unersättliche Wollust, Herrschsucht, Arglist, heimtückische Bosheit, Verstellung, Scheinheiligkeit, Hartherzigkeit, kaltblütige Rachsucht - alles in einem ungewöhnlichen Grade. Daneben besaß sie Fertigkeiten, welche sie weit über andere ihresgleichen erhoben. Mit einer außerordentlichen Leibesstärke verband sie einen Verstand, der zu allen Ränken aufgelegt war; eine Verschlagenheit, die nichts übersah, eine Entschlossenheit, die in jeder Lage sich gleich blieb, eine Fertigkeit und Geschicklichkeit im Stehlen, die schwerlich ihresgleichen hat, eine bezaubernde Freundlichkeit und Gefälligkeit, mit der sie sich überall, wo sie auftrat, geltend machte und jedermann, selbst auch widrig Gesinnte, anzuziehen wußte, eine Tätigkeit, die nie müßig war. In weiblichen Künsten und Geschäften trefflich erfahren, hatte sie immer, wenn sie nicht mit Diebstählen beschäftigt war, die Spindel oder die Nadel oder ein Gestrick in der Hand. Aufmerksam auf alles, was Sicherheit und Gefahr, Nutzen und Schaden betraf, durchwachte sie oft Nächte, wenn andere sorglos schliefen, und sah und erfuhr, was sonst keinem bekannt wurde. Immer reinlich und geputzt in ihrem eigenen Anzug, versah sie auch ihren Mann und ihre Beischläfer immer mit netter Kleidung und sauberer Wäsche.

Mit diesen Eigenschaften ausgerüstet, war sie die meisterhafteste Diebin, die es geben kann. Mit der Miene des ehrlichsten Weibes schlich sie in die Häuser, spähte mit verstohlenen Blicken alle Winkel derselben aus und wußte verborgene Schätze durch treuherzige Unterredungen mit den Leuten oft unter der Maske einer Krämerin ebenso geschickt zu entdecken, um sie zur bequemen Zeit zu holen, als offen daliegende Sachen unversehens wegzunehmen. Mitten in den Dörfern, fast unter den Augen der Leute, haschte sie unbemerkt mit einer unglaublichen Behendigkeit Hühner weg, und fast kein Tag verging, wo sie nicht deren gegen ein halbes Dutzend fing. An Märkten war ihr kein Krämer scharfsichtig und schlau genug. Ihr Rock war zu einem Magazin eingerichtet, der die gestohlene Ware plötzlich aufnahm und so künstlich verbarg, daß sie immer von dieser Seite gegen Verdacht und die ersten Nachforschungen gesichert war. Von Streifern wußte sie sich, selbst auch wenn sie ihnen schon in den Händen war, wieder loszumachen und bei Gefangenschaften immer entweder gleich wieder ohne Strafe zu entkommen oder sich ihr Schicksal durch die täuschendsten, unerwartetsten Lügen zu erleichtern.

Sie war an einen Scherenschleifer Antonius Krämer (unter den Gaunern Schleifer-Toni) verheiratet, von welchem sie drei Kinder hatte, die alle – damals noch in ihrer zarten Jugend – schon trefflich in allen Diebsgriffen von ihr unterrichtet waren und von denen das älteste, ein Knabe von sieben Jahren, es schon mit den geübtesten Marktdieben aufnahm. Unzufrieden mit ihrem Mann, der keine von den Eigenschaften besaß, die ein Weib von ihrer Gemütsart befriedigen konnten, hatte sie ihn schon mehrere Male mit einem Beischläfer vertauscht und war nach Belieben von ihm weggelaufen, um in den Armen eines anderen für ihre ausschweifende Wollust Befriedigung zu suchen. Schon mit dreien hatte sie damals diese ärgerliche Rolle gespielt.

Jetzt war es Hans, den sie durch ihre Kunstgriffe einnahm. Jung, schön-gebildet und anderen Gaunern an Verstand und Mut überlegen, gefiel er dem buhlerischen Weib und war ganz der Mann, wie sie ihn sich wünschte. Sie legte ihm schlau das Netz, und er fiel darein, ohne daß er wollte, fast ohne daß er's wußte, wie er dazu kam. Seine schwache Seite war Hang zum Wohlleben und zur Pracht. Auf dieser Seite faßte sie ihn an und erreichte ihre Absicht; er nahm sie zur Beischläferin an, ohne einen Funken eigentlicher Liebe zu ihr zu haben, die er bei der Ungleichheit der Gemütsart, der Person und des Alters nicht haben konnte. Durch immer geschäftigen Eifer, seinen Neigungen zu schmeicheln, hielt sie ihn fest und siegte über oft wiederkehrende widrige Vorfälle, die ihr das mühsam Errungene zu rauben drohten. Hans, da er keine andere als erschlichene Neigung zu ihr hatte, jagte sie einmal über das andere von sich; sie kam immer wieder; zog ihn wieder an und behauptete sich in seinem Besitz, bis endlich der Unwille über ihre vielfache Bosheit durch die Wirkungen, die er selbst davon erfuhr, das Übergewicht über seine geschmeichelte Sinnlichkeit bekam und er aus ihrem Beischläfer ihr Verfolger wurde.

Ein Weib, wie sie war, konnte unmöglich mit ihm - zumal im Verhältnis als Beischläferin - in Verbindung stehen, ohne auf seinen Charakter den nachteiligsten Einfluß zu haben. Manche Funken des Guten, die damals noch in ihm glimmten, erstarben vollends in ihrem Umgang, und Laster, die in ihm brüteten oder schon erstarkt waren, wurden da vollends ausgebildet - sie gab ihm die letzte Stimmung zu einem Gauner.

Bis dahin hatte er noch immer mit einiger Unruhe und unter Vorwürfen seines Gewissens gestohlen, noch Gefühl von dem Schändlichen seiner Lebensart gehabt; jetzt wurde ihm das Stehlen zur Leidenschaft, und er war unruhig, wenn er dieselbe nicht befriedigen konnte. Bis dahin hatte er noch nie in unzüchtige Verhältnisse sich eingelassen und war, so gleichgültig er auch das Laster der Unzucht ansah, doch immer noch durch eine gewisse Ehrliebe und durch einen kleinen Rest von Schamhaftigkeit davon abgehalten worden; aber jetzt stürzte er an der Seite eines wollüstigen Weibes in dieses Laster, verlernte ganz, sich dessen zu schämen, und trieb es bis zur Ausschweifung. Was immer Folge der Wollust ist, das war es auch bei ihm: Er wurde im ganzen roher, gesetzloser, unbekümmerter um Recht und Unrecht. Durch die Herrschsucht seiner Beischläferin bekam auch sein angeborener hoher Geist einen neuen unglücklichen Schwung, und sie war in verschiedener Rücksicht die wirksamste Triebfeder; daß er zuletzt in eine alles meisternde Brutalität ausartete.

Hans sah Vorzüge an ihr, die ihm höchst wichtig und seiner Sinnlichkeit ganz angemessen waren, aber er sah noch mehr abschreckende Umstände. Es fehlte ihr Schönheit und blühende Jugend, und sie war verheiratet - ein Umstand, der ihm in doppelter Rücksicht im Wege stand. Einmal war es wider seine eigenen Begriffe von Ehrbarkeit und wider seine Neigung, mit einem Weibe sich einzulassen, wo er ledige Mädchen haben könnte, und dann hätte er, da es unter den Gaunern für unanständig gehalten wird, wenn ein Lediger eine Verheiratete zur Beischläferin hat, durch eine Verbindung mit der Schleiferberbel wider die Grundsätze seiner Gesellschaft handeln und sich Schande gefallen lassen müssen, welches ganz mit seiner Ehrliebe stritt.

Schon mehrere Wochen war er so mit ihr umhergezogen, ohne andere Gesellschaft zu haben und zu suchen als die ihrige. Aber er erwachte bald aus der unglückseligen Betäubung, in die sie ihn eingeschläfert hatte. Warnungen, Vorwürfe und Spöttereien, die er hier und da von anderen wegen seiner schimpflichen Bekanntschaft mit so einem verrufenen, ihm damals von ihrer schlimmen Seite noch nicht so bekannten Weib hörte, weckten ihn auf. Er kam wieder zur Überlegung und sah mit Verdruß, wohin er ganz wider seine vorherige Neigung und Absichten geführt worden sei. Sein Stolz siegte über die Wollust; er fing an, sich zu schämen, daß er mit einem Weib umherziehe, und beschloß bei der nächsten Gelegenheit, sie zu verlassen und das auf eine Art zu tun, daß er so viel wie möglich gegen üble Nachreden und Schande unter den Gaunern gesichert wäre.

Er führte diesen Entschluß aus, nachdem er ungefähr fünf Wochen mit ihr umhergezogen war. Der Zufall führte den Schleifer-Toni, ihren Mann, zu ihnen, da sie sich eben auf offenem Feld gelagert hatten. Hans, um ihm mit Vorwürfen zuvorzukommen und ihn abzuschrecken, empfing ihn mit der hitzigen Anrede, warum er überall sage, Hans hätte ihm sein Weib entführt. Toni versicherte, das nirgends gesagt zu haben. ›Du kannst deine Berbel wieder zu dir nehmen‹, fuhr Hans fort, ›und wenn eins von euch sich untersteht, irgendwo auszusagen, daß ich mit ihr umhergezogen sei, so schlag' ich ihm Arm und Bein ab.‹

Der Schleifer-Toni, der längst gewohnt war, sein Weib aus den Händen eines anderen wieder zu empfangen, bezeugte sich bereitwillig, sie wieder anzunehmen, und versprach heilig, nirgends zum Nachteil seiner Ehre zu sprechen. Aber sie weigerte sich, mit ihrem Mann sich wieder zu vereinigen. Hans redete ihr zu, und Toni bat ihn, sein möglichstes zu tun, um sie hierzu zu bewegen. Aber sie blieb hartnäckig. Da gelinde Worte nichts halfen, sprach Hans endlich mit Nachdruck. Sobald sie Ernst sah, gab sie nach, versprach Gehorsam und nahm plötzlich die freundliche Begegnung einer Gattin gegen ihren Mann an.

Hans trennte sich von ihnen und glaubte sie jetzt vom Halse zu haben. Aber ehe er sichs versah, war sie wieder bei ihm, nachdem sie ihren Mann in einer Angelegenheit, die seine Profession betraf, weggeschickt hatte.

Auf einem Markt in Schaffhausen fing die Schleiferberbel im Wirtshaus mit anderen Gaunerinnen Händel an. Einer der anwesenden Gauner ging deswegen mit dem Stilett auf sie los. Hans warf sich als ihr Verteidiger dazwischen, riß diesem seinen Säbel vom Leib und gab ihm einen Hieb; dann griffen auch die anderen zu den Waffen. Er drang wütend unter sie, und nur, da die Wache herbeigerufen wurde, entfloh er unter das Volksgedränge auf dem Markt. Noch brauste aber sein Blut, und da jetzt die Schleiferberbel ihm nachkam, so kehrte er seine Waffen gegen sie und versetzte ihr auf dem öffentlichen Markt mit eben dem Säbel, den er im Wirtshaus zu ihrer Verteidigung gebraucht hatte, einen Hieb auf den Kopf, weil sie dort den Händel angefangen hatte und jetzt das ihm ableugnete, da er's ihr unwillig vorhielt. Gleich sammelten sich wegen dieser verwegenen Tat Häscher um ihn. Er schwang seinen Säbel, rief mit donnernder Stimme: ›Platz!‹, bahnte sich damit einen Weg durch das Volk und schreckte auch unter dem Tor durch Drohungen des Niederstechens die Wache zurück, die ihn anhalten wollte. (...)

Rings um Hans herum war's jetzt aufgeräumt. Die mit ihm am nächsten verbunden gewesen waren, hatten nun zum Teil ihr Leben, zum Teil ihre Freiheit verloren. Von seinen beiden Lehrmeistern in der Gaunerei war der eine, der Brontemer Seppe, mit dem Schwert hingerichtet, der andere, der Schul-Toni, lag zu Rothmünster in Fesseln. Juliane Seppe war auf Lebenslang im Zuchthaus zu Breisach, Viktor und die Schleiferberbel mit den übrigen schmachteten ohne Hoffnung in den Gefängnissen zu Sulz. Peter, sein verbundenster Freund, und seine neue Beischläferin waren im Begriff, dahin zu wandern. Er allein war unter so manchen seiner ehemaligen Trauten noch übrig. Wie war da alles zu ernsteren Gedanken für ihn so angebahnt! Wie nahe lag ihm die Betrachtung, daß er selbst auch bald ihnen nachfolgen, bald auch umsonst suchen werde, den Gefahren zu entwischen, die ihn verfolgten und denen er bisher zwar immer noch, aber nur kaum entronnen war, und diese Betrachtung, wenn sie mit vollem Gewicht in seine Seele kam, wie viel Gutes hätte sie wirken müssen!

Hans eilte tiefer ins Württembergische bis in die Gegend der Residenzstadt herab, in der Voraussehung, daß er im Herzen des Landes von Nachforschungen und Gefahr am wenigsten zu fürchten hätte, und auch hier bewies er seine Gegenwart durch einen Einbruch, den er in dem Dorf Scharnhausen beging. Er hatte unangefochten auf den sogenannten Fildern, zu Kirchheim und Reutlingen, gegen drei Wochen mit bestem Erfolg als Scharfrichter sein Wesen gehabt und befand sich eben zu Bodelshausen, als er durch das Gerücht überrascht wurde, die Schleiferberbel sei aus dem Gefängnis zu Sulz ausgebrochen.

Die Meisterin in der Schlauheit hatte auch hier ihre Rolle auf eine ihrer würdigen Art gespielt. Gleich bei ihrer Einlieferung hatte sie sich ihrer Gewohnheit nach für schwanger ausgegeben und die Täuschung bis auf den Grad getrieben, daß man ihr zuletzt drei Nächte hindurch eine Hebamme zugab, die ihre Niederkunft abwarten sollte. Der Betrug kam dann zwar endlich an den Tag, und sie mußte dafür büßen, aber sie unterließ es deswegen nicht, verschiedene neue Versuche zu ihrer Befreiung zu machen. Lange mißlangen sie ihr bei der wachsamen Sorgfalt, womit der Oberamtmann daselbst die bestmöglichen Anstalten zu ihrer sicheren Verwahrung traf, bis sie endlich in dem neuen Gefängnis, in welches sie bei der Einlieferung Peters und der Göhringerin gebracht wurde und welches auf einem Tor war; die gewünschte Gelegenheit fand zu entfliehen. Einst um die Zeit der anbrechenden Morgendämmerung, als bei der Ankunft eines Wagens die Tochter des Torwächters das Tor öffnete, bat die Gefangene den Torwächter, ihr einen Abtritt zu gestatten. Er argwohnte nichts und ließ sie zum Gefängnis hinaus, ohne sie zu beobachten. Schnell eilte sie mit ihren Ketten die Treppe hinunter, stellte sich unten in eine finstere Ecke, bis die Tochter hinaufgegangen war, schlich sich dann zum Tor hinaus, das jene um des nahenden Tages willen nicht mehr geschlossen hatte, und verbarg sich nahe am Tor künstlich hinter einer kleinen Hecke, weil sie voraussetzte, sie würde auf der Stelle verfolgt, aber gerade an diesem Zufluchtsort am wenigsten gesucht werden. Hier wollte sie dann den ersten gefährlichen Sturm der Verfolgung abwarten und erst weiterfliehen, wenn derselbe vorüber und im offenen Felde mehr Sicherheit für sie wäre.

Sie hatte ihre Rechnung glücklich gemacht. Es wurde plötzlich gestreift, aber sie hinter ihrer Hecke ebenso wenig gesucht als bemerkt, und sie wußte ihre Maßregeln schlau genug zu nehmen, um sicher nach Schabenhausen zu entkommen. Noch wandelten aber spähende Häscher umher, und sie kam in die Verlegenheit, ganz unvermutet einige davon in die Stube treten zu sehen, in welcher sie eben mit Nähen beschäftigt war. Aber sie hatte die Vorsicht gebraucht, ihren Anzug gleich bei ihrer Ankunft zu verändern, und saß mit einer so unschuldsvollen und unbetroffenen Miene bei ihrer Arbeit, daß sie weder kenntlich noch verdächtig war und ganz unangefochten blieb. Doch flüchtete sie plötzlich zu einem benachbarten Geistlichen, bei welchem sie so lang Schutz und Aufenthalt fand, bis die drohendste Gefahr vorbei war. Dann wagte sie sich wieder hervor und ließ es ihr erstes sein, durch eine religiöse Handlung von einer eigenen Art sich für ihre Befreiung dankbar zu bezeugen. Sie hatte im Gefängnis zu Sulz das Gelübde getan: Wenn die Mutter Gottes ihr glücklich heraushelfen würde, so wollte sie ihr zu Ehren in einer der nächsten Kapellen die Ketten niederlegen, mit denen sie geschlossen war. Jetzt brachte sie also solche in die Kapelle auf dem Palmenbühl bei Schemberg und entfernte sich dann eilends aus der unsicheren Gegend.«

Über das weitere Schicksal der Schleiferberbel ist wenig bekannt. Augenzeugen wollen sie noch 1811, als 71jährige, gesehen haben. Dagegen berichtete der Sulzer Oberamtmann Schäffer, daß »die Anno 1783 aus Nachlässigkeit eines Wächters aus dem Gefängnis hier in Sulz entkommene Erzgaunerin Schleiferberbel den 23. Februar 1793 sich an der Türangel in dem Zuchthaus zu Pforzheim selbst erhängt habe«.

Schauerfrauen. Räuberbräute und Heroinen in der Unterhaltungsliteratur

Bekanntlich wurden die Ritter-, Räuber- und Schauerschwarten zu Beginn des 19. Jahrhunderts, die den Hauptbestand der Leihbibliotheken bildeten, vor allem von Frauen gelesen. Das ließ die Lieferanten dieser Literatur, die wiederum meist Männer waren, nicht ruhen. Den Helden der Burgverliese, Wälder und Schluchten wurden weibliche sogenannte ›Seitenstücke‹ beigesellt.

Da Heinrich Zschokkes großer Bandit ›Abällino‹ (zunächst 1793 als dialogisierter Roman erschienen, 1795 zum außerordentlich erfolgreichen Drama umgeschrieben) mit seinem ständigen ›Hi, hi‹ der erste fulminante Trivialräuber war, mußte alsbald eine Räuberin ähnlichen Kalibers her: ›Die Heldin der Vendée. Ein weiblicher Abällino. Eine romantische Geschichte aus dem französischen Kriege‹ (Hamburg 1801). Trefflich werden hier die Revolutionskriege ins blutige Räubermilieu getaucht; so oder so ähnlich hatte man sich die französischen Greuel schon immer vorgestellt.

Die Tochter eines republikanischen Generals flieht in Männerkleidern bei der Einnahme von Ancenis. Sie entkommt aus der Stadt in Mädchenkleidern mit der Diligence.

Eine schreckliche Räuberbande überfällt die Kutsche, und die Heldin der Vendée wäre zweifellos hingemetzelt worden, hätte sich der Hauptmann mit dem klingenden Namen Royal-Massacre ihrer nicht als seiner gewaltsam Geliebten angenommen. Die entsetzlichen Kerls prahlen mit ihren Mord- und Bluttaten, das Interieur der Räuberhöhle legt davon beredt Zeugnis ab. Sie ist angefüllt mit Waffen, geschlachtetem Vieh und jeder Menge Fuselflaschen. Bei gebratenen Ochsenhälften und Räuberpunsch, bei Sang und Klang wird auf den Untergang der Republikaner angestoßen. Royal-Massacre, nunmehr zum grobsinnlichen Tier entartet, schleppt seine Beutefrau bei Gewitter auf einen Felsen, um im Kreise seiner royalistischen Bande die Hochzeitsnacht zu begehen. Die Unglückliche wehrt sich tapfer, aber vergebens. Doch dann fällt ein Schuß. Royal-Massacre fällt getroffen zu Boden. Ein junger Vendéer nimmt sich der Befreiten an und stürzt den Hauptmann in die Loire. Dann bringt er die Heldin ins Lager der Vendée, und weitere Abenteuer nehmen ihren Lauf.

Ganz und gar schauerlich und bar jeder Logik geht es bei Karl August Buchholz zu. In seinem Blutroman ›Guido Mazarini oder Irlando der Verkappte‹ begegnet uns eine Angelika, eine wahre Spottgeburt aus Niedertracht und Hinterlist. Sie gibt sich einem Banditen hin, damit dieser einen Liebhaber ermorde, der es einst gewagt hatte, sie zu verschmähen.

Abällino nebst weiblichen ›Seitenstücken‹ wurde 1798 vom ›Rinaldo Rinaldini‹ des Erfolgsschriftstellers Christian August Vulpius abgelöst, der in den Gemütern des Publikums ein großflächiges Räuberfieber entfachte. Und bald folgte auch hier ein weibliches ›Seitenstück‹, das wir in weiten Teilen präsentieren: ›Dianora, Gräfin von Martagno, Rinaldo Rinaldinis Geliebte‹ erschien 1799. Der Verfasser, Johann Jacob Brückner, ging, wenn er nicht weitere ›Seitenstücke‹ schrieb, in Leipzig seinem Beruf als Advokat und Notar nach. Schillers ›Geisterseher‹ fügte er ›Angelika, Tochter des großen Banditen Odoardo, Prinzen von Peschia aus dem Hause Zanetti‹ hinzu.

Einen weiblichen Rinaldo lieferte der Buchhändler Bornschein aus Gera, ein unbedeutender Roman, der in seinen insgesamt 39 Büchern nicht sonderlich hervorsticht.

Unsere (sehr) kleine Auswahl läßt sich auf das stets ähnliche Seitenstückgeschreibe kaum ein. Auch als Räuberinnen, Banditenbräute, Mörderinnen fallen die Heldinnen aus dem Korsett der Schauerfrauen mit ihren Ohnmachten, Rankünen und oft den Schwachsinn streifenden Inszenierungen nicht heraus.

Das tut aber die unerschrockene Gräfin in der folgenden schönen Geschichte von August Gottlieb Meißner, die er 1796 in seinen ›Skizzen‹ veröffentlichte.

DIE UNERSCHROCKENE GRÄFIN VON ***

Nicht alltäglich wird hoffentlich meinen Lesern die Gegenwart des Geistes geschienen haben, mit der Graf von L. sich in so wahrscheinlicher Lebensgefahr betrug. Doch zehnmal größer noch dünkte mir die Seele derjenigen Frau zu sein, die jetzt auftreten soll, die auch dann nicht erschrak, nicht ihrer Weiblichkeit sichere Schutzwehr vergaß, als schon gewisser Tod über ihrem Haupte schwebte. Verzeihung daher, wenn zweimal hintereinander Räuber figurieren!

Ein sehr schönes Landgut war es, in wahrhaft romantischer Gegend, nur etwas fern von der Heerstraße gelegen, wo Baron von R. den Sommer hinzubringen pflegte. Sein Schloß, auf einem kleinen Hügel erbaut, war ganz seinem übrigen Reichtum gemäß, geraum, schön von innen und außen; aufgeführt in einem edlen Stil, getrennt vom übrigen Dorfe um ein paar hundert Schritt' ungefähr.

Einst mußte der Baron in Geschäften auf wenige Tage wegreisen. Seine Gemahlin, eine junge, schöne Dame, kaum zwanzig Jahre alt, blieb zurück. Sei es aus Laune oder aus Notwendigkeit; kurz, sie blieb. Ein paar seiner besten Bedienten hatt' er mit sich genommen; ein paar andere blieben zurück. Von Unsicherheit hatte man noch nie in dieser Gegend etwas gespürt. Die Baronin überhaupt gehörte nicht zum furchtsamen Teil ihres Geschlechts; Gedanken der Gefahr kamen daher auch nicht im Traum ihr bei.

Jetzt, des zweiten Abends, wollte sie eben in ihr Bett einsteigen, als in dem Nebenzimmer ein schreckliches Getöse entstand. Sie rief, niemand antwortete ihr; aber immer stärker ward das Lärmen, das Schreien, das Poltern. Sie begriff nicht sofort, was das sein könne, warf ein leichtes Gewand um sich und ging nach der Tür, um nachzusehen. Ein schrecklicher Anblick, der sich ihr darbot! Zwei ihrer Bedienten lagen in der Mitte des Zimmers, halb nackt und mit zerschmettertem Haupte; das ganze Gemach war voll fremder gräßlicher Menschen, vor einem derselben kniete soeben der Baronin Kammerfrau und empfing, statt der gebetenen Gnade, den tödlichen Stoß. Auf die eröffnete Tür eilten sofort mit gezogenem Säbel zwei dieser Barbaren los. Welcher Mann, geschweige welches Weib hätte bei solch einem Auftritt nicht in namenlosestem Schrecken Leben und alles für verloren geachtet? Ein lauter Schrei der Verzweiflung, eine Flucht von wenigen Schritten, eine fruchtlose Bitte um Verschonung, das wären mutmaßlich die letzten Rettungsversuche von vielen Tausenden gewesen. Doch die Baronin handelte nicht also!

»Seid ihr da?« rief sie mit dem Tone der innigsten Freud' aus und stürzte sich ihren zwei Angreifern mit einer Hast entgegen, die beide gleich stark befremdete, die das gezückte Gewehr von beiden glücklich zurückhielt. »Seid ihr da?« rief sie noch einmal. »Gäste wie euch hab' ich mir längst gewünscht.«

»Gewünscht?« brüllte einer von diesen Mördern. »Wie meinst du das? Wart', ich will ...«

Er schwang den Hirschfänger bereits; sein eigener Kamerad hielt ihn auf. »Halt, noch einen Augenblick, Bruder!« sprach er. »Laß uns erst hören, was sie will!«

»Nichts anders, als was auch euer Will' ist, brave Spießgesellen. Ihr habt trefflich hier aufgeräumt, wie ich sehe. Ihr seid Leute nach meinem Sinne, und gereuen wird es weder euch noch mich, wenn ihr nur zwei Minuten lang mich anzuhören geruhet.«

»Rede!« schrie der ganze Schwarm. »Rede!«

»Aber mach's kurz!« rief der gräßlichste von ihnen. »Denn auch mit dir werden wir des Federlesens nicht allzuviel treiben.«

»Was ich doch hoffe, wenn ihr mir nur auszureden vergönnt. Seht, ich bin zwar die Frau des reichsten Cavaliers in diesem Lande. Aber unglücklicher als ich kann selbst die Frau des niedrigsten Bettlers nicht sein. Mein Mann ist der schäbigste, eifersüchtigste Filz, den je die Erde trug. Ich haß' ihn, wie man seine Sünde haßt; und von ihm loszukommen, ihm auszuzahlen zugleich, was er bisher mir lieh, das war längst mein innigster Wunsch. Zwanzigmal wär' ich schon entwischt, nur das Wegkommen galt Kunst. Alle meine Bediente waren seine Kundschafter; derjenige, dessen Hirnschale ihr dort so kräftig handhabtet, war der ärgste von allen. Selbst daß ich allein schlafe, ist ein Probestück von der Eifersucht meines Gemahls. Sehe, ich bin erst zweiundzwanzig Jahre alt, und ich bin, wie mich dünkt, wenigstens nicht ungestaltet: Trüge jemand von euch mich mit sich zu nehmen belieben, ich schlüge ein; folgt' ihm nach; die Reise möchte nun in Busch oder zu einer Dorfschenke gehen. Auch sollt' es euch alle nicht gereuen, das Leben mir geschenkt zu haben. Ihr seid in einem reich versehenen Schlosse; doch alle Schlupfwinkel desselben kennt ihr unmöglich. Ich will sie sämtlich euch zeigen, und tut mir dann, wie ihr meiner Kammerfrau tatet, wenn dies nicht wenigstens um sechstausend Taler euch reicher macht.«

Bösewichter sind Räuber dieser Art freilich, aber *Menschen* bleiben sie dennoch. Das gänzlich Unerwartete in der Baronin Rede, der unbefangene Ton, mit dem sie sprach, die nicht gemeine Schönheit einer jungen halb entkleideten Frau - alles dieses brachte bei Männern, deren Hände noch von eben vergossenem Blute rauchten, eine ganz sonderbare Wirkung hervor. Sie traten zusammen auf einen Haufen und besprachen sich halbleise einige Minuten durch. Ganz allein stand die Baronin jetzt, doch machte sie nicht den geringsten Versuch zu entfliehen. Sie hörte gar wohl die Worte von zwei oder dreien: »Nieder mit ihr, und das Spiel hat ein Ende.« Aber sie veränderte ihre Farbe kaum, denn der Widerspruch der übrigen entging ihrem feinen spitzenden Ohre ebensowenig, und jetzt trat auch einer, der mutmaßlich Hauptmann der Bande sein mochte, zu ihr.

Er wiederholte zwei bis dreimal die Frage, ob man auch buchstäblich ihren Worten trauen dürfte? Ob sie wirklich von ihrem Manne weg und mit ihnen durchzugehen entschlossen sei? Ob sie bereit wäre, sich einem von ihnen, und wenn er es selber wäre, zum Vergnügen für die wenigen ruhig bleibenden Nächte zu überlassen? Und als sie dieses alles bejahet, als sie den kräftigen Kuß des Räubers geduldet, ja selbst - denn was entschuldigt Not nicht? - erwidert hatte; erging endlich der Befehl an sie: »Nun so komm dann und führ' uns herum. Der Teufel trau' euch Edelweibern zwar, doch wollen wir's wagen für diesmal. Nur soviel wisse: Bis zur Gurgel spaltet sich dein Kopf, und wenn er zehnmal hübscher noch wäre, in eben dem Augenblicke, als wir eine Miene von Entfliehen oder Betrug an dir merken.«

»So wird er nie gespalten! So werd' ich, wenn dieses nur Bedingung meines Todes wäre, euch alle, und selbst den ewig wandernden Juden, überleben!« Lächelnd sagte die Baronin dieses, ergriff mit einer Hast, als sei ihr selbst an Plünderung und Entfliehen wer weiß wie viel gelegen, das nächste Licht und führte den ganzen Schwarm in allen Gemächern herum; schloß jede Tür, jeden Schrank und jede Kiste unaufgefordert auf; half ausleeren und einpacken; scherzte mit der heitersten Laune; sprang gleichgültig über die ermordeten Körper hinweg, sprach zu jedem dieses schändlichsten Gelichters wie zu einem alten Bekannten und bot willig selbst zur mühsamsten Arbeit ihr zartes Händchen an.

Silberwerk und Gerätschaften, bares Geld und Geldes wert, Kleinodien und Kleider waren nun zusammengerafft, und der Hauptmann der Bande gab schon zum Abmarsch Befehl, als seine neu bestimmte Braut ihn hastig beim Arm ergriff. »Sagt' ich's nicht«, rief sie aus, »daß es euch keineswegs gereuen sollte, an mir eine Freundin gefunden und meines Lebens geschont zu haben? Ihr könnt zwar weidlich ausräumen, wo ihr etwas offen findet; aber schade nur, daß bei jedem etwas verborgen liegenden Schatze eure Wünschelruten nicht anschlagen!«

»Verborgen? Was? Wo ist noch etwas verborgen?«

»Wie, glaubt ihr denn, daß es in Schränken, der kostbarsten Güter so voll, gar keine heimlichen Fächer geben könnte? Merkt auf hier, und ihr werdet dann anders urteilen.« Sie zeigt' auf eine verborgene Feder im Schreibpulte ihres Gemahls. Man drückte, sie sprang auf, und sechs Rollen, jede von zweihundert Dukaten, fielen heraus.

»Wetter!« rief der Räuber-Anführer aus. »Nun seh' ich, du bist ein braves Weib. Ich will dich halten dafür wie eine kleine Herzogin.«

»Und wohl gar höher noch«, fiel sie lachend ein, »wenn ich noch eines, obschon das letzte von allen euch sage, daß ihr Kundschafter gehabt, die meines Tyrannen Abwesenheit euch steckten, das begreif' ich wohl. Aber haben diese nicht auch von den viertausend Gulden, die er vorgestern erst einnahm, ein Wörtchen euch gesagt?«

»Nicht eine Silbe. Wo sind sie?«

»O, gut verwahrt! Unter Schloß und Riegel siebenfach! Ihr hättet sie und den eisernen Kasten, der sie einschließt, sicher nicht gefunden, stände meine Wenigkeit nicht mit euch im Bunde. Mit mir, Kameraden! Über der Erde sind wir fertig, nun mags auch unter dieselbe gehen. Mit mir, im Keller, sag ich!«

Die Räuber folgten; aber nicht ohne Vorsicht. An den Eingang des Kellers, mit einer tüchtigen eisernen Falltür versehen, ward ein Mann zur Schildwache gestellt. Die Baronin gab auf alles das nicht acht. Immer voran führte sie den Schwarm in des Kellers äußerte Vertiefung zu einem unterirdischen Kämmerchen. Sie schloß auf, und der angegebene Kasten stand in einem Winkel da. »Hier!« sagte sie und bot dem Hauptmann ein Schlüsselgebund dar: »Hier, schließ auf, und nimm, was du findest, zum Hochzeitsgeschenk an, wenn du deiner Gefährten Einwilligung so leicht als die meinige erhältst.«

Der Räuber versuchte einen Schlüssel nach dem anderen, keiner paßte. Er ward ungeduldig, die Baronin war es noch weit mehr.

»Weiß her«, sprach sie, »ich hoffe besser und schneller mit umzugehen. Wahrlich, der Morgen könnte sonst ... Ha, sieh da, nun begreif' ich sehr wohl, warum dir und mir es mißlang. Verzeiht, so lieb euer Besuch mir ist, so hat er mich doch, wie ich gern gestehe, eben dieser Freude, eben dieses Unerwarteten halber, ein wenig aus der Fassung gebracht. Ich habe das falsche Schlüsselbund vorhin ergriffen. Zwei Minuten Geduld, und der Fehler soll gehoben sein.«

Sie lief die Treppe hinauf, und ehe jene zwei Minuten vorbei waren, hörte man sie schon wiederkommen, doch ging sie langsamer gleichsam atemlos von allzugroßer bisheriger Eile. Gefunden! Gefunden! rief sie schon von ferne. Jetzt war sie ungefähr drei Schritte noch von der Schildwacht an des Kellers Eingang. Aber jetzt sprang sie auch mit einem Sprunge auf diesen Elenden los, der eher des Himmels Einsturz als solch einen Überfall sich versah. Ein einziger Stoß aus allen Leibeskräften, und hui, flog er die Kellertreppe hinab. In eben dem Nu schlug sie die Falltür zu, schob den Riegel vor und hatte die ganze Bande im Keller versperrt.

Alles dies das Werk eines Augenblicks! Im nächsten flog sie über den Hof des Schlosses und steckte mit dem Licht in der Hand einen ganz einsam stehenden Schweinestall an. Er loderte auf wie eine Schütte Stroh. Im nahen Dorf sah der Wächter die Flamme sogleich und machte Lärmen. Binnen wenig Minuten war alles aus den Betten, und eine Menge von Bauern und Knechten eilten auf das Schloß zu. An der Hoftür wartete die Baronin ihrer.

»Dies Geniste zu löschen oder zu erhüten bloß, daß die Flamme nicht weiter greife«, sprach sie, »sind wenige von euch schon gnüglich. Aber bewaffnet euch jetzt mit Gewehr, welches ihr in der Rüstkammer meines Gemahls in Überfluß finden werdet, umsetzt die Zuglöcher des Kellers und laßt von dem hineingesperrten Mörder- und Räubergesindel keinen entfliehen.«

Man gehorchte, und es entkam kein einziger der Gefangenschaft und seiner Strafe.

Dianora, Gräfin Martagno, Rinaldo Rinaldinis Geliebte

Begeben wir uns nun nach Sizilien, wo Dianora dem liebreizenden Ritter de la Cintra in die Arme sinkt, ohne im mindesten zu ahnen, wem in Wahrheit sie sich hingibt. Alles, was in einen schauerlichen Roman des Räubergenres gehört, findet sich hier. Allerdings ziemlich konzentriert auf die adlige Arena, der Dianora nebst Zofen und abhandengekommenen, seinerseits leider sadistischem Ehegatten vorsteht. Rinaldo war schon bei Vulpius eine Zwittergestalt zwischen Hof und Bande. Jetzt wird er durch die Macht der komplizierten Liebe endgültig aus den Dunkelheiten der Wälder emporgehoben in die Idylle einer kleinen Familie, die sich aus der schwer geprüften Dianora, einem Söhnlein und dem allem Verbrechen auf immer entsagenden Rinaldo zusammensetzt.

Das mag ein trivialer Lesetriumph gewesen sein, daß sich da ein Paar findet auf dem mittleren Level zwischen gesunkenem Adel und gehobenem Räubertum. So hätten sie es gern gesehen, die Leihbibliothekenbenutzer, daß das Elend und die Widersprüche einer Gesellschaft, die ja an wirklichen Räubern, an Kriegen und Krisen keinen Mangel litt, durch eine alle realen Unterschiede nivellierende kleine Liebe zum glücklichen Stillstand gekommen wäre.

Leserinnen und Leser vorliegenden Buches werden es uns nachsehen, daß wir aus dem Roman nur einen Zusammenschnitt der schauerlich-schönsten Stellen bringen. Wenn auf diese Weise der Zusammenhang nicht immer erkennbar ist, macht das nichts; im kompletten Roman ist er es auch nicht.

Er (Cintra, Rinaldini): »Ist es möglich? - Gräfin! - dies Geständnis -«

Sie (Dianora): »Ist Wahrheit.«

Hier stürzte er zu ihren Füßen; aber Dianora faßte ihn mit beiden Händen und drückte ihn fest an den hochklopfenden Busen. Eine minutenlange Pause brachte sie wieder zu sich; sie wand sich aus seinen Armen und wollte fliehen, aber der Sieger hielt seinen Raub fest. Eine zweite Pause. Dianora wendete sich rückwärts, als wollte sie zürnen, ihre Augen begegneten den seinigen - und sie stürzten zum zweitenmale einander in die Arme.

Mehr, als dies sonst der Fall war, hatte Bescheidenheit diesmal die Begierden des Ritters in Schranken gehalten, der gewöhnlich bei derlei Unternehmungen kühn zu Werke ging. Aber bleibender war auch der Eindruck, den die Reize der Gräfin auf sein Herz machten, und der errungene Sieg ehrenvoller und glänzender. Dianora hatte, was sie wünschte, einen Freund, der sich ihr nicht aufdrang, sich aber freiwillig ihr hingab und ohne Zwang ihren Gefühlen Belohnung gewährte.

Der Augenblick dieser Verkettung war der seligste

ihres Lebens. Was konnte sie mehr noch verlangen als Erfüllung ihrer Wünsche? Wer wollte es nun noch wagen, ihr einen Mann aufzudringen, den sie nicht leiden konnte, ohne es mit dem Ritter de la Cintra aufzunehmen? In ihm fand sie ja alles, was sie suchte, fand Entschädigung für die trüben Stunden ihres Ehestandes und Sicherheit vor den Zudringlichkeiten unleidbarer Geschöpfe. Es war der seligste Augenblick ihres Lebens, in dem sie gab und empfing, was in den zwanglosen Hingebungen herzlicher Liebe zu geben und zu empfangen ist.

Eine halbe Stunde schwand unter den zärtlichsten Umarmungen, ihre Lippen hingen aneinander und ihre Gefühle sympathisierten, ohne durch Worte laut zu werden, als sie mit einmal durch ein Geräusch aus ihrer glücklichen Sinnenbetäubung aufgeschreckt wurden.

Es kam näher. Noch saßen sie Arm in Arm geschlungen, horchten und wagten es nicht, einander Vorwürfe zu machen; und kaum hatten sie die malerische Stellung verlassen, so stand Fräulein Laura, Dinoras Freundin, Nachbarin und vermeintliche Nebenbuhlerin, in Gesellschaft mehrerer Damen vor ihnen.

Die Gegenwart des Ritters machte auf das Fräulein eine sonderbare Wirkung. Mit der Hand vor dem Mund machte sie eine stumme Verbeugung und sah sie durch eine ähnliche, ebenso erzwungene erwidert. Jene sah sich so sehr überrascht als diese; diese so verlegen als jene und keines wußte, wo es den Faden der Unterredung anspinnen sollte, bis man endlich nach mehreren gegenseitigen, nichts bedeutenden Fragen und kalten Antworten sich vereinigte, eine gemeinschaftliche Promenade in dem anstoßenden Lustwäldchen zu beginnen.

Nach Verlauf von vierzehn Tagen hatte die Gräfin wieder Gesellschaft auf ihrer Villa. Es war ihr Geburtstag. Ihn glänzend zu feiern, hatte sie die vornehmsten Familien der Stadt dazu eingeladen und wie gewöhnlich Tanz und Musik dabei veranstaltet. Man saß eben bei Tafel und zechte wacker aufs Wohlsein der freundlichen Gastgeberin, die an der Seite ihres geliebten Ritters die ihr bezeugte Höflichkeit mit einem vollen Becher erwiderte, als man die Ankunft eines Fremden meldete, der mit dem anwesenden Marchese Romano zu sprechen verlangte.

Der Fremde folgte dem Bedienten auf dem Fuße, und kaum war er in den Saal getreten, so begegneten seine Blicke denen des Ritters de la Cintra. Ihn sehen und mit den Worten: »Ha Mörder! Finde ich dich hier?« über ihn herfallen, war eins.

»Wer sagt mir das?« fragte dieser, sprang von seinem Platze auf und griff an den Degen.

»Ich!« erwiderte der Fremde und - ihre Klingen stießen aneinander.

Dies erregte nicht geringes Aufsehen in der Gesellschaft; alle sahen einander an, und niemand wußte, wer der Fremde war. Alles stand von seinem Platze auf und lief hinzu, die Streitenden voneinander zu reißen; aber schon waren diese heraus ins Freie und - ein Schuß aus der Pistole streckte den Fremden zu Boden. Dies machte die Verwirrung allgemein, und ein Glück für den Ritter de la Cintra, daß die Gräfin in dem Augenblick, da dies geschah, so viel Gegenwart des Geistes besaß, ihn an der Hand in den Pavillon zu führen und die Türe hinter ihm abzuschließen.

Dieses Ereignis machte unter den Anwesenden allgemeine Sensation. Ein Teil glaubte, von Räubern umringt zu sein, und wünschte ebenso sehr, in seine Wohnungen zurückzukehren, als er sich fürchtete, den Weg bei Nacht zu machen; die Beherzten hingegen durchstrichen, mit blanken Degen bewaffnet und in Begleitung der Bedienten, alle Gänge, Hecken und Winkel des Gartens, ohne dem Täter auf die Spur zu kommen oder sonst etwas auszukundschaften, das ihre Vermutung hätte wahrscheinlich machen können.

Die Freude war gestört. Niemand dachte an Tanz und Musik, Langeweile, Verdruß und Unwille traten an die Stelle des Vergnügens, und schon begannen einige, über die Entfernung des Ritters de la Cintra laut zu werden und Verräterei zu ahnen.

Dianora hatte Mühe, nicht aus ihrer Fassung zu kommen und sich durch Verteidigung des abhanden gekommenen Ritters der Kenntnis des traurigen Ereignisses verdächtig zu machen. Indes kam ihr die allgemeine Verwirrung sehr zu statten. Den verwundeten Fremden hatte man auf die Seite geschafft und sogleich einen Wundarzt herbeigeholt, der ihn in Gegenwart des Marchese verband. Dieser war so vorsichtig, alle anderen von ihm abzuhalten und sich bloß mit Zuziehung der Gräfin seiner Pflege und Wartung zu befleißigen. Diese ging immer ab und zu, denn ihre Gegenwart war in der noch anwesenden Gesellschaft ebenso notwendig, weil der Schreck über den gefallenen Schuß einige Damen Ohnmachten zugezogen hatte, mit deren Wiederherstellung man beschäftigt war. Dies die Ursache, daß man weniger auf die Tritte und Handlungen der Gräfin achtete, vielmehr sie bemitleidete und Zeit gewinnen ließ, ihr Vorhaben auszuführen.

Unmöglich konnte es ihrem hellsehenden Blicke entgehen, daß dieser unvermutete Fall für den Ritter de la Cintra nicht von den besten Folgen sein würde. Daher hatte sie ihn im Augenblick der heftigsten Verwirrung mit sich fortgerissen und in dem bewußten Pavillon seinem Nachdenken überlassen, wo er es nach einiger Überlegung für ratsam erachtet hatte, sich ruhig zu verhalten und seine Loslassung aus diesem prachtvollen Gefängnisse der Klugheit seiner liebenswürdigen Kerkermeisterin zu überlassen.

»Muß denn der Niederträchtige mich allenthalben verfolgen?« sagte er zu sich selbst, als er noch allein war und über die rätselhafte Erscheinung des Fremden nachdachte, in welchem er einen seiner Feinde erkannt hatte, die ihn allenthalben beunruhigten.

Jetzt tat Dianora ein. Ebenso liebreich als entschlossen faßte sie ihren Arrestanten bei der Hand und sagte: »Ihr müßt euch retten.«

»Ist der Kapitän tot?« fragte de la Cintra.

»Er lebt, aber schwer verwundet.«

»Dianora!« – Dieses Wort sprach der Ritter in einem Tone und mit einem so brünstigen Handdruck, als wollte er in demselben Augenblick der Abgöttin seines Herzens ein freimütiges Geständnis seiner Untaten ablegen und sie um Vergebung bitten; aber Dianora ließ ihn nicht zum Worte kommen und sagt: »Jetzt ist es nicht Zeit, Untersuchungen anzustellen, wer von euch beiden der Schuldige ist. Ihr müßt euch retten! In den Gebirgen von Remota werdet ihr finden, was euch jetzt am notwendigsten ist. Das Schloß ist mein, niemand wird euch dort suchen, niemand euch finden, dafür hafte ich mit meinem Leben. Hier! Nehmt diesen Brief, der Kastellan wird euch unter dem Namen Baron

Tegnano als meinem Verwandten Obdach und Sicherheit gewähren.«

Mit diesen Worten zog sie ihn aus dem Pavillon und führte ihn unter Begünstigung der Nacht ungesehen an die Tür des Gartens, wo sie ein Pferd hatte für ihn bereit halten lassen.

Hier schlang sie noch einmal ihren Schwanenarm um seinen Nacken, Tränen entperlten ihrem Auge, und ein dreifacher Kuß war das Final dieser Szene, die sie noch mit den Worten: »Lebe wohl, Cintra! Bald folge ich Dir selbst nach« beschloß.

Seinen Armen entrissen, hüpfte sie in den Garten zurück, verschloß die Tür und überließ den Fliehenden der Obhut waltender Vorsicht und seiner Klugheit und kehrte unbemerkt wieder in die Gesellschaft zurück.

(...)

Es war schon heller Tag, als zum letzten Mal sich der Schlaf auf ihre Augen senkte. Aber es war kein wohltätiger, kein erquickender Schlaf. Die großen Bilder ihrer erhitzten Phantasie traten aufs neue vor ihre Seele hin und stellten ihr das schrecklichste Schauspiel dar. Sie sah sich in der Mitte eines dicken Waldes von Räubern überfallen, ihre Leute gemordet und sich allein in der Gewalt dieser Barbaren, die, als sie um Hilfe schrie und auf ihr Geschrei eine männliche Figur herbeieilte, in der sie den Ritter de la Cintra zu erkennen glaubte, wie die Mauern standen und auf seinen Wink ihrer Beute fahren ließen. Der allgemeine Ausruf: »Unser Hauptmann! Unser Hauptmann!« schreckte die Schlummernde auf, die eine unbeschreibliche Mattigkeit in allen ihren Gliedern fühlte und es kaum vermochte, sich von ihrem Lager aufzureißen.

Als sie sich wieder etwas erholt hatte, klingelte sie ihrer Zofe. Sie kam. »Klara«, sagte die Gräfin, »ich habe einen fürchterlichen Traum gehabt. Es muß etwas Merkwürdiges auf Remota vorgegangen sein, das meine Gegenwart notwendig macht; wir werden heute noch reisen.«

»So schnell?« erwiderte die Zofe und nahm an den Besorgnissen ihrer Gebieterin, deren alleinige Vertraute sie war, herzlichen Anteil. Als dieser war ihr die Liebschaft der Gräfin mit dem Ritter de la Cintra kein Geheimnis, und Dianora entbrach sich nicht, ihr die Erzählung der gehabten nächtlichen Erscheinung mitzuteilen.

Klara räusperte sich, zitterte am ganzen Leibe und wagte es nicht, um sich zu blicken oder ihrer Gebieterin etwas zu antworten, so stark hatte die Erzählung auf sie gewirkt, und die Schweißtropfen standen ihr auf der Stirn. Sie war außer sich. Nur der Befehl der Gräfin, die weniger furchtsam war, die nötigen Anstalten zur Reise zu machen, riß sie aus ihrer Betäubung. Anhänglichkeit und Treue an ihre Gebieterin machten ihr die Furcht vergessen, und in weniger als zwei Stunden hatte sie alles in Bereitschaft gesetzt, und Kutscher und Bediente eilten auf ihren Wink herbei, die Koffer herabzuschaffen. Keiner von diesen wußte bis auf den letzten Augenblick, als die Gräfin in den Wagen stieg, wo die Reise hingehen sollte, und es war ihnen auffallend zu hören, daß dieselbe den Sommer hindurch in den Einöden von Remota verträumen wollte.

So kurz auch diese Reise war, so schien sie doch der Gräfin dreimal so lang zu werden. Die Sehnsucht, den Geliebten zu sehen, zu umarmen und vielleicht aus seinem Munde selbst die Deutung ihres Traums zu vernehmen, verlängerte ihr jeden Augenblick, jede Stunde zehnfach.

Schon röteten sich die Spitzen der Berge, als sich die Reisende dem Ziel ihrer Wünsche näherte und die Glocken von Remota schlagen hörte. Höher schwoll ihr Busen und heftiger schlugen alle ihre Pulse, ihre Wangen glühten und die Sehnsucht ihres Herzens hatte just den höchsten Grad erreicht, als der Wagen unter dem Schloßtor hinrasselte und vor der Wohnung des Kastellans still hielt.

Wer sich getäuscht sah, war Dianora. Anstatt dem unter dem Namen Baron Tegnano in den Mauern ihres Eigentums hausenden Ritter de la Cintra beim Aussteigen zu begegnen, näherte sich ihr, als der Kastellan den Wagen öffnete, ein langes, hageres, von Schmerz und Gram ebensosehr als durch körperliche Leiden geschwächtes Frauenzimmer, das schweigend und mit Ehrfurcht sich vor ihr verneigte. Miene und Anstand zeugten, daß die Dame nicht von gemeinem Schlage war.

Ihre Erscheinung setzte die Gräfin in Staunen und gab der Stimmung ihrer Seele für den gegenwärtigen Augenblick eine andere Richtung.

Kaum hatte die Gräfin die für sie bereiteten Zimmer, wohin ihr die Dame gefolgt war, betreten, so wandte sie sich, wie von einer bangen Ahnung überfallen, nach ihr um und fragte: »Mit wem habe ich denn die Ehre?«

»Eine Unglückliche«, erwiderte diese mit Würde

und Anstand, »welche dem Baron Tegnano Leben und Rettung verdankt.«

»Dem Baron Tegnano? Wo ist er?«

»Er streicht in den Gebirgen umher, ein Wild zu erjagen.«

»O der Gute!«

Fast hätte sich Dianora vergessen und wider die Gewohnheit ihres Geschlechts ihre Neugier unbefriedigt gelassen; aber der Ton, in dem die Dame dies gesagt hatte, und ihre Wahrheit strahlende Stirn flößte ihr Mitleid ein und machte ihre Wißbegier rege.

»Nehmt Platz!« sagte sie und nötigte die Dame, sich ihr zur Seite zu setzen. Es geschah, und die Gräfin spann den Faden des Gesprächs von neuem an, indem sie fragte: »Wie kommt ihr in diese Wohnung?«

»Durch List und Schmeicheleien.«

»Wahr Ihr schon lange hier?«

»Ja und Nein - wie ihr wollt.«

»Sonderbar.«

»Noch mehr, Gräfin! Schrecklich! Unverantwortlich!«

»Ihr spannt meine Erwartung aufs höchste.«

»Seit wenig Tagen erst bin ich so glücklich, das Licht der Welt von neuem zu erblicken und dieser schönen Gotteserde mich wieder zu freuen.«

»Wer mißgönnte euch dies Glück?«

»Mein Gemahl.«

»Er war?«

»Graf Martagno.«

»Graf Martagno?«

»Derselbe.«

»Himmel, was hör ich! Graf Martagno Euer Gemahl?«

»So ist's.«

Die Dame schwieg, und Dianora benutzte die Pause, sich von ihrer Verwunderung zu erholen, »Graf Martagno?« wiederholte sie von neuem in einem Ton und mit einem Blick, als ob sie die Sprechende Lügen strafen wollte.

»Gott ist mein Zeuge«, erwiderte die Dame, »wenn ich weniger als Wahrheit sprach.«

»Das bedarf Aufklärung.«

»Ich bin sie Euch schuldig.«

»Ich bin begierig.«

Neue Pause. Schon machte sich Dianora gefaßt, die schrecklichste Geschichte, die sie nur ahnen konnte, zu vernehmen, und die Unglückliche war soeben darauf bedacht, die Erzählung ihres Schicksals zu beginnen und ihre Wohltäterin und Beschützerin, wofür sie die Gräfin Martagno erkannte, durch einen guten, der Wahrheit angemessenen Vortrag zu gewinnen und zum Mitleid zu erwecken, als derjenige eintrat, in welchem die eine den höchsten Gegenstand ihrer Wünsche und die andere ihren Retter erblickte. Beide flogen auf ihn zu, freuten sich seiner Ankunft und vergaßen, eine wie die andere, weibliche Neugier zu befriedigen und befriedigen zu lassen.

»Willkommen auf Remota!« sagte der Ritter beim Eintritt, küßte Dianoren die Hand und bezeugte ihr seine Hochachtung.

»Wie gings euch, Vetter: wie gehts euch jetzt?« fragte die Gräfin, faßte ihn bei der Hand und zog ihn neben sich aufs Sofa.

»Die erste Zeit«, erwiderte der vermeintliche Tegnano, »wurde mir unerträglich lang, und es kostete mir Mühe, mich an die Gesellschaft zu gewöhnen, die ich hier fand; meine Einsamkeit behagte mir besser als die furchtsamen, abergläubischen Menschen, mit denen ich Mitleid hatte. Nur allmählich gelang es mir, um Beschäftigung zu haben, den Kastellan dahin zu vermögen, daß er mir allenthalben freien Umlauf verstattete und die Schlüssel zu den verborgensten Zimmern und Gewölben des Schlosses, dieser in Händen hatte, überlieferte. Es machte mir in der Tat viel Lust. Abenteuerliche Dinge zu unternehmen gewöhnt, durchstrich ich alle Gemächer, spähte die geheimsten Winkel aus und machte mich mit den verborgensten Aus- und Zugängen bekannt. Ich fand wunderliche Dinge. Wahrhaftig, Gräfin! Diese Feste ist ein uraltes Meisterstück grauer Vorzeit; irgend einmal müssen menschliche Raubvögel drin genistet haben, die Spuren sind zu deutlich. Auch weiß ich nicht, ob es jedermanns Sache sein dürfte, hier zu hausen oder wohl gar ein solches Unternehmen zu beginnen, wie das eures Freundes war.«

»Wart Ihr allein?«

»Niemand als mein Getreuer, Ludowiko, war mit mir; der Kastellan fand es nicht konvenabel, Gesellschaft zu leisten.«

»Der Feigherzige!«

»Ob er um die innere Beschaffenheit dieser Feste Wissenschaft hatte, weiß ich nicht; dem sei, wie ihm wolle! Mich reut es nicht, diese unterirdischen Wanderungen bestanden zu haben. Was ich zum Vergnügen tat, wurde mit dem dritten Tag ein Werk der Notwendigkeit. Wer es auch sein mochte! Eine menschliche Stimme machte mich aufmerksam und flehte mich um Hilfe an. Ich eilte drauf zu und ward in der Mauer eine Öffnung gewahr, aus welcher die Stimme auf mich zutönte. Ohne zu untersuchen, ob die Eingekerkerte schuldig sei oder nicht, legte ich Hand an und arbeitete so lange, bis ich Raum genug gewonnen hatte, sie unbeschädigt herauszuheben. Himmel, welche ein Anblick! Zwei Jahre hatte die Unglückliche, zwischen vier Wänden eingemauert, geschmachtet, wo sie bei kärglicher elender Kost ihr Leben abzuhärmen bestimmt war. Verzeiht, Gräfin, daß ich auch an der verstoßenen Gemahlin eures ruchlosen Gemahls eine Gesellschafterin aus dem Grabe weckte. Fragt Violanten selbst: sie wird Euch mehr Aufschluß geben, an mir ist's jetzt zu schweigen.«

»Ritter!« sagte die Gräfin, »Eure Erzählung macht mich schaudern. Aber ich bin Euch Dank schuldig. Vielleicht hätte mich gleiches Schicksal treffen können, wenn der Tyrann noch lebte, der mich an ihre Stelle nahm.«

Violanta war, als der Ritter seine Erzählung angefangen hatte, aus Bescheidenheit hinaus und auf ihr Zimmer gegangen, wo sie gerufen zu werden erwartete; Dianora aber und der Ritter sprachen noch viel über diesen Umstand, und die Stunde der Geister traf sie in den zärtlichsten Umarmungen der Liebe. Ihr zu huldigen war nach einer so langen Trennung den Liebenden lindernder Balsam auf die geschlagenen Wunden. Alles um sich her vergessend, sank Dianora in die Arme des Ritters, und an ihrem Busen schlürfte dieser den Nektar; der von ihrem Rosenmunde träufelte.

Es begann Tag zu werden, und noch genoß Dianora zum ersten Male wieder eines ruhigen erquickenden Schlafs. Gestärkt sich fühlend, sprang sie beim Erwachen freudig von ihrem Lager auf, trat ans offene Fenster und weidete ihr himmelblaues Auge am majestätischen Schauspiel der aufgehenden Sonne. Ein mächtig allbelebend Feuer durchglühte jede ihrer Nerven, und ein brünstig stilles Gebet war ihre erste Verrichtung.

Klara, ihre Vertraute, trat ein und erwartete ihre Befehle. Den schönen Morgen zu genießen, befahl Dianora, das Frühstück in den Garten zu bringen und ihre neue Freundin und den Ritter dazu einzuladen. Es geschah. Die Gräfin flog in den Garten, und in wenigen Augenblicken war die Gesellschaft bei ihr.

Ein leichtes Mousselin-Gewand bedeckte ihren zarten Leib, in ungekünstelten Locken wallte das seidene Haar zum hoch klopfenden Busen hinab, und Grazien hüpften über den Kamin ihrer Wangen dahin. In dieser Attitüde erwartete sie ihre Gäste in einer von der Natur gebildeten Laube des verwilderten Schloßgartens. Sie kamen. Ein aromatischer Grashügel, von breiten Ästen einer hundertjährigen Linde wohltätig überschattet, war ihr Sofa, ein vom gegenüber stehenden Felsen herabgerollter Stein ihr Tisch. Das Rauschen der Blätter, das sanfte Murmeln des rieselnden Bachs gab ihren Ohren eine herrliche Musik, und in den nahgelegenen Hecken schmetterte die liebeflötende Nachtigall ihr Morgenlied.

Kaum hatten sie die erste Tasse geschlürft, so lenkte Dianora sogleich das Gespräch auf den wichtigsten Gegenstand und bat Violanten nun um die Fortsetzung ihrer Geschichte, indem sie sagte: »Ihr seid mir die Erzählung eures Schicksals von gestern her noch schuldig.«

»Verzeiht, Gräfin!« entgegnete Violanta, »es war nicht meine Schuld, ihr habt deshalb mit eurem Vetter zu rechten.«

»Er hat mir viel Gutes von euch gesagt.«

»Das schmeichelt meinem Herzen, und ich halte mich um so mehr verbunden, euch die traurige Geschichte meines Lebens mitzuteilen, da ihr noch überdies diejenige seid, der ich Schutz und Obdach zu danken habe.«

»Werdet meine Freundin!« sagte Dianora, drückte ihre Hand fest in der ihrigen und bat sie nochmals, um Befriedigung ihrer Wißbegier.

»Mein Name ist Violanta«, begann die Erzählerin. »Brotezza de Noli war mein Vater und Graf Martagno sein Lehnsherr; unter dessen Panier er damals just in Spanien focht, als dieser seine erste Gemahlin verlor. Dieser Todesfall bereitete mir mein Unglück. Die wenigen Reize, die ich damals besaß, fesselten das Auge des Grafen; er suchte meine Bekanntschaft, sprach mit mir von Liebe und machte mich glauben, daß es ihm ein Ernst sei, je mehr er seine Aussage mit den heiligsten Eidschwüren beteuerte und aufs feierlichste um meine Hand warb. Ich hing nicht von mir selbst ab und verwies ihn deshalb an meinen Vater, der, ohne seine Einwilligung gegeben zu haben, ein Opfer seiner Pflicht wurde: Er fiel bei der Belagerung von Barcelona.«*

Hier mußte Violanta ruhen, weil es ihr schwer wurde, anhaltend zu sprechen.

»Nehmt Euch Zeit«, sagte Dianora, »schont Eure Gesundheit, wir sind allein und wegen der Zeit nicht in Verlegenheit.«

»Arm und verlassen«, fuhr Violanta fort, nahm ich meine Zuflucht zu einer alten Base, die das wenige, was ich besaß, ins Geld setzte, um mir eine Aussteuer

* Vergl. ›Rinaldo Rinaldini‹, 5. Buch, S. 212 f.

zu verschaffen, mit der ich in ein Kloster zu gehen gedachte.«

»Das war ein kluger Einfall. Aber warum setztet ihr ihn nicht ins Werk?«

»Schon war ich auf dem Wege dahin; aber ich war nicht so glücklich, meinen Zweck zu erreichen.«

»Was hinderte euch daran?«

»Ich wurde überfallen, gebunden und fortgeschleppt.«

»Überfallen?«

»Von des Grafen eigenen Leuten.«

»Wie? Von des Grafen eigenen Leuten?«

»So ist's!«

»O der Schändliche! Wußte er darum?«

»Es geschah auf seinen Befehl.«

»O der Niederträchtige! Und wo brachte man euch hin?«

»Auf dieses Schloß.«

»Und ich wußte das nicht?«

»Damals ward ihr noch nicht seine Gemahlin.«

»O verzeiht, Violanta! Gerechter Unwille machte mich vergessen, daß er damals Witwer war.«

Beide schwiegen einige Augenblicke, denn beide bedurften der Erholung gleich stark. Dianora fühlte ihr Blut in Wallung und Violanta die Schwäche ihrer Gesundheit, die es ihr gebot, mit Mäßigung zu sprechen. Um dabei nicht ganz müßig zu sein, vertrat der Ritter die Stelle der Hauswirtin und kredenzte den Damen Erfrischungen und Backwerk, die sich bald wieder gestärkt fühlten, ihre Unterredung fortzusetzen.

»Erlaubt, Gräfin«, sagte Violanta, »daß ich meine Erzählung vollende.«

»Tut das.«

»Als man mich in eins dieser Zimmer gebracht hatte, war der Graf die erste und einzige Person, die ich neben mir erblickte, nachdem ich mich von der Ohnmacht, die mir der Schreck verursacht hatte, wieder erholt fühlte. Er begann seine Anträge von neuem. Aber ich - verzeiht, Gräfin! er war euer Gemahl -«

»Laßt euch das nicht irren, Violanta! Er war mein Gemahl, dem Himmel sei es Dank, daß ich seine Witwe bin. Sprecht! Was tatet ihr? Und endet eure Geschichte.«

»Ihr wollt es? Wohlan, euer Wille sei mir Befehl.«

»Recht so, Violanta!« sagte die Gräfin mit einem raschen Händedruck, »vollendet das angefangene Werk, ich will euch nicht wieder unterbrechen. Also, was tatet ihr?«

»Ich wies mit Standhaftigkeit und Verachtung jede seiner Begünstigungen von mir und erklärte, daß ich eher sterben wollte, als meine Tugend seinen Wollüsten preiszugeben. List und Gewalt traten an die Stelle der Schmeichelei, aber alles war vergebens. Ich fürchtete seine Drohungen nicht, selbst dann nicht, als er sich unterfing, sie durch Mißhandlungen mancherlei Art wahrzumachen, und erklärte ernst und bündig, daß nichts als die eheliche Verbindung ihm die Befriedigung seiner Wünsche verschaffen könnte. Endlich, da er sah, daß alle Mühe umsonst war, meine Tugend zu besiegen, willigte er ein und reichte mir am Altar seine Hand.«

»Das tat er wirklich?« fiel Dianora hastig ein. »Wie lange dauerte diese unglückliche Verbindung?«

»Nicht lange, Gräfin. Vier Monate ungefähr, dann verreiste er mit einmal und kam nie wieder.«

»Nie? Hattet auch nie Nachricht von ihm?«

»Vergebens harrte ich darauf, statt derselben trat nach einigen Wochen ein Bevollmächtigter des Grafen zu mir ins Zimmer und gebot, ihm zu folgen. Die Antwort auf meine Frage, wohin er mich bringen wolle, blieb er mir schuldig. Wie ein Lamm, das man zur Schlachtbank führt, folgte ich dem Henkersknecht meines Tyrannen. Der Weg ging die Stiege hinab über den Schloßhof, wo an einer kleinen eisernen Pforte uns zwei Helfershelfer mit Windlichtern erwarteten. Die Tür tat sich auf. Ich bebte zurück, denn eine schwarze Finsternis, schwarz wie die Nacht und fürchterlich wie die Zukunft, stellte sich meinen Blicken dar. Aber ich hatte nicht Mut genug, mich zu widersetzen. Was würde es mir auch geholfen haben? Ich war in der Gewalt meiner Peiniger, die mich am Arm packten und unbarmherzig mit sich fortschleppten. Wie ich dies alles damals erdulden konnte, ist mir noch jetzt unbegreiflich. Ich glaubte von Sinnen zu kommen, als wir an einem ebenso schmalen als niedrigen in der Mauer befindlichem Loche Halt machten. Unbarmherzig schob man mich in dieses Behältnis, in welchem ich kaum aufrecht zu stehen vermochte. Kein Lichtstrahl erhellte meinen Kerker; nichts als eine schmale Öffnung durch die man mir, ungefähr einmal am Tag, Speise und Trank reichte, die meistens nur in Brot und Wasser bestand, blieb mir übrig, Luft zu schöpfen. Millionenmal wünschte ich mir den Tod; aber es war der Vorsicht Wille, mich beim Leben zu erhalten, und es ist mir in der Tat unbegreiflich, wie meine Kräfte zureichten, die Ankunft meines Retters zu erwarten. Von euch, Gräfin, wird es abhängen, ihm zu danken oder zu fluchen!«

Das Gute dieser Tat stand vor Rinaldos Augen, und

doch fühlte er sich der Liebe Dianorens unwert; denn in demselben Moment traten alle seine Untaten vor ihm hin und stürzten ihn von der Höhe, auf der er zu stehen schien, in die unabsehbarste Tiefe hinab. Dianoren hintergangen zu haben, hielt er für eine seiner größten Sünden. Er wünschte, sich auf eine schickliche Art von ihr losreißen zu können, um so mehr, da er ihr an Violanten eine Freundin zugeschoben hatte, die in Rücksicht der Freundschaft seine Stelle reichlich ersetzen würde.

(...)

»Bin ich hier nicht sicher? Sagte es Dianora nicht selbst: in den Gebirgen von Remota würde keine menschliche Seele meinen Aufenthalt entdecken? Ha! Dianora, Dianora! Ich habe einen Richter, der mich allenthalben verfolgt. Und wenn ich im entlegensten Winkel dieses Erdenrunds mir eine Hütte baute, von Kräutern und Wurzeln mich nährte, unter Wölfen und Tigern meinen Tod erwartete, so würde dieser Richter doch bei mir sein. Schrecklich! Dianora liebt mich, ihre Liebe ist rein und wahr. Dianora will, daß ich sie lieben soll, und doch lispelt dieser innre Richter mir unaufhörlich zu, daß ich sie nicht lieben kann, nicht soll. Warum soll, warum kann ich sie nicht lieben? Hab ich nicht schon längst dem ehrlosen Handwerk entsagt? Bin ich nicht ein ganz anderer Mensch, als ich sonst war? Hab ich nicht auch Gefühl? Wozu wäre denn dieses Gefühl mir ins Herz gelegt, wenn ich es nicht benutzen sollte? – Ja, Dianora, Genuß, von deiner Hand kredenzt, macht den Tyrannen zum Menschen, den Menschen zum Gott.«

In solchen Betrachtungen vertieft ging er abwechselnd auf seinem Zimmer hin und her, trat ans Fenster, blickte hinaus ins Freie und warf sich wieder in das Sofa zurück.

»Wer wehrt's mir, zu genießen?« fing er von neuem an. »Reicht Dianora nicht selbst mir den Becher? Wär es nicht Torheit, die Wonnespenderin mit kaltem Blute zurückzuweisen? Nicht den Honig zu saugen, der von ihren Lippen träufelt? Nein, nein, Dianora! Solcher Fühllosigkeit ist der Freund, den du deiner Liebe würdigtest, nicht fähig. Deine Reize zu schätzen, geht ihm über alles, deine Wonnen zu schlürfen, macht ihm die Menschheit vergessen und erhebt ihn zu den Jubelkreisen geistiger Wesen.«

Mitten in diesem enthusiastischen Selbstgespräch öffnete sich die Tür seines Zimmers, Klara trat ein und bat ihn, zur Tafel zu kommen. Er ließ sichs nicht zweimal sagen, folgte der Zofe auf dem Fuße und vergaß beim Eintritt in die Gesellschaft seinen Kummer.

(...)

Das erste, was sie hier erblickte, war Violantens Kerker, ein die Menschheit entehrender Anblick. Wäre in diesem Moment der Graf Martagno, ihr ruchloser Gemahl, noch einmal aus dem Reiche der Toten auf die Oberwelt gekommen und an diesem racheschrekkenden Ort ihr erschienen, mit beiden Händen hätte sie ihn gepackt und statt Violanten in den Käfig gesperrt.

Fast ihrer Sinnen beraubt, stand sie vor diesem Werke menschlicher Bosheit und staunte die sinnreiche Empfindung an, die ihr dem Autor derselben als den abscheulichsten Bösewicht vor Augen stellte und ihrem Herzen einen unauslöschlichen Haß und Abscheu gegen ihn einflößte.

Indem sie so stand und mit Verwunderung sah und betrachtete, wie es nur möglich gewesen, daß ein Mensch in diesem engen gestankvollen Raume so lange habe bestehen können, sah sie sich mit einmal in ihrer Betrachtung unterbrochen und durch eine lange hagere Gestalt, deren Gesicht ihr irgend einmal vor Augen gekommen sein mußte, den Rückweg vertreten. Dianora bebte anfangs zurück, aber sie raffte ihre ganze Standhaftigkeit zusammen und fragte ebenso unerschrocken als schnell: »Wer bist du?«

Statt ihr Antwort zu geben, maß der Unhold sie mit großen Augen und unterfing sich, seinerseits zu fragen: »Was bewog euch, in diese unterirdischen Wohnungen herabzusteigen, wo seit undenklichen Zeiten kein menschlicher Fuß weilte?«

»Seit undenklichen Zeiten? Lügenhafter Bösewicht. Kennst du mich?«

»Ihr seid Martagnos dritte Gemahlin.«

»Wer sagte dir das?«

»Der Graf selbst.«

»Der Graf selbst?« Dianora schwieg einen Augenblick, ließ aber ihren Gegner nicht zum Worte kommen und wiederholte die Frage noch einmal und mit Nachdruck.

»Der Graf selbst? Verwogener, wer du auch sein magst, ich fürchte deine Blicke nicht! Sprich, wessen ist dieses Werk?«

Sie zeigte mit dem Finger auf das in der Mauer befindliche Loch.

»Den ältesten Ahnherrn der gräflichen Familie«, war die Antwort.

»Und die Absicht?« fragte Dianora weiter.

»Narren klug und Weiber zahm zu machen.«

»Ha, Niederträchtiger!« fiel Dianora hastig ein, »so warst du der Mietling, der Violanten –«

»Speise und Trank reicht –«

»Ihre Qualen zu mehren –«

Pause. Dianora kämpfte und atmete tief. Die Gestalt trat ihr um einen Schritt näher, berührte ihre Hand und sagte: »Gräfin!«

»Was willst du?«

»Euch warnen.«

»Wofür?«

»Für den Narrenkäfig da.«

Dies wars, was Dianora geahnt hatte. Das Blut kochte ihr in den Adern, ihr Busen schlug hörbar, und sie fühlte sich in diesem Augenblick zur Ausführung eines großen Unternehmens bereit und gefaßt.

»Niederträchtiger!« sagte sie mit Mut und Entschlossenheit, »wer gab dir das Recht, mir mit dieser Drohung in den Weg zu treten?«

»Euer Gemahl.«

»Mein Gemahl? Martagno?«

»Derselbe.«

»Unverschämter Lügner! Der Graf Martagno ist tot!«

»Aber nicht sein Geist. In seliger Gefilden –«

»Schweig, Frevler! Sprich das Wort nicht aus. Daß es auf deiner Zunge Gift würde!«

Die Gestalt lächelte und berührte zum zweiten Mal Dianorens Hand, indem sie sagte: »Gräfin, wollt ihr nicht umkehren?«

»Was sagst du?«

»Jetzt oder nie. Drei Minuten, und ihr habt die

prachtvollen Zimmer eurer Burg mit diesen unterirdischen Wohnungen auf immer vertauscht.«

»Wer spricht das?«

»Dem letzten Willen des Grafen gemäß.«

»Ehrloser, feiger Mietling.«

»Ihr seid dort oben ohnedies nicht sicher. Räuber hausen in euren vier Pfählen, und ein Unhold gaukelt um euer Bett, buhlt um eure Liebe. Ob er eurer Liebe wert ist?«

»Wie? Du willst dem Ritter de la Cintra –«

»Gräfin! Eure Vermessenheit macht euch strafbar, und euer Zaudern scheint euer Wohlbehagen an dieser einsamen Zelle zu verraten. Wohlan! Marsch!« Hier packte die Gestalt sie unbarmherzig beim Arm und wollte sie mit Gewalt in das in der Mauer befindliche Loch hinabsenken, aber Dianora wand sich ihm unter dem Arm, zog den Dolch und stieß ihn unvermutet dem Unbewaffneten ins Herz.

Sie hatte gut getroffen. Der Verwundete schwankte, und Dianora war so glücklich, ihm zu entrinnen und durch Hilfe ihrer Leuchte auf dem nämlichen Weg auf den Schloßhof und in ihre Wohnung zurückzukommen, ohne von jemand bemerkt zu werden, wie beim Hinabsteigen.

Sie kam auf ihr Zimmer und legte sich nieder, aber sie konnte nicht schlafen. Ins Nachdenken über das bestandene Abenteuer vertieft, wälzte sie sich rastlos umher und erwartete mit Sehnsucht den Tag.

Der Morgen brach an. Sie weckte die Zofe, die sogleich von ihrem Lager aufsprang, den Befehl ihrer Gebieterin zu vernehmen.

»Klara!« sagte die Gräfin. »Ich habe eine fürchterliche Nacht gehabt. Geh, bitte den Ritter de la Cintra augenblicklich zu mir zu kommen, ich habe ihm etwas Wichtiges zu entdecken.«

Klara flog zur Tür hinaus und kam in wenigen Augenblicken wieder. Ihr folgte der Ritter auf dem Fuße im Morgenhabit. Er trat ans Bett seiner Geliebten und staunte, ihre Wange bleich und ihr Gesicht von Schreck und Alteration entstellt zu sehen.

»Um Gotteswillen, Dianora! Seid ihr krank?« Mit diesen Worten faßte er ihre Hand, drückte sie an seine Lippen und fühlte jeden Pulsschlag hörbar. »Euer Blut ist in Wallung«, fing er von neuem an, »sprecht, was widerfuhr Euch?«

»Ich habe eine sonderbare Entdeckung gemacht.«

»In dieser Nacht?«

»Gönnt mir Eure Aufmerksamkeit und höret!«

Hier setzte sich der Ritter neben ihr aufs Bett.

»Seht, Ritter!« hub die Gräfin an, »mit diesem Dolche bewaffnet, den ich in meiner Hand halte, stieg ich in der vergangenen Nacht, um meine Neugier zu befriedigen und von niemanden als von der gerechten Sache begleitet, hinab in die grauenvollen Gewölbe meines Eigentums, den Schreckensort in Augenschein zu nehmen, den Violanta ehmals bewohnte.«

»Um Himmelswillen, Gräfin! Was tatet ihr?«

»Was an meiner Stelle wenige oder keine meines Geschlechts getan haben würde.«

»Dianora!«

»Als ich so dastand und den Käfig anstaunte, in welchem die Unglückliche schmachtete, trat eine lange, hagere männliche Figur mir in den Weg und setzte mich wegen meines Unternehmens zur Rede. Ich machte mich auf den Angriff gefaßt und forderte Aufklärung, aber der Unhold drohte mir, mich statt Violanten in den Kerker zu werfen!«

»Der Verwegene! Wie sah er denn aus?«

»Ich erinnere mich, sein Gesicht irgend schon einmal gesehen zu haben, aber ich weiß nicht mehr so recht, wo. Vielleicht unter den Leuten des Grafen selbst.«

»Leicht möglich!«

»Gewiß der nämliche, der mir entwischte.«

»Euch?«

»Damals, als ich Violanten aus dem Käfig zog. Doch weiter!«

»Ich machte ihm ebenso gerechte als bittere Vorwürfe und seht! Noch klebt Blut an diesem Mordstahl ...«

»Himmel! Was tatet Ihr?«

»In dem Augenblick, da er mich faßte und sein Bubenstück vollenden wollte, stieß ich ihm den Dolch ins Herz, und er sank.«

»Das war ein Meisterstück!«

»Wohl war es, aber ich fürchte, daß der Verruchte nicht an der Wunde gestorben sein dürfte. Was meint ihr, Ritter? Vielleicht könnte man, wenn er noch am Leben wäre, Aufschluß wegen Violantens Einkerkerung von ihm erlangen?«

»Vielleicht.«

»Eurer Klugheit und Eurem Mute überlasse ich es, der Sache weiter nachzuspüren. Ich weiß, ihr seid verschwiegen, darum vertraue ich euch dies Geheimnis. Handelt nach Willkür und erstattet mir Bericht.«

»Seid ohne Sorgen!« entgegnete der Ritter, drückte noch einmal die Hand der schönen Rednerin an seine Lippen und eilte davon, um bald oder nie wiederzukommen.

Als der Ritter auf sein Zimmer zurückkam, rief er seinen getreuen Ludoviko, tat diesem den Vorfall kund, warf die notwendigsten Kleider über und stieg, mit Säbel und Dolch bewaffnet, in die unterirdischen Gewölbe des alten Schloßgebäudes hinab.

Er fand wirklich, wie Dianora geahnt hatte, den Verwundeten noch am Leben, aber matt und entkräftet auf einem von ihm selbst aus der Mauer herausgerissenen Stein sitzen.

»Ha, Rinaldo!« tönte ihm entgegen, als er sich der Gestalt näherte.

»Schweig!« donnerte diesem der Ritter in die Ohren, »oder ich morde dich und dein Geheimnis.«

»Schade!« antwortete der Ohnmächtige, »daß ich den Preis nicht verdienen kann, der auf eurem Kopfe haftet, die Buhldirne hat den rechten Fleck getroffen – mit mir ist's aus.«

Hier wollte ihm Ludoviko den Gnadenstoß geben, aber der Ritter wehrte ihm und sagte: »Nicht also! Erst muß er bekennen.«

Mit diesen Worten packten sie den Verwundeten unter Arm und Füßen an und schleppten ihn mühsam die verfallene Stiege hinauf, über den Hof in ein im unteren Stockwerk des Schlosses befindliches Zimmer. Hier warfen sie ihn auf ein Bett und versuchten es, ihn durch mancherlei Fragen zum Geständnis zu bringen. Aber umsonst! Der Sterbende antwortete mit Stillschweigen; alles, was er sagte, war: »Hütete euch vor den Schwarzen – Euer Kopf ...« Hier kriegte er Zuckungen, verdrehte das Gesicht, die Sprache verlor sich, und er gab seinen verruchten Geist auf, ehe man im Stande war, etwas von ihm herauszubringen.

Dianora war gegenwärtig. Ihre Wißbegier blieb unbefriedigt, wie die der Umstehenden. Hätte man ihn auf seiner Felsenbank sitzen lassen, vielleicht wäre ihm eher etwas abzulocken gewesen, aber das Tragen hatte ihn zu sehr erschüttert und seinen Tod beschleunigt.

Ohne die Sache ruchbar werden zu lassen, begrub man ihn unter die Mauer des alten Schloßgebäudes und war, nach vielfältigen strengen Nachforschungen, darauf bedacht, die Grafenburg von dieser Seite vor den Einfällen der Räuber zu sichern und die Öffnungen und Zugänge durch dicke Mauern zu verwahren. Welches auch wirklich geschah.

(...)

Wie ein zum Tode Verurteilter saß Rinaldo und schrieb mit einem dünnen Stäbchen, dessen er sich zuweilen beim Spazierengehen zu bedienen pflegte, unterschiedliche Namen in den Sand und war soeben im Begriff, Ri ... zu schreiben, als die göttliche Dianora ihm näher trat und, seine Hand fassend, ihn an Vollendung des - naldo - verhinderte.

Mit einem tiefen Seufzer richtete er sich auf und erwiderte ihren Handdruck; aber er vermochte es nicht lange, ihren Blick zu ertragen. Er fühlte sich in gleicher Verdammnis mit dem ersten Menschen, als er gesündigt hatte und sich vor seinem Schöpfer verbarg - und wünschte in diesem Augenblick, sich auch vor Dianoren verbergen zu können.

Noch schwiegen beide, bald aber entspann sich unter ihnen folgendes Gespräch:

Sie: »Ritter.«

Er. Blickt ihr wehmütig ins Auge.

Sie: »Ihr seid mißlaunig?«

Er: »Dianora.«

Sie: »Doch nicht um meinetwillen?«

Er: »Um Eurer Liebe willen.«

Sie: »Um meiner Liebe willen? Ha, Ritter! War meine Liebe zu euch strafbar?«

Er: »Dianora!«

Sie: »Seid Ihr verheiratet?«

Er: »Das war ich nie.«

Sie: »Oder liebt ihr eine andere?«

Er: »Nein!«

Sie: »Nun dann! So seid ihr ja frei!«

Er: »Frei, wie der Vogel in der Luft.«

Sie: »Was könnte dann unserer Liebe noch im Wege stehen?«

Er: »Alles!

Sie: »Alles? Um Gotteswillen, Ritter! Ihr seid fürchterlich.«

Er: »Dianora!«

Sie: »Ist das der Lohn meiner Liebe? Hab ich das um Euch verdient?«

Er: »O! Daß Ihr mich nie geliebt hättet ...«

Sonderbar und über alle Begreifung!

Pause.

»Ritter! Es war eine Zeit, da von Euch geliebt zu werden mir schmeichelte. Könntet Ihr so grausam sein, mir selbst die süßen Hoffnungen rauben zu wollen, die meine Seele füllten? Wie träumte ich mich so glücklich in Euren Umarmungen.«

Übermannt vom heißen Gefühl der Liebe stürzte sie dem Ritter in den Arm und verbarg ihr Gesicht an seinem Busen.

Er: »Bei Gott, Gräfin! Feuriger liebte Euch keiner!

Das Gefühl, das ihr mir in die Seele hauchtet, wird unvertilgbar sein, so lange ich atme, aber ...«

Pause.

Sie: »Aber?«

Er: »Meine Liebe wird Euch töten.«

Sie: »Rätselhafter Mann! Ich verstehe nicht, was ihr sprecht. Seid doch offenherzig, Ritter! Ich bitte, ich beschwöre Euch! Teilt mir das Geheimnis Eures Herzens mit! Ich bin ja eure Freundin, vertraut auch mir!«

Er: »Ich kann nicht ...«

Sie: »Ihr könnt nicht? Unbiegsamer, harter Mann! Was ist Euer Entschluß?«

Er: »Sizilien zu verlassen.«

Sie: »Doch nicht heute? Nicht in diesem Augenblick?«

Er: »Je eher, je lieber.«

Pause.

Sie: »Und wo gedenkt Ihr hin?«

Er: »Weiß ich das?«

Sie: »Ihr wollt reisen und wißt nicht, wohin?«

Er: »Die Welt ist groß.«

Er sagte dies in einem so fürchterlichen Ton, der die Gräfin beinahe aus der Fassung gebracht hätte; doch begierig, den Knoten zu lösen, faßte sie ein Herz und nahm sich vor, mit Fragen und Forschen nicht nachzulassen, bis sie ihrem Gegner ein aufrichtiges Geständnis abgenötigt haben würde. Ihm näherrückend und seine Hand fest in der ihrigen haltend, setzte sie der Pause Grenzen und sagte in einem zu Herzen dringenden Ton: »Ist es wirklich Euer Ernst, zu reisen?«

Er: »Glaubt Ihr, daß ich Scherz treibe?«

Sie: »Auf wie lange?«

Er: »Auf immer.«

Sie: »Wann werdet Ihr reisen?«

Er: »Heute noch.«

Sie: »Allein?«

Er: »Allein.«

Sie: »Ohne Begleitung?«

Er: »Niemand als mein getreuer Ludoviko ist mein Gefährte in Leben und Tod.«

Sie: »Sonst niemand?«

Er: »Niemand.«

Pause.

Sie: »Ritter! Eure Zurückhaltung, Eure Verschlossenheit läßt mich fürchterliche Dinge ahnen. Ihr sagt, daß Ihr nicht verheiratet seid, auch keine andere liebt und doch - doch wollt Ihr Sizilien verlassen? Wollt reisen, ohne zu wissen, wohin?«

Er: »Ich muß!«

Sie: »Ihr müßt? So müssen andere und schreckliche Verhältnisse Euch zwingen.«

Pause.

»Ihr schweigt? Pfui, Ritter! Das ist nicht recht von Euch, daß Ihr mich so hintergehen, mich so mit Kälte und Verachtung belohnen wollt!«

Er: »Dianora!«

Sie: »Ist das Eure ganze Antwort?«

Er: »Dianora - Gräfin! Verdiente je ein Mensch Euer Mitleid, so laßt mich nicht ohne dasselbe Euer Haus verlassen.«

Sie: »Um Himmelswillen, Ritter! Was sagt Ihr?«

Er: »Ich bin nicht sicher.«

Sie: »Wie? Ihr seid in meinem Hause nicht sicher?«

Er: »Nirgends.«

Sie: »Nirgends? So seid Ihr geächtet - verbannt?«

Er: »Allenthalben!«

Sie: »Allenthalben?«

Er: »Mein Name ...«

Sie: »Um Gotteswillen! Euer Name? Ist la Cintra nicht Euer wahrer Name?«

Er: »Nein!«

Sie: »Wie heißt Ihr denn?«

Er: »Gräfin! Erlaßt mir die Antwort Eurer Frage. Euch meinen Namen zu sagen wäre schreckliche Beleidigung, unverantwortlicher Undank.«

Pause.

Sie: »Ich bin nur ein Weib, aber ich fürchte Euer Geheimnis nicht. Wer Ihr auch sein mögt! Und wenn ihr Vater und Mutter? Weib und Kind gemordet, Eurem Monarchen nach dem Leben getrachtet und die Krone Eures Vaterlandes an Euch zu bringen gesucht hättet, über meine Zunge dürfte und würde es nie kommen, meine Liebe bürgt Euch für meine Verschwiegenheit.«

Pause.

»Ritter! Bin ich keiner Antwort würdig? Seid doch aufrichtig!«

Er: »Ich bitte Euch, Gräfin, gebt mir meinen Abschied.«

Sie: »Nicht von der Stelle! Euer Geheimnis sei, welches es wolle, es muß heraus!«

Er: »Nun und nimmermehr!«

Sie: »Jetzt oder nie!«

Er: »Laßt sehen!«

Sie: »Ihr fordert mich selbst zum Kampfe auf? Wohlan! Ich wills versuchen. Ein schwaches Weib siegte schon oft über den Mann, der ihrer Schwäche spottete.«

Er: »Mich werdet Ihr nie besiegen.«

Sie: »Es kommt darauf an. Wer auf seine Stärke pocht, erliegt gemeiniglich zuerst im Streite.«

Er: »Oft, aber nicht immer.«

Überraschend war es dem Ritter, sich in diesem Augenblick von Dianorens Armen umschlungen zu sehen. Er rüstete sich zum Kampfe und siehe! Wenige Minuten, und der Sieg war in ihren Händen. Mit beiden Händen ihn umklammernd, sich fest an seinen Busen schmiegend, sagte sie: »Mann, dem ich meine Liebe gab, dem ich alles, alles gab, was mir teuer und wert sein mußte, kennst Du die Waffen nicht, die mir schon einmal den Sieg über Dich erfochten?«

Der Ritter wollte sich loswinden, aber Dianora klammerte sich fester und immer fester an ihn an.

»Wie? Du wolltest Geheimnisse vor mir haben? Vor Dianoren? Ha, liebenswürdiger Unbekannter! Und wenn Du der erste Verbrecher des Erdenrunds wärest, so darfst, so kannst Du nicht fort!«

Er: »Dianora ...«

Sie: »Andere, wichtigere Verhältnisse fesseln Dich an Remota und nötigen Dich, abzustehen von dem Entschluß, Sizilien zu verlassen.«

Er: »Wer spricht das?«

Sie: »Ich - und durch mich ein Wesen, dem Du sein Dasein gabst.«

Er: »Um Gotteswillen - Dianora! - was sagst Du?«

Sie: »Daß Du Vater bist.«

Er: »Vater?«

Sie: »Dem Kinde, das ich unter meinem Herzen trage.«

Er: »Ach! -«

Mit beiden Händen verhüllte sich der Ritter das Gesicht und wagte es nicht, Dianoren ins Auge zu blicken. Er sah es vorher, wie diese Katastrophe enden würde, und wäre gern im Freien gewesen; aber die Sohlen hingen ihm am Boden, und er fühlte sich durch eine geheime Macht festgehalten. Erst mußte das Geheimnis heraus, eher er sich los und ledig sehen konnte, hinzugehen, wohin er wollte; erst mußte er den Kelch ganz ausleeren, den ihm die schöne Witwe des gottlosen Martagno zutrank.

Dianora benutzte diesen Augenblick, riß ihm die rechte Hand mit Gewalt vom Gesicht herab, schmiegte sich ihm fest in den Arm und sagte in einem Ton, der sich nur denken, nur fühlen, aber nicht beschreiben läßt: »Ritter! Werdet Ihr noch reisen?«

Er: »Jetzt um so mehr.«

Sie: »Euch noch weigern, die Hand anzunehmen, die ich freiwillig Euch anbiete?«

Er: »Ich muß.«

Sie: »Was zwingt Euch dazu?«

Er: »Meine Unwürdigkeit. Gebt Eure Hand einem edleren, einem würdigeren Manne als ich bin.«

Sie: »Ich will, ich mag nicht! Ich will sie Dir geben, unbiegsamer Starrkopf! Sei, wer Du willst, ich folge Dir allenthalben, wohin Du gehst.«

Er: »Ihr könnt nicht mit mir gehen.«

Sie: »Aber das Kind.«

Er: »Ach!«

Sie: »Willst Du dem Kind nicht Vater sein?«

Er: »Ich möcht' es schon - aber -«

Sie: »Was hält Dich zurück?«

Er: »Es kann den Namen seines Vaters nicht mit Ehren führen.«

Sie: »Gott! Was sagst Du?«

Im heftigsten Ausbruch des schmerzlichsten Selbstgefühls stürzte er an Dianorens Busen, faßte wütend ihre Hand und drückte ihr einen brennenden Kuß auf die purpurne Lippe. Ach! Es war der Trennungskuß, der letzte Kuß, mit dem er die Rosen von den Wangen des betrogenen Weibes stahl. »Dianora«, sagte er, »werde Mutter und gib dem Kind deinen Namen.«

Sie: »Mann! Du bist schrecklich. Dieser Augenblick entscheide über Dich und mich! Noch einmal, zum letztenmale: Wer bist Du?«

Er: »Ich bin ...«

Sie: »Kehre nicht um! Denke nicht, mich durch eine Lüge zu hintergehen, ich will, ich muß es wissen!«

Er: »Du willst - Du mußt es wissen? Wohlan! So höre - und präge Dir jeden Buchstaben tief in die Seele! Der Mann, dem Du Dein Liebe gabst, heißt Ri ...«

Sie: »Nur heraus! Warum willst Du noch zaudern, mir mein Urteil zu sprechen?«

Er: »Ich bin Rinaldini.«

Kaum hatte er die letzte Silbe dieses furchtbaren Namens, der der Abscheu von Italien und das Schrecken von Sizilien war, ausgesprochen, so sank Dianora mit einem lauten Schrei auf den Stuhl zurück und war einer Ohnmacht nahe; der Ritter aber fühlte sich leichter und in den Stand gesetzt, derjenigen den letzten Dienst zu erweisen, die er so schrecklich hintergangen hatte. Er brachte sie aufs Bett und übergab sie der Sorge ihrer Freundin Violanta; er aber floh auf sein Zimmer.

(...)

Mit einmal sprang Rinaldo auf, schlug sich wütend vor die Stirn und ging dreimal mit ungestümen Schritten auf und nieder. »Meine Pistolen!« rief er und warf sich wieder in den Stuhl.

»Ihr wollt Euch doch nicht erschießen?« sagte Ludoviko in einem trocknen, gleichgültigen Tone.

»Was bleibt mir sonst übrig?« war Rinaldos Antwort.

»Seid kein Kind, Hauptmann!« fing Ludoviko in einem ernsten anmaßenden Ton von neuem an. »Euch um eines Weibes willen die Kugel durch den Kopf zu jagen, das lohnte nicht der Mühe. Bei meiner armen Seele! Das wär' die größte Torheit, die ihr begehen könntet; wenn Ihr das tätet, so spräch ich: Ihr hättet Euern Verstand verloren.«

»Leicht möglich, daß es schon geschehen ist.«

»Glaubt's nicht, Ritter! Weiber haben ihre Launen, das ist wahr! Aber sie sind auch bald wieder gut; wenn's Ungewitter vorbei ist, haben sie alles vergessen. Mein Rat wäre: Ihr gäbt der Gräfin ein gutes Wort und bliebt auf Remota.«

»Was kann mir das helfen?«

»Eure Sicherheit wird Euch doch lieber sein? Dianora liebt Euch, Ihr seid ihr alles, das weiß ich! Wolltet Ihr wohl Euer Glück mit Füßen von Euch stoßen? Kommt Zeit, kommt Rat! Fährt der Teufel ja einmal über Land und vertreibt Euch von Remota, so wird sich auch noch ein Plätzchen finden, wo Ihr ruhen könnt.«

»Du hast gut reden.«

»Gut oder nicht gut; wo Ihr bleibt, bleibt auch Ludoviko.«

Unter solchen Gesprächen brachten sie die Nacht hin und erwarteten mit Sehnsucht den Tag. Mit Einwilligung seines Herrn ging Ludoviko und horchte am

Zimmer der Gräfin; er pochte leise, erkundigte sich, als Klara die Tür öffnete, nach dem Befinden derselben und bat um eine Audienz für den Ritter. Aber die Gräfin schlief, und er mußte sich bis zu ihrem Erwachen in Geduld fügen.

Ungefähr eine Stunde nachher trat Klara ins Zimmer, übergab dem Ritter ein versiegeltes Billett und ging, ohne die Antwort zu erwarten, wieder hinaus.

Rinaldo las. Wütend schlug er sich, als er gelesen hatte, vor die Stirn, ließ das Papier fallen und stürzte sinnlos in den Lehnstuhl.

Begierig auf den Inhalt des Billetts, hob es Ludoviko bedächtig auf und versuchte, so gut er konnte, Buchstaben zu Silben und Silben zu Worten zu machen. Es lautete so:

»Unglücklicher! Du hast mich unaussprechlich unglücklich gemacht. Ich kann Dich nicht sprechen. Überlaß mich meinem Schicksal und folge dem Deinigen! Dianora ...«

(...)

Fürchterlich war Dianorens Lage. Krank an Leib und Seele mußte sie nun mehrere Wochen lang für ihre Torheit büßen.

Den berüchtigten Räuber Rinaldo, das Schrecken des ganzen südlichen Europas, mit ihrer Liebe begünstigt zu haben, getraute sie sich nicht einmal sich selbst zu gestehen, geschweige denn dieses Geständnis gegen Violanten oder sonst jemanden laut werden zu lassen. Sie verschloß ihren Gram in sich und mehrte mit jedem Tage ihre Krankheit. Denn obgleich ihre Unwissenheit in Ansehung der Person dieses erklärten Betrügers ihre Liebe entschuldigte, so waren ihr doch

Ehre und Schande zwei zu wichtige Dinge, als daß jene diese hätte erhöhen oder vergessen machen können.

Sie fühlte, daß sie Mutter werden sollte, und würde unter anderen Umständen sich über alles glücklich geschätzt haben, dieses Gefühls teilhaftig geworden zu sein; aber der Gedanke, einen Räuber, einen verbannten, allenthalben geächteten, den Verfolgungen der Justiz preisgegebenen Landstreicher für den Autor dieses seligen Gefühls anerkennen zu müssen - dieser Gedanke war ein ihre Ruhe und Gesundheit verzehrendes Gift.

Ihren Gram zu verbergen war unmöglich; Violanta, die treue Teilnehmerin ihrer Leiden wie ihrer Freuden lockte ihr das Geheimnis ihres Herzens ab, den wahren Namen des ungetreuen Ritters aber, wie Dianora ihn nannte, konnte sie doch nicht von ihr erfahren.

»Warum«, sprach sie zu sich selbst, »warum mußte ich das Opfer der Habsucht meiner Eltern werden? Um ihren Mammon zu häufen, ihm, den ich nicht lieben konnte, meine Hand geben? Unerbittliches Schicksal! Womit habe ich es an dich gebracht, daß du mir den Kelch irdischer Wonnen kredenztest, um mir das Leben zu vergiften? Warum ließest du mich im höchsten Genusse himmlischer Freuden, schwindender Augenblicke, Jammer und Elend auf ein ganzes Menschenalter hinabschlürfen? Warum nichtetest du nicht mein Dasein, Unerforschliches aller Wesen, durch deiner Machtsprüche einen, wenn die Bahn meiner Jugendtage nicht rein und makellos war? Warum gabst du dem furchtbaren Räuber solch einen fesselnden Blick? Warum seinem Herzen dies Gefühl, das er nicht bergen konnte? Wie, wenn Rinaldo - seine Bildung ist ungewöhnlich - sein Gesicht ist nicht der Verräter der gemeinen Menschenklasse - sein Gang - der Ton seiner Stimme, ha! Wie süß, wie lieblich tönte er der Irrenden ins Ohr - und doch - doch ist er ein Räuber? Nein, ich kann, ich darf ihn nicht lieben; er ist ein Verbrecher, ein - Ungetreuer! Aber vergeben? Ha! Wer wehrt mir das? War ich's nicht selbst, die um seine Liebe buhlte? Die so gern mit seinen Locken spielte, wenn er den männlichen Arm mir um den Nacken wand? Doch weg - weg mit jedem Gedanken an Rinaldo! Eine Liebe wie diese ist strafbar. Was konnte denn das schwache Weib dafür, daß die Wahl ihres Herzens auf einen Mann fiel, den sie nicht kannte? Der alles gab und nahm, was man so gern empfängt und nehmen läßt? Aber nein! Nein! Er war ein Heuchler, ein Ungetreuer.«

Bange Ahnungen, fürchterliche Erscheinungen, über die sie aber gegen niemand laut wurde, veranlaßten sie, ihren jetzigen Aufenthalt, in welchem sie vor den Überfällen der Räuber nicht sicher zu sein vorgab, mit einem weniger einsamen und von friedlichen Landleuten bewohnten Dörfchen, das ebenfalls ihr Eigentum war, zu vertauschen. Violanta und Klara folgten ihr, ohne sich weiter um die wahre Ursache dieser Veränderung zu kümmern.

Die Lage ihres neuen Wohnorts war ebenso schön und romantisch als die des vorigen, aber weniger entfernt von menschlicher Gesellschaft und darum ihrer Sicherheit angemessener. Ein weites, offenes Tal, von sanft sich erhebenden Gebirgen beschränkt, führte zu einer fruchtbaren Ebene, in deren Mitte das herrschaftliche Schloß sich auf einer kleinen Anhöhe erhob und dir reizendste Aussicht gewährte. Auf allen Seiten war es von nachbarlichen Hüttenbewohnern umgeben, die dasselbe gleichsam auf ihren Schultern zu tragen schienen und vor den Überfällen räuberischer Banden sicherten.

Seit undenklichen Zeiten wußte man von dergleichen unangenehmen Ereignissen in dieser Gegend nichts, und die friedlichen Dörfler konnten sich nicht erinnern, je einen ihrer Sicherheit gefährlichen Mann gesehen zu haben. Darum wählte Dianora diesen Ort zu ihrem Aufenthalt und wähnte, hier die Ruhe zu finden, die sie auf Remota floh. Doch ihre Täuschung war nicht von langer Dauer.

Gewohnt, zu gewissen Stunden des Tages und am liebsten bei trübem melancholischem Wetter, einsam zu wandeln am Gestade des nachbarlichen Stroms, der sich in einiger Entfernung hinter den Bergen wegstahl und durch mehrere kleine Abflüsse und Quellen, die sich hier und da in unbedeutenden Seen vereinigten, die Fluren ihres Eigentums wohltätig bewässerte, sah sie sich, just da sie es am wenigsten ahnte, auch in ihrer glücklichen Einsamkeit von dem gräulichen Unhold verfolgt, der auf Remota schon zu mehreren Malen ihr erschienen war und Schlaf und Ruhe verbittert hatte.

Eine lange hagere, schwarzgekleidete männliche Figur, die dem Ansehen nach einem Barfüßer glich, trat, als sie am Arm ihrer Freundin im bunten Tal hin und her spazierte, in einer Entfernung von hundert Schritten ungefähr vor ihre Augen. Violanta hielt ihn für einen Bettler; Dianora aber erkannte gleich beim ersten Anblick in ihm jenen furchtbaren Nachtwandler, dessen Erscheinung ihr Anlaß gegeben hatte, das einsame Remota zu verlassen und gegen ihren jetzigen Aufenthalt zu vertauschen.

An Händen und Füßen bloß, den Kopf in eine schwarze Kapuze gehüllt und mit einem Knotenstrick umgürtet, kam die Figur mit langsamen Schritten ihnen näher, wendete sich aber bald wieder rückwärts und verlor sich in einem zwischen den Gebirgen hinabführenden Weg, auf welchem Dianora seit ihrem Hiersein es schon mehrmals gewagt hatte, allein zu lustwandeln.

Ihr Glück, daß sie nicht allein war. Wer weiß, ob der Unhold nicht Absichten hatte, an deren Erreichung ihn Violantens Gegenwart verhinderte? Über diese Erscheinung verlegen, bat Dianora ihre Freundin umzukehren, indem sie es nicht für gut hielt, weiterzugehen; mit der Versicherung, daß ihr die häßliche Gestalt schon mehrmals zu Gesicht gekommen wäre und sie sogar bis in die Nähe des Schlosses verfolgt habe.

Dies war alles, was sie ihrer Freundin vertraute. Ihre ungewöhnliche Ängstlichkeit, ihr Schweigen und die Schnelle, mit der sie dem friedlichen Dörfchen entgegen eilte, waren Violanten bedenklich und machten sie auf jeden Schritt ihrer beunruhigten Freundin aufmerksam, für deren Glück und Sicherheit sie gern ihr eigenes Leben aufgeopfert hätte.

Beim Nachhausekommen floh Dianora auf ihr Zimmer und verlangte, allein zu sein. Sie dachte über die Erscheinung nach, die ihr so viel Unruhe machte, und kam in drei Tagen, binnen welchen bloß Violanta mit ihr sprechen durfte, gar nicht zum Vorschein. Alles war für sie besorgt, denn alles liebte die gute Gräfin, und sie in so langer Zeit nicht zu sehen, machte den gutherzigen Talbewohnern nicht geringen Kummer.

(...)

Weniger genoß Dianora die Ruhe.

Auch zu ihrem Zimmer hatte die schwarze Gestalt den Weg gefunden und durch eine Ladung sie veranlaßt, vor dem Richterstuhl der Richter im Verborgenen zu erscheinen und sich wegen ihres Umgangs mit dem berüchtigten Räuber Rinaldini zu rechtfertigen.

»Wach' ich, oder träum ich?« sagte sie zu sich selbst, als sie wieder allein war und der Schreckensbote ihr Zimmer verlassen hatte. Schlaflos wälzte sie sich auf ihrem Lager und erwartete mit Unruhe den Tag.

Die verborgenen Richter, die sich ein Recht anmaßten, über sie richten zu wollen, waren ihr ebenso unbekannt als ihre Absicht. Ihrer Unschuld bewußt, konnte sie es doch nicht verhindern, daß man es ihr zur Last legte, mit einem Manne Umgang gepflogen zu haben, den sie nicht kannte, und es ihr sogar zum Verbrechen anrechnen wollte, ihm Schutz und Obdach vergönnt zu haben.

»Ist das mein Verbrechen?« fing sie von neuem an. »Ich werde mich zu rechtfertigen wissen. O, ihr Furchtbaren, die ihr in Nacht und Dunkel euch verhüllt, warum kamt ihr mit eurer Warnung zu spät? Kanntet ihr den Verbrecher, warum zogt ihn ihr nicht früher vor euern Richterstuhl? Wer ihr auch sein mögt, ich bin gefaßt, Rede und Antwort zu geben von meinem Tun und Lassen und von meiner Liebe zu Rinaldini.

O der Unglückliche! Warum bestimmte ihn das Schicksal zu dieser Lebensart, die früher oder später seinen Nacken unter das Richtschwert beugen mußte? Warum kürzte die Parze nicht den Faden seines Lebens, da er noch in der Wiege lag und am Gängelband der Unschuld seine Laufbahn wandelte? Ha! Liebe! Auch im Verbrechen bist du schön.

Armes, liebeskrankes Herz! Deine Unschuld ist nur dem einen bewußt, der die seligsten Gefühle dir gab. Ha! Wie so ungestüm rollt das Blut mir durch die Adern dahin - alle meine Pulse sind in Bewegung - hörbarer schlägt der Hammer meines Herzens und doch - doch!

O Rinaldini! Rinaldini! Liebenswürdiger, gefürchteter, abscheulicher Verbrecher! Warum war es dir nicht auf die Stirn geschrieben? Warum gab dir die schaffende Hand des großen Menschenbildners diesen bezaubernden, verführerischen Blick?

Bin ich denn die einzige, die deine Liebe unglücklich machte? Ob ich es bin? O! Mein Herz sagt es mir, daß ich nicht die einzige bin - daß allenthalben und schon lange vor mir Mädchen und Weiber sich am Anblick dieses schönen Mannes weideten, der der Schöpfer meiner Leiden war.

Ob dies wohl Beruhigung sein kann? Torin - können die Leiden anderer die deinigen mindern? Mehren sie nicht die Sündenlast des Verbrechers? O Rinaldini! Abgott der Weiber- und Mädchenwelt! Warum bist du das Schrecken der Länder, der Abscheu von Italien?«

(...)

Wer war froher, wer war vergnügter als Rinaldo. Von kühnen Hoffnungen belebt, schwand der noch übrige Teil dieses Tages ihm unbemerkt dahin, und er war mit seinem Schicksal zufrieden. Er fand Behagen an den wechselnden Vergnügungen seiner Einsamkeit und dachte nicht an die Ladung der schwarzen Richter, noch an die bedeutenden Gemälde, auf welchen er die ihm erschienene imponierende Gestalt abgebildet gefunden hatte.

Ruhig und sorglos legte er sich, als es Abend wurde, zur Ruhe und schlief, ohne durch irgend etwas gestört zu werden, bis es Tag ward.

Unangekleidet trat er ans Fenster, weidete sein Auge am Schauspiel der aufgehenden Sonne, wie sie die Spitzen der Berge vergoldete und das Dunkle der Nacht in wohltätiges Licht wandelte. Eine Staubwolke, die er in der Ferne erblickte, machte seine Aufmerksamkeit rege. Es war ein Wagen, der kühn über die Felder dahinrollte, ihn aber weiter nichts ahnen ließ. Mit sich und seinem Schicksal ausgesöhnt, ergriff er sein Instrument, spielte und sang:

Wiedersehen, Hören, Fühlen,
Ihrer Töne Harmonie,
Ihres Pulsschlags mächtig Wühlen.
Wiedersehen soll ich sie.

Mich in Ihrem Auge sonnen,
Badend mich im Überfluß,
Überirdisch kühner Wonnen,
Schmeckend Ihren Zauberkuß.

Nach der langen Trennung Schmerzen,
Fühlen ihrer Schwanenhand,
Sanften Druck, an Ihrem Herzen,
Mich vergessen, Ehr und Stand.

Komm! O komm, gewünschte Stunde!
Komm! und führe mich zu Ihr
Einen Haus von Ihrem Munde
Tausend Leben zoll ich Dir!

Kaum hatte er geendet, als er an seiner Tür klopfen hörte. Er machte auf. Das Mädchen, das ihm zur Bedienung gegeben war, brachte das Frühstück und einen Brief von Violanten.

»Von Violanten?«

Begierig riß er das Siegel herunter, las und - Himmel und Hölle! welch ein Donnerschlag für den hoffenden und überschwenglicher Seligkeit harrenden Rinaldini.

»Dianora nicht mehr hier?« brüllte er zweimal laut auf, nachdem er das Billett gelesen hatte und sich wieder allein erblickte. Wütend lief er im Zimmer auf und nieder, schlug sich vor die Stirn und haderte mit dem Schicksal, daß er auch nicht einmal das Mädchen, das ihm den Brief gebracht hatte, zur Rede stellen konnte.

Zu wiederholten Malen las er den Brief, weil er seinen Augen nicht trauen wollte, und verwünschte sein Dasein.

»Ha! Schlange«, sagte er, »mußte ich dich darum dem Hungertod entreißen, daß du mit leeren Hoffnungen mich speißtest, und meinen Verfolgern mich in die Hände zu liefern und über meinen Untergang zu triumphieren? Basta! Diese Wonne soll dir nicht werden; Rinaldo weiß zu sterben, wie er zu leben wußte.«

Mit diesen Worten spannte er ein Terzerol und setzte es an den Mund. Es versagte. Solcher Fälle nicht gewohnt, warf er es ärgerlich von sich, ergriff ein zweites und war schon im Begriff, den Selbstmord zu begehen, als er sich durch das Wehen einer ungewöhnlichen Luft angehaucht und zur Vollstreckung seiner Tat untüchtig gemacht fühlte. Der Arm sank ihm unwillkürlich herab, und das Mordgewehr entfiel seiner Hand, indem er seinen Namen nennen hörte und beim Herumdrehen den schwarzen Boten im Verborgenen schleichender Gerechtigkeit an seiner Seite zu erblicken wähnte.

»Bin ich denn allenthalben ein Spiel menschlicher Launen? Nirgends mehr sicher? Muß ich nur bei Nacht und Dunkel aus einem Winkel der Erde in den anderen schleichen?«

Schweigend drohte ihm der Schwarze mit aufgehobenem Finger und ging.

Rinaldo hatte nicht Mut genug, ihm nachzueilen und sich zu überzeugen, ob diese Erscheinung Blendwerk oder vielleicht nur Spiel seiner eigenen Phantasie wäre. Er fühlte sich zu sehr überrascht, von Schmerz und Zorn überwältigt und hatte Mühe, wieder zu sich selbst zu kommen.

Als er sich ruhiger fühlte und der Sache ernstlicher nachdachte, überlas er den Brief noch einmal und fand sich geneigt, Violanten zu entschuldigen, welche der Vermutung nach denselben auf Dianorens Verlangen geschrieben haben mußte, denn der Ton, in dem sie schrieb, war ihrem Charakter angemessen. Er las:

»Was bis jetzt mir noch ein Geheimnis war, liegt nun offen vor meinen Augen, und ich weiß, wer und was Ihr seid. Dianorens Geständnis setzte mich in Verwunderung. O Ihr furchtbarer, verrufener Mann! Verlaßt dieses Schloß, Ihr seid hier nicht mehr sicher. Rettet Euch und

flieht, ehe die strengen Richter der Wahrheit Euren Aufenthalt auskundschaften. Auch Dianora ist nicht mehr hier. Wenn ihr diesen Brief lest, ist sie schon mehrere Stunden von Euch getrennt. Ihre Spur zu finden, gebt Euch nicht vergebens Mühe. Eilt und fliehet! Lebt wohl! Gott sei mit Euch!

Violanta.«

Mit starr zur Erde gesenktem Blick stand er einige Minuten und überlegte, was er tun wollte. Dann ergriff er sein Gewehr, warf es über die Schulter und verließ, ohne zu wissen, wohin er seinen Weg nehmen würde, das Schloß.

(...)

Ob Rinaldo aus Neigung oder aus Gewohnheit oder aus Notwendigkeit sich mit diesen raubsüchtigen Kreaturen verband, oder ob vielleicht andere Ursachen ihn veranlaßten, sich an ihre Spitze zu stellen, überlassen wir dem Gutachten unserer Leser, um uns durch unnötige Untersuchungen nicht vom Faden der Geschichte zu entfernen. Wer den berüchtigten Rinaldini kennengelernt hat, der weiß auch, wie oft er dem fatalen Handwerk entsagte, wenigstens entsagen wollte, und wie oft ihn der Zufall, wenn er's am wenigsten vermutete, in den Zirkel seiner alten Bundesgenossen zurückführte.

Kurz, er war unter den Wölfen und wußte sich in jede Lage zu schicken.

Böse war sein Herz von Grund aus nicht; aber widrige Schicksale hatten ihn genötigt, sich einer Lebensart zu ergeben, die ihn auf immer unglücklich machen mußte. Er wäre so gern glücklich gewesen, aber dies war ihm unmöglich; denn mitten im Genusse irdischer Wonnen sah er sich mit einmal von der Höhe, auf der er sich zu sehen glaubte, zu seiner Niedrigkeit hinabgeworfen, verachtet, verfolgt.

Sein Zustand war am schlimmsten, wenn er allein war, das heißt, von allem entfernt, was Mensch war. Das Gewissen, der Menschen unzertrennlichster Gefährte, erwachte dann und raubte ihm die Ruhe, deren nur der Tugendhafte sich gewärtigen darf. Sobald er aber unter Menschen sich erblickte, vergaß er sein Elend und fand allenthalben seines Gleichen.

Dies war denn auch hier der Fall. Ludoviko und seine Gesellen machten ihn sein Unglück vergessen und forderten ihn zu neuen Taten auf.

»Die Schwarzen«, sagte dieser, »was sind sie anders als Räuber, die auf Euren Namen sengen, brennen und morden? Sollte sich's nicht der Mühe lohnen, sie aufzusuchen und ihnen das Handwerk zu legen?«

»Es sind handfeste Kerls«, erwiderte Rinaldo mit einer gewissen Überzeugung, die bei Ludoviko ungleich stärker sein mußte, da er an seinem Körper die Merkmale ihrer Kraft trug und fast mehr Ursache hatte, sich vor ihnen zu fürchten.

»Laßt Euch das nicht irren«, sagte er, »die unsrigen haben auch zuschlagen gelernt.«

»Ihrer so wenig, was sollen diese gegen die Übermacht?«

Ludoviko würde nicht mit solcher Zuversicht gesprochen haben, hätte er nicht gewußt, daß in der Nähe ein Häuflein von Rinaldos Leuten sich versteckt gehalten hätte.

»Wenn Ihr Lust habt, mit ihnen anzubinden«, hub er von neuem an, »so sollt Ihr binnen sechs Stunden so viel Leute um Euch her versammelt sehen, daß Ihr noch diese Nacht den Angriff wagen könnt.«

Das Anerbieten war dem Hauptmann nicht unwillkommen. Er beratschlagte einen Augenblick und überließ es seinem getreuen Ludoviko, mit Zuziehung der bei sich habenden Spießgesellen, die in der Gegend umher zerstreuten Räuber an sich zu ziehen und ihnen von ihrem Unternehmen wider die Schwarzen Meldung zu geben.

Ludoviko ging, und Rinaldo blieb allein im Hinterhalt zurück, wo er seine alten Bekannten zu erwarten versprach.

(...)

Um ihnen den Paß zu verlegen, lagerte sich Rinaldo mit seinem Häuflein am Fuße eines Berges, dicht an der vorbeigehenden Straße in einem Tannenwäldchen.

Die natürliche Lage seines Hinterhalts ließ ihn die herrlichsten Vorteile über seine Gegner erwarten, da sie ihn in den Stand setzte, diese von drei Seiten zugleich anzugreifen.

Früher als sie glaubten, wurde ihnen der Wunsch gewährt. Sie hatten nicht zwei Stunden in ihrem Hinterhalt gelauert, als die Schwarzen, mit Beute beladen, um den Berg herumkamen und sich nichts weniger vermuteten, als von der Rinaldinischen Bande überfallen zu werden. Sie sahen sich von allen Seiten umringt und zur Gegenwehr genötigt.

Es setzte blutige Köpfe; und trotz allen Widerstandes mußten die Schwarzen sich durch die Flucht retten und ihren Überwindern den mit sich führenden Raub überlassen.

Unter den Gefangenen erkannten Rinaldo und Ludoviko einen Mann, den sie oft auf Remota gesehen hatten. Er hatte gefochten wie ein Löwe und ans Fliehen nicht gedacht. Sein Absehen war darauf gerichtet gewesen, einem dieser beiden das Lebenslicht auszublasen, um sich für den Tod seines Vaters an ihnen zu rächen.

Dieser war, nach dem Geständnis, das er, als er sich außer Stand gesetzt, seinen Zweck zu erreichen und in der Gewalt seiner Feinde erblickte, mehr freiwillig als gezwungen, ablegte, einst Türhüter des Grafen Martagno und Vertrauter seiner Untaten gewesen. Ihm hatte dieser Violantens Einkerkerung und ehrlose Verpflegung übertragen, wobei er, der Erzähler, ihm hilfreiche Hand geleistet hatte.

Seine Ermordung, die er für ein Werk des unter dem Namen Baron Tegnano vermeintlichen Verwandten der Gräfin gehalten hatte, zu verhüten, war ihm nicht möglich gewesen, da er um das abenteuerliche Beginnen der Gräfin, allein und zur Nachtzeit in die unterirdischen Gewölbe ihres Eigentums hinabzusteigen, im mindesten keine Ahnung hatte, mithin auch nicht wußte, daß Dianora selbst den Verwegenen gemordet hatte, der es ihr zumuten wollte, Violantens Platz einzunehmen.

»Dieses Ereignis«, setzte er hinzu, »brachte mich wider Euch auf und ich trugs Euch allenthalben nach; aber die Gelegenheit fehlte mir, an Euch zu kommen.«

»Niederträchtiger«, sagte Rinaldo, als er geendet hatte, »längst schon hättest Du den Tod verdient.«

Wütend fielen Ludoviko und mehrere von Rinaldos Leuten über den Unglücklichen her, aber ein schmetterndes »Zurück!« wehrte ihrem Beginnen und befreite den Ohnmächtigen von ihren Mißhandlungen.

»Die Vorsicht ist gerechter als Ihr«, sagte Rinaldo, »sie wollte nicht, daß der Löwe unter den Streichen unserer Schwerter sterben sollte. Daß es keiner wage, Hand an ihn zu legen! Dir, Albano, übertrage ich seine Verpflegung. Verbindet ihm seine Wunden und sorget für seine Genesung.«

Niemand wußte, was der Hauptmann damit beabsichtigte, aber seinen Winken zu gehorchen gewohnt, befolgten sie auch diesmal seinen Befehl, gossen Öl und Salben in die Wunden ihres Gefangenen, luden ihn auf ein Maultier und folgten in einiger Entfernung dem größeren Haufen, der mit der eroberten Beute einem sicheren Ort in den dichten Waldungen von Saldona entgegeneilte.

Als sie bei dem bekannten Waldhäuschen anlangten, machten sie Halt und nahmen von der verlassenen Einsiedlerwohnung Besitz.

Das erste, was Rinaldo anordnete, war die Untersuchung und Verteilung der gemachten Beute, welche teils in Viktualien, teils in Leinen und einigem Silbergerät bestand. Die ersteren gab er seinen Leuten augenblicklich preis, für das letztere aber bot er ihnen eine Entschädigung an barem Geld an, weil er es nicht ratsam hielt, es zu verteilen, da einige Stücke ihm bekannt zu sein schienen, worüber er mehr Auskunft zu erlangen gedachte.

Seine Ahnung war nicht ungegründet. Bei Eröffnung des letzten Koffers fand er sie augenblicklich bestätigt. All die trefflichen Kunstwerke, die bei seinem letzten Aufenthalt auf dem Schloß der Gräfin Martagno ihm waren zu Gesicht gekommen, fielen ihm sogleich in die Augen und überzeugten ihn von der Wahrheit seiner Vermutung.

Die beiden Gemälde, auf welchen der schwarze Gerichtsbote abgebildet war und deren bereits oben Erwähnung getan worden, bewiesen deutlich genug, daß sämtliche hier erbeuteten Effekten das Eigentum der Gräfin waren. Ihr dieselben wieder zu erstatten war seine Absicht, aber er wußte ja nicht, wo er sie finden oder nur suchen sollte. Doch hierüber mußte ihm sein Gefangener Auskunft geben können, denn er erinnerte sich, daß jener Schwarze, der sich für den Abgeordneten der im Verborgenen richtenden Justiz ausgegeben, ihm gesagt hatte, daß Dianora sich in der Gewalt ihrer Richter befände.

»Petranio!« sagte er – so hieß der Gefangene. »Du bist in der Gewalt eines Mannes, den deine Spießgesellen richten wollten, aber das Blättchen hat sich gewendet, und er wird nun richten über dich und sie. Kennst du mich?«

»Ich kenne Euch, Hauptmann!« erwiderte Petranio, »Ihr seid ein großer, ein gefürchteter Mann. Mein Leben ist in Euren Händen; aber ich möchte nicht gern so jung schon Erde kauen ...«

»So hast du Lust zu leben?«

»Ja, Hauptmann!«

»Gut! Ein aufrichtiges Geständnis kann doch vom Tode retten und deine Gefangenschaft erleichtern.«

»Gebt mir meine Freiheit, und ich will Euch alles gestehen.«

»Deine Freiheit? Eine kühne Forderung! Soll dies die Bedingung deiner Aufrichtigkeit sein?«

»Versteht mich recht, Hauptmann. Ich bin noch jung, gesund und stark, und es gilt mir gleich viel, ob ich hier oder dort mein Brot finde. Jetzt steh' ich zu Euren Diensten.«

»Kennst Du die Gräfin Martagno?«

»Ob ich sie kenne? Habt Ihr es schon vergessen, mein Vater ...«

»Von ihren Händen den Lohn seiner Schandtaten empfing.«

»Wie? Was sagt Ihr, Hauptmann? Wart Ihr sein Mörder nicht?«

»Diese Frage zu einer anderen Zeit. Wo ist Dianora?«

»Wo sie jetzt ist, weiß ich nicht, daß sie aber das Schloß eher verließ, als Ihr daraus entkamt, das weiß ich.«

»Woher weißt du das?«

»War ich nicht selbst gegenwärtig?«

»In welchen Verrichtungen?«

»Vom Grafen Martagno meinem Vater an die Seite gesetzt.«

»Vom Grafen selbst?«

»Als Knabe gewann er mich lieb und machte mich zum Vertrauten seiner Liebschaften ...«

»Und seiner Verbrechen ...«

»Auch das.«

»Was war die Ursache seines Todes?«

»Er nahm Gift.«

»Warum tat er das?«

»Um nicht von Henkers Händen zu sterben.«

»Petranio! Was sagst du?«

»Man war ihm auf die Spur gekommen.«

»So hatte man Verdacht?«

»Nicht ohne Ursache. Seit seinem Tode trieben die Schwarzen ihr Handwerk auf Euren Namen.«

»Auf meinen Namen?«

»Ihr wolltet den Wink nicht verstehen ...«

»Petranio!«

»Der schwarze Gerichtsbote, der Euch zweimal die Stärke seines Arms fühlen ließ ...«

»Wer war der Verwegene?«

»Ich selbst.«

»Wie? Du selbst? Ha! Niederträchtiger.«

Mit diesen Worten sprang Rinaldo auf und wollte, vom Zorn überwältigt, den Wehrlosen in den Staub werfen; dieser aber trat um einen Schritt zurück und setzte den großen auf seine Macht trotzenden Rinaldini in Staunen und Verwunderung.

»Jetzt«, sagte er, »würde es zur Unzeit sein, diesen Arm wider euch auszustrecken; aber wenn wir allein wären, Hauptmann, dann solltet ihr euren Mann an mir finden.«

Rinaldo sah ihn an, maß ihn von oben bis unten, schwieg einen Augenblick und fing die Vernehmung von neuem an.

»Warum kamt ihr durch solche Schleichwege an mich?«

»Wir mußten Euch prüfen.«

»Mich?«

»Um unserer Sicherheit willen.«

»Und eure Absicht war?«

»Durch euch den Verlust unseres Oberhauptes zu ersetzen.«

»Also war Dianorens Gemahl ...«

»Mit Euch in gleicher Verdammnis.«

Rinaldo schwieg abermals, fühlte sich betroffen und ging nachdenklich einige Male auf und nieder.

»Kennst du diese Gemälde?«

»Sie hingen lange Zeit im Vorzimmer der Gräfin.«

»Wie brachtet ihr sie an euch?«

»Just so, wie ihr sie an Euch gebracht haben würdet, wenn ...«

»Schweig!« Er sagte dies mit einem so beleidigten Seitenblick, daß der Verhörte wohl merkte, wie er ihn auf seiner empfindlichsten Seite gefaßt hatte.

»Wann geschah der Überfall?« fragte Rinaldo weiter.

»Gleich nach Eurem Abschied.«

»Bei Tage oder bei Nacht?«

»Gleich viel.«

»Ohne Widerstand?«

»Wie hätten wir den finden sollen?« erwiderte Petranio lächelnd, »dies hätte bei Euch wohl der Fall sein können.«

»Waret ihr vielleicht mehrere ...?«

»Der Hauptmeister, der Kutscher, ich und mein Vater, wir waren von jeher Eidgenossen des schwarzen Bundes.«

»Wie? Also war Dianora ...«

»Auf allen Seiten von Schwarzen umringt.«

»Ist's möglich? Petranio! Das ist abscheulich!«

Wie ein Wütender lief er vor dem Waldhäuschen hin und her, schlug sich vor die Stirn und ärgerte sich, daß er von dem allen nichts gewußt oder nur geahnt hatte. Fast hätte er vergessen, die Vernehmung zu beendigen, wenn ihn Petranio nicht selbst erinnert hätte, indem er fragte: »Seid Ihr fertig, Hauptmann?«

»Was haben diese Gemälde zu bedeuten?«

»Sie sind ein Hauptzug aus dem Leben des Grafen.«

»Wie?«

»Seine erste Gemahlin hatte einen anderen auf der Seite, dem sie ihre Hand geben wollte, weil sie ihm bereits ihr Herz gegeben hatte; darum bediente er sich dieses Mittels ...«

»Sein Mörder zu werden?«

»Er erschien ihr mehrmals unter dieser Gestalt, wenn sie allein lustwandelte oder in der Kapelle ihre Andacht verrichtete.«

»Der Niederträchtige!«

»Nur der Tod seines Rivals konnte ihn ihres Besitzes sichern.«

»Das war ein schlechter Zug aus dem Charakter eines Schutzherrn.«

»Aber notwendig.«

»Und darum nichts besser.«

»Als er seine Absicht erreicht und sich im Besitz ihres Vermögens und ihrer Liebe sah, die er durch Schmeicheleien und Kunstgriffe zu erringen gewußt hatte, sah sich die Gräfin fürchterlich getäuscht, verachtet und entehrt. Wiederholter Genuß erregte ihm Ekel und Mißfallen. Diese trafen auch die unglückliche Gräfin. Ihrer Reize überdrüssig, schwelgte er in den Armen feiler Buhldirnen und ließ sichs angelegen sein, ihr das Leben auf möglichste Weise verhaßt zu machen, alles zu tun, was ihren Wünschen entgegen war, ihr oft die unbedeutendste Gefälligkeit zu versagen, und sie sogar an den notwendigsten Bedürfnissen Mangel leiden zu lassen. Um ihr seinen Haß und Verachtung ganz fühlbar zu machen, stellte er mit eigener Hand diese Gemälde in ihrem Schlafzimmer auf und beschleunigte, was er so sehnlich wünschte, durch den täglichen Anblick dieser Szenen, ihren Tod.«

»Der Unmensch!«

»An ihre Stellte trat Violanta. Ich war bei ihrer Entführung, wie bei ihrer Einkerkerung.«

»Genug, Petranio! Nun weiß ich alles. Deine Aufrichtigkeit gefällt mir; aber du bist doch ein gefährlicher Mensch.«

»Und doch ebenso treu und verschwiegen als listig, unternehmend und mutvoll.«

»Woran willst du mich dadurch erinnern?«

»An meine Freiheit.«

»Petranio! Was forderst du?«

»Erfüllung Eurer Zusage.«

»Ich bin sie dir schuldig. Aber ein Schritt über die Grenze und -«

»Ich verstehe Euch, Hauptmann! Es gibt nur einen Petranio; diesen Fang getan zu haben soll Euch nicht reuen.«

»Meinst du?«

»Nehmt mich auf die Probe. Ihr wünscht Dianoren zu besitzen, was gilts?«

»Petranio, was beginnst du?«

»Tod oder Leben.«

»Ist dir das ein Ernst, kühner Jüngling, so hast du alles zu erwarten. Der Besitz eines solchen Kleinods ist mehr als Kronen wert. Zwar kann ich diese dir nicht geben, aber - ist Dianora mein, was kann dann noch zu meinem Glücke fehlen? Petranio! Die Hälfte meines Vermögens für die erste Nachricht von ihrem Leben!«

Mit diesen Worten entließ er den Gefangenen und gab ihm seine Freiheit.

Ob es Neid und Aufsehen unter den Räubern weckte? Leicht möglich! Aber Rinaldinis Wort war ihnen Befehl, und ein Blick aus seinem Auge machte sie schweigen.

(...)

Diese als Räuber weniger, mehr als geheime Richter gefürchteten Verbrecher waren es, die ihm dem furchtbarsten unter allen, den obersten Platz in ihren Versammlungen zugedacht hatten. Zu einer anderen Zeit vielleicht würde er ihr Anerbieten angenommen haben; aber der Lebensart satt und überdrüssig und allenthalben verfolgt, geächtet und vogelfrei erklärt, war er fest entschlossen, seinen Räubereien ein Ziel zu setzen, durch Dianorens Befreiung sich mit der Menschheit auszusöhnen und als Waldbruder sein Leben in der Einsamkeit zu beschließen.

In dieser Absicht strebte er aus allen Kräften seinem Ziel entgegen, schickte allenthalben auf Erkundigungen aus, verabsäumte keine Gelegenheit und war vielleicht schon manchmal der Göttlichen nahe, um deren willen er Leben und Sicherheit aufs Spiel zu setzen für Kleinigkeit achtete.

(...)

Dianora hatte, als sie das romantische Bergschlößchen verließ, wo sie vor den Nachstellungen der Schwarzen sich nicht mehr sicher glaubte, außer Geld und Pretiosen nichts als die notwendigsten Effekten mit sich genommen.

Sie ahnte nichts weniger, als von den Mitgliedern dieses furchtbaren Bundes umringt zu sein, und wußte ebensowenig, daß sie auf falschem Wege sich befand, um schrecklichen Auftritten und neuen Leiden entgegengeführt zu werden.

Sie hatte kaum vier Stunden Wegs zurückgelegt, als sie an einen Wald kamen, den sie nach der Aussage des Kutschers passieren mußten.

Es war ihr nicht gleichgültig. Sie fühlte eine gewisse

Bangigkeit, aber sie ließ sich gegen Violanten, die sehr gelassen zu sein schien, nichts merken.

Der Weg war, wie er es in den Holzungen gemeiniglich zu sein pflegt, sehr schlecht, oft sogar grundlos, deshalb fuhr der Kutscher äußerst langsam und war eben beschäftigt, sich eine Pfeife Tabak zu stopfen, als auf einmal acht vermummte Kerls aus dem Gebüsch zu beiden Seiten hervorbrachen, über den Wagen herfielen, den Kutscher, der sich mit Peitschenhieben zum Schein verteidigte, banden und die im Wagen befindlichen Damen nötigten, ihnen Geld und Pretiosen zu überliefern.

Weigerung, die Habsucht der Räuber zu befriedigen, wäre hier ebenso übel angebracht gewesen, als Schreien um Hilfe vergeblich war, denn weit und breit war im Wald kein Mensch zu hören und zu sehen, der ihnen zur Hilfe hätte herbeieilen können.

Der Schreck hatte sie zu sehr überwältigt. In der Bestürzung wußten sie nicht, was sie tun sollten, und konnten den Räubern, die sie nötigten, auszusteigen, die Durchsuchung des Wagens nicht verwehren.

Indem nun zwei von ihnen damit beschäftigt und die übrigen im Begriff waren, Violanten und die Zofe durch unzüchtige Forderungen zu mißhandeln, stürzten aus dem Dickicht drei als Jäger gekleidete Männer hervor, welche die bedrängten Frauenzimmer für ihre Retter zu erkennen sich erkühnten. Sie riefen ihnen zu und gaben Feuer auf sie, das die Räuber erwiderten.

Es kam unter ihnen zum Handgemenge, währenddessen zwei von den Räubern mit dem den Damen abgewonnenen Geld und Geschmeide davoneilten; jedoch wurden sie durch das Herbeikommen mehrerer Wildschützen zerstreut und in die Flucht getrieben.

Unter den letzteren befand sich ein Mann von ausgezeichnetem Ansehen und Kleidung. Er nahm sich der geplünderten Damen an, beklagte ihr Schicksal und versprach ihnen, sie wider das liederliche Gesindel in Schutz zu nehmen. Zum Schein befahl er seinen Leuten, die Räuber zu verfolgen, um ihnen womöglich den Raub wieder abzunehmen; er selbst aber half den Damen wieder in den Wagen und bot ihnen seine Wohnung an, um daselbst auszuruhen und vom Schreck sich zu erholen.

Dianora schlug das Anerbieten um so weniger aus, je mehr ihre Freundin Violanta durch den Schreck erschüttert und fast ganz außer Fassung war. Sie dankte ihm in den verbindlichsten Ausdrücken für die Rettung ihres Lebens und nötigte ihn, in ihrem Wagen Platz zu nehmen, zu dessen Bedeckung drei von seinen Leuten beiher gehen mußten, um für weitere Überfälle gesichert zu sein.

Ungefähr nach zwei Stunden kamen sie auf dem Schloß ihres vermeintlichen Retters an, wo ihnen ein paar geschmackvoll möblierte Zimmer zur Bequemlichkeit angewiesen wurden.

Graf de Rosella war ein Mann, der die Verstellungskunst im höchsten Grade studiert hatte. Er wußte, seiner Jahre ungeachtet - denn er war schon ein Fünfziger - mit Personen des anderen Geschlechts auf eine so angenehme wie delikate Weise umzugehen. Dadurch wurde es ihm leicht, ohne den mindesten Verdacht zu erwecken, die reisenden Damen zu überreden, bei ihm zu übernachten und an seiner Tafel vorlieb zu nehmen.

Violantens Unpäßlichkeit, die eine Folge ihrer an sich schwächlichen Gesundheit und besonders der

Vorkommnisse war, veranlaßte die Gräfin, von dem gastfreundschaftlichen Anerbieten Gebrauch zu machen, in der Hoffnung, am anderen Tag ihre Reise weiter fortsetzen zu können. Doch es traten mehrere Umstände ein, die ihre Absicht vereitelten.

Violanta wurde zusehends kränker und nötigte die Gräfin, ihre Abreise so lange aufzuschieben, bis die Freundin ihres Herzens wieder genesen sein würde.

Eine zweite Ursache, hierzubleiben, war Mangel an benötigtem Reisegeld, den sie in der ersten Bestürzung kaum bemerkt zu haben glaubte. Der Verlust war ihr ebenso empfindlich, als den Grafen zum Vertrauten ihrer Verlegenheit machen zu sollen, der es gewissermaßen erwartete, um sie ihm verbindlich zu machen.

Sie glaubte ohnedies schon, ihm Verbindlichkeiten genug schuldig zu sein, zu schweigen, wenn sie es wagen wollte, auf seine Kasse Ansprüche zu machen. Sie schrieb daher an ihren Bevollmächtigten nach Messina und ersuchte den Grafen um die Bestellung ihres Briefes.

Vergebens harrte sie von einem Tag zum andern auf Antwort. Sie kam nicht. Es vergingen mehrere Tage, und ihre Verlegenheit wurde größer, je mehr sich Violantens Umstände verschlimmerten und ihren nahen Tod verkündigten.

Dieser erfolgte am siebenten Tage ihres Hierseins. Noch war sie in der nämlichen Lage und sah sich zu ihrem großen Mißvergnügen genötigt, sich dem Grafen zu entdecken, denn der eingetretene Fall verursachte ihr Kosten und Aufwand.

Der Graf machte sich ein Vergnügen daraus und beklagte sich nur, daß es bei einer so unangenehmen traurigen Gelegenheit geschehen müßte, indem er wünschte, ihr zu jeder anderen Zeit und bei angenehmeren Ereignissen dienen zu können. Er unterzog sich selbst der Beerdigung der Verschiedenen, die er so glänzend als möglich veranstaltete, wendete seine ganze Beredsamkeit an, die schöne Dianora über den Verlust ihrer Freundin zu trösten, und gab sich alle Mühe, dieser ihren Aufenthalt angenehm und ihre Leiden vergessen zu machen.

Aber Dianora fand kein Behagen, länger an einem Ort zu bleiben, der ihren Augen täglich die traurigsten Szenen darstellte. Ihre Einsamkeit machte ihr Langeweile, und die Liebkosungen des Grafen wurden ihr lästig und immer lästiger.

Ihre liebste und einzige Gesellschaft war Klara. In den Busen dieser Vielgetreuen konnte sie doch wenigstens ihren Kummer ausschütten und ihrem Herzen Luft machen. Ohne den Grafen selbst für ein Mitglied des Schwarzen Bundes zu halten, sagte sie: »Klara, ich bin in einer schrecklichen Lage!«

»Wird denn Euer Jammer und Weinen nicht bald ein Ende nehmen?« erwiderte diese, »O, daß ich Euch nur die Hälfte Eurer Last abnehmen könnte.«

»Gutes Mädchen! Ich kann Dir Deine Redlichkeit nicht belohnen. Leiden sind meine Bestimmung, nur der Tod kann ihnen ein Ziel setzen.«

Tränen entquollen ihren Augen; Klarens Blicke begegneten den ihrigen, und die leidende Gebieterin schämte sich nicht, am Herzen ihrer teilnehmenden Magd sich satt zu weinen.

Ihre Hand fassend und mit Küssen sie bedeckend, versuchte es die gutherzige Zofe, ihrer verehrungswürdigen Gebieterin Trost zuzusprechen, und es gelang ihr oft, sie zu beruhigen.

»Der Graf ist wohl ein großmütiger Mann«, fing Dianora wieder an, »aber seine Zudringlichkeiten lassen mich fürchterliche Dinge ahnen.«

»Er ist schon ein Mann bei Jahren«, entgegnete die gutmütige Klara mit der ihr natürlichen Einfalt, die ihr die Bestürmungen des Grafen nicht hatte merkbar werden lassen.

»Um so gefährlicher«, war Dianorens Antwort, die von einer besonderen Ängstlichkeit begleitet war, die sie nicht verbergen konnte.

»Klara«, sagte sie, »bist du meine Freundin?«

»O mein teure Gebieterin«, antwortete sie, »fandet Ihr je Ursache, daran zu zweifeln?«

»Gutes Mädchen!« sagte die Gräfin mit einem tief zu Herzen dringenden Blick und glühendem Händedruck. »Du hast mich wohl sehr lieb? Bleib bei mir! Gehe nicht von mir, Klara! Nicht einen Augenblick! Ich kann nicht ohne Dich leben! Die Stunden der Anfechtung kommen jetzt häufiger und lehren mich, den Retter meines Lebens von einer entgegengesetzten Seite kennen.«

Sie sprachen noch viel und lange über diesen Gegenstand und brachten die Zeit mit mancherlei Bemerkungen, Anschlägen und Entwürfen hin, die sie ebenso schnell wieder verwarfen, und saßen noch um Mitternacht, wie herzliche Freundinnen, in wahrer Seelenvertraulichkeit, Arm in Arm geschlungen, ohne an den Unterschied zu denken, der unter gleichen Umständen oftmals die Herzen von einander entfernt und Mißtrauen erregt, bis ein wohltätiger Schlaf sich auf ihre Augen senkte und dem Bedürfnis der Ruhe Genüge zu leisten versprach.

Dianora wußte nicht, wie ihr geschah. Der Bote,

dem sie den Brief eingehändigt hatte, kam nicht wieder. Kein Wunder, wenn ihr Bedenklichkeiten aufstießen. Leicht möglich, daß der Kerl selbst auf und davon gegangen oder von den Räubern überfallen worden sein konnte.

Sie war ohne Rat und Verstand.

Der Graf lächelte über ihren Kummer, nahm einen anderen Ton an und gab ihr allmählich zu verstehen, daß er ihres Weigerns müde war und mit Gewalt zu erlangen streben würde, was er bis jetzt durch Schmeicheleien und Liebkosungen nicht hätte von ihr erhalten können.

Dieses Benehmen brachte sie nur noch mehr wider ihn auf und setzte alle ihre Lebensgeister in Bewegung.

»Graf«, sagte sie, »mögt Ihr länger nicht Euch hinter der Larve verstecken? Hättet Ihr mir das gesagt, daß meine Tugend der Lohn Eurer Großmut sein sollte, bei Gott, der erste Augenblick Eurer Bekanntschaft wäre der letzte meines Lebens gewesen. Warum überließt Ihr mich nicht meinem Schicksal?«

»Vielleicht wäre es geschehen«, erwiderte der Graf, »wenn ich diese Spröde damals in Euch erkannt hätte.«

Mit diesen Worten verließ er das Zimmer und schloß es hinter sich ab.

Bitter lachte Dianora ihm nach und machte sich auf jeden neuen Angriff ihres Tugendfeindes gefaßt.

»Nur mit seinem Leben soll er sie erkaufen!« sagte sie, schwang den Dolch, den sie in ihrem Busen verborgen hielt, und warf sich sinnlos aufs Sofa.

Klara fürchtete für ihren Verstand. Unschlüssig, was sie tun sollte – denn die Tür war verschlossen und die Fenster ihres Zimmers mit eisernen Gittern versehen –, lief sie einige Male hin und her und ergriff in der Angst ein Glas Wasser, womit sie ihrer Gebieterin zu Hilfe eilen wollte.

Kaum war Dianora wieder zu sich gekommen, als sie männliche Fußtritte im Vorzimmer vernahm. Schon glaubte sie, ihren Peiniger wieder zu hören, und machte sich auf seinen Eintritt gefaßt.

Aber wie staunte die Gräfin, als sie sich in ihrer Vermutung getäuscht und bei Öffnung der Tür den Sohn des ehemaligen Türhüters ihres Gemahls vor sich stehen sah. Mit einem langen Schreit trat sie zurück und sagte: »Petranio! – Du hier?«

»Seit heute«, war die Antwort.

»Was bringst Du?«

»Diesen Brief.«

»Von wem?«

»Vom Grafen.«

»Vom Grafen?« wiederholte sie bedächtig langsam, sah den Überbringer mit starren Blicken an und wußte nicht, ob sie noch einmal fragen oder den Brief öffnen sollte.

»Meine Gegenwart ist Euch ein Rätsel«, fing Petranio an, »aber verzeiht, Gräfin, daß ich Euch für den gegenwärtigen Augenblick die Losung schuldig bleiben muß. Lest! Ehe die Zeit abgelaufen sein wird, sprechen wir uns wieder.«

Mit diesen Worten näherte er sich Klaren, faßte ihre Hand und sagte: »Folge mir!«

»Ich? Wohin?« fragte diese erschrocken und am ganzen Leibe zitternd.

»Um Gottes willen, Petranio! Was beginnst Du?« schrie ihm die Gräfin ins Ohr, ließ den Brief fallen und wollte Klaren seinen Händen entreißen.

»Gemach, Gräfin!« antwortete dieser gelassen. »Es ist Befehl des Grafen; ich kann und darf nichts dagegen. Faßt Euch in Geduld und seid ruhig! Es soll ihr kein Haar gekrümmt werden; dafür stehe ich Euch mit meinem Leben.«

»Petranio!«

»Komm, Klara! Du kennst mich ja von sonst her.«

Dianora stand wie versteinert, und Klara folgte ihrem Führer, ohne zu wissen wohin, von einer Galerie zur andern, Treppen auf, Treppen nieder, in ein finsteres Gemach, wo sie unter Schlangen und Eidechsen ihren Tod zu erwarten ahnte.

Noch stand Dianora und starrte mit unverwandtem Blick die Tür ihres Zimmers an, in der Meinung, daß sie sich öffnen und ihre letzte Freundin ihr wieder zuführen sollte. Aber umsonst! Die Tür blieb verschlossen und ihr weiter nichts übrig, als das auf die Erde gefallene Billett aufzuheben und sich mit dem Inhalt bekannt zu machen. Es lautete so:

»Undankbare!
Ich rettete Euch das Leben und ihr verschmähtet meine Liebkosungen. Das hättet ihr nicht tun sollen, denn Ihr seid eine Waise. Doch ihr seid in meiner Gewalt, der ich mich mit jedem Augenblick bedienen könnte, wenn ich unmenschlich mit Euch verfahren wollte. Ich gebe Euch daher drei Tage Bedenkzeit, binnen welcher ich unbedingt freiwillige Hingebung fordere. Nach Ablauf dieser Zeit wird es nur von mir abhängen, Euch Eurer Schuldigkeit zu entlassen, oder durch Zwangsmittel zur Erfüllung derselben anzuhalten.

Franz Graf von Rosella.«

»Welcher Zwangsmittel könnte sich der Unmensch bedienen wollen, mich unter seinen Willen zu beugen? Ha, Bösewicht! Deine Drohungen schrecken mich nicht. Nie wirst du von der verlassenen, tief gebeugten Witwe des Grafen Martagno mit Gewalt erlangen, was sie freiwillig dir versagte. Dianora kennt keinen Zwang – ihre Tugend keine Fesseln. Ohnmächtiger! Deine Gewalt ist ein Unding, mit welchem Tugend und Liebe Scherz treiben. Ha, ha, ha über den verliebten Hagestolzen.«

Unwillig über sich selbst ging sie einige Male im Zimmer auf und nieder, fühlte mit gewaltigen Schlägen den Hammer ihres Herzens pochen, vergaß ihres Tyrannen und seiner Drohungen, ergriff unwillkürlich ihr Instrument, setzte sich, spielte und sang:

Wer kennt nicht deine Macht, o Liebe!
Zum Fürsten machst den Bettler du.
Dein Reich ist überall, dein Wirken
Ist Allgewalt im schnellsten Nu.

Du huldigst, was auf Erden lebet,
Was Mensch nur heißt, Weib oder Mann –
Im Meere ist, in Lüften schwebet,
Was sich bewegt und atmen kann.

Wer fühlt nicht deine Zaubertriebe?
Wer wollte ihnen widerstehn?
Wer kennt nicht deine Macht, o Liebe!
Auch im Verbrecher bist du schön.

Der Tag verging, der Abend nahte sich, und Petranio kam nicht wieder.

Graf Rosella ließ sich nicht sehen, und Klara erschien auch nicht wieder. Dianora hatte eine schlaflose Nacht. Ängstlich zählte sie jeden Glockenschlag und sah mit ebenso vieler Unruhe wie Entschlossenheit der Lösung dieser fürchterlichen Katastrophe entgegen.

Der Morgen dämmerte heran, und Dianora wälzte sich noch immer auf ihrem Lager umher, ohne nur durch einen augenblicklichen Schlummer sich gestärkt zu fühlen.

Wohltätig waren die goldenen Strahlen der aufgehenden Sonne auf den Fenstern ihres einsamen Gemachs; sie luden sie zum Anschauen des herrlichsten Schauspiels an, um sie ihrer Leiden, wenigstens für den gegenwärtigen Augenblick, vergessen zu machen.

Sie riß sich auf, trat ans Fenster und weidete ihr Auge an der schönen Morgenbeleuchtung der erquickten Natur. Alles war still und ruhig. Nichts störte sie in der geistvollen Betrachtung, zu welcher ihr das reizende Gebäude, das sich allmählich weiter und immer weiter hin in die rauheste Wildnis umwandelte, Veranlassung gab.

Auge und Herz schienen ganz in sich verloren zu sein, und sie genoß in der Tat ein paar Stunden hindurch einer recht glücklichen Einsamkeit, vergaß ihr Schicksal, die Drohungen ihres Peinigers und war nur damit beschäftigt, dem Schöpfer ihres Daseins für die Erhaltung ihres Lebens die heißesten Gefühle des Dankes zum Opfer darzubringen.

Aber mit einmal fühlte sie sich umgestimmt. Die schwärmerische Laune erreichte ihre Grenzen; die von der am Horizont höher steigenden Sonne nicht mehr so schön beleuchtete Gegend entzog ihrem Auge den reizenden Anblick und schien ihr Unwillen zu erregen.

Die Einsamkeit wurde ihr lästig; sie vermißte ihre liebe Klara, und mehrere Bedürfnisse überzeugten sie endlich, daß der Graf Rosella seine Drohungen wahrzumachen begann.

»Sind das die Zwangsmittel«, sagte sie, »deren sich der Unmensch bedient, seine viehischen Absichten zu erreichen? Weit gefehlt, Herr Graf! Dies ist der Weg nicht, eine Dianora zu zwingen.«

Auch dieser Tag verging, und standhaft bekämpfte sie die Leiden ihrer Gefangenschaft, die durch Entbehrung der drückendsten Bedürfnisse mit jedem Augenblick unleidlicher wurde. Doch der Schlaf, dessen sie länger sich nicht entwehren konnte, machte ihr dieselbe weniger fühlbar und wiegte sie, noch ehe es Abend wurde, auf mütterlichen Händen ein.

Indes schmeichelte sich Graf Rosella eines günstigen Erfolgs seines harten Verfahrens gegen Dianoren und glaubte schon, den Sieg über sie errungen zu haben, als die Nachricht von der Annäherung der Rinaldinischen Bande ihn in nicht geringe Unruhe versetzte.

Petranio brachte ihm diese Nachricht selbst. »Seid auf Eure Sicherheit bedacht«, sagte er, »Rinaldini ist im Anzuge, die Schwarzen sind zerstreut, und Ihr seid nicht im Stande, Euch zu halten.« Von der Wahrheit dieser Behauptung überzeugt – denn sein Beginnen, sich zum Oberhaupte des Schwarzen Bundes aufzuwerfen, war ihm mißlungen und durch den Sieg der Rinaldiner über die Schwarzen gänzlich vereitelt worden –, faßte er den grausamen Entschluß, sich des Genusses der Reize seiner schönen Gefangenen mit Gewalt zu versichern, sich dann durch die Flucht zu retten und dem Räuber Rinaldini nichts zu hinterlassen als das Vergnügen, an den entseelten Körper der geschändeten Gräfin Martagno seine Augen zu weiden.

Zur Ausführung dieses Bubenstreichs bestimmte er die Nacht und war so unvorsichtig, sich dessen gegen Petranio verlauten zu lassen, auf den er sein ganzes Vertrauen gesetzt hatte. Mit Zuziehung desselben schaffte er in dieser Absicht alles auf die Seite, was er den Feinden nicht preisgeben mochte, und erwartete mit sehnlichem Ungestüm die Stunde der Mitternacht, die die Ausführung seiner schrecklichen Tat begünstigen sollte.

Lange hatte Dianora nicht so sanft, so anhaltend, so ruhig geschlafen. Als sie erwachte, schlug die Glocke zehn. Ungefähr nach einer halben Stunde hörte sie im Vorsaal ein Geräusch, das sie aufmerksam machte. Es wurde ruhig, erhob sich aber bald wieder von neuem. Sie geriet in Furcht, ohne zu wissen, warum. In ihrer jetzigen Lage konnte es ihr ja gleichgültig sein, da sie jetzt mehr als jemals unglücklich war und von der Bosheit des grauen Wollüstlings alles zu fürchten hatte.

Sie horchte, hörte Fußtritte, aber keine Menschenstimme. Das Geräusch verlor sich abermals; mit dem elften Glockenschlage aber kam es wieder und gerade auf die Tür ihres Zimmers zu.

Sie hatte kein Licht; aber die wohltätigen Strahlen des Vollmonds erleuchteten ihren Kerker, wofür sie jetzt ihre Wohnung hielt, so stark, daß sie jeden Gegenstand desselben deutlich unterscheiden konnte.

Als sie ihre Tür öffnen hörte, sprang sie zurück, faßte den Dolch und nahm eine vorteilhafte Stellung, ihren Gegner, wer es auch sein mochte, ins Auge fassen und sich verteidigen zu können.

Petranio trat ein und nannte mit leiser Stimme ihren Namen.

»Wer du auch sein magst«, erwiderte sie mit unerschrockener Stimme, »was berechtigt dich, meine Ruhe zu stören?«

»Eure Sicherheit.«

»Mensch! Wer bist du?«

»Kennt Ihr Petranio nicht?«

»Du? Wie kamst du hierher?«

»Jetzt ist es nicht Zeit, zu fragen, wie und warum ich hier bin. Hegt Ihr Mißtrauen, so nehme ich sogleich meinen Abschied und überlasse Euch Eurem Schicksal.«

»Meinem Schicksal?«

»Ohne Verzug, Gräfin! Der Räuber Rinaldini ist mit seiner Bande im Anzug ...«

»Wie? Was sagst du? Rinaldini?«

»Noch diese Nacht werden sie auf dem Schloß ihren Einzug halten!«

»Um Gottes willen!«

»Der Graf wird ihnen die Burg überlassen und fliehen. Zuvor aber wird er noch einmal hierher kommen.«

»Was will er hier?«

»Abschied von Euch nehmen.«

»Ich halte es für geschehen.«

»Meint Ihr? Aber er mag nicht von hinnen scheiden, ohne sich im Wohlgenusse Eurer Reize gebadet zu haben; Euch aber hat er zu einem schrecklichen Tode verurteilt.«

»Mich?«

»Eure Leiche soll den Feind zurückhalten, ihn zu verfolgen.«

»Der Feigherzige! Um sich zu retten, will er mein Blut?«

»Basta, Gräfin! Das soll er nicht. Ich habe einen Schlagbaum vorgezogen.«

»Was meinst du?«

»Ich will Euch retten.«

»Du?«

»Ohne Anstand. Hier! Werft diese Kleider über und folgt mir.«

»Wohin?«

»Ins Freie.«

»Mensch, soll ich dir trauen?«

»Macht, was Ihr wollt. Ist Euch Euer Leben lieb, so verliert keinen Augenblick, der Graf wird gleich hier sein.«

»Ich folge dir!«

Entschlossen, ohne zu wissen, wohin sie der nächste Augenblick führen würde, warf sie die Kleider über, die ihr Petranio mitgebracht hatte, und verließ, an seiner Hand geleitet, ihre Wohnung, in welcher sie wenige Minuten später ihren Geist hätte aufgeben müssen, wenn sie bis zur Ankunft des Grafen gezögert hätte, von dem Anerbieten Gebrauch zu machen, das ihr zu jeder anderen Zeit billig Bedenken erregt haben müßte.

Dianora war noch nicht die zweite Galerie hinab, als der Graf Rosella um die festgesetzte Stunde seinem Zimmer enteilte und mit sieghaftem Tritt der Wohnung seiner schönen Gefangenen sich näherte, an der er ein zweifaches Bubenstück auszuüben gedachte.

Er fand sie offen und leer. Fluchend und mit dem Fuße stampfend, wußte er nicht, was er denken, noch weniger, was er tun oder lassen sollte. Wie ein Rasender lief er aus einem Zimmer ins andere, durchsuchte alle Gemächer und Winkel, in welchen sich nur ein

Mensch verstecken konnte; aber er fand nicht, was er suchte. Er rief: »Dianora! - Petranio!«, aber allenthalben erfolgte keine Antwort. Er fragte den Burgwart, aber der konnte ihm keine Auskunft geben, denn er war ebensowenig zur Bedienung der Gräfin als ein wachsames Auge über sie zu führen bestellt gewesen.

Alles Forschen und Spähen war umsonst. Er sah sich genötigt, seinen Plan aufzugeben.

Eine halbe Stunde lang hatte er getobt und gewütet, als die Uhr zwölf schlug und mit einmal im Schloß Lärm wurde. Die Sturmglocke mahnte ihn, auf seine Sicherheit bedacht zu sein. Er wollte fliehen, aber er fand den Ausgang zu seiner Rettung verschlossen.

»Ha!« sagte er, »auf diesem Wege entkam die Schlange.«

Umsonst versuchte er es, die Tür zu sprengen, und glaubte nicht, daß ihm die Räuber auf dem Fuße folgen würden. »Halt!« tönte ihm entgegen - und Rinaldini selbst stand, von zwei Kameraden begleitet, hinter ihm.

Er wollte sich durchschlagen, aber auch der letzte Versuch mißlang, und ein Schwertstreich streckte ihn zu Boden. Wütend wie im Leben, so auch im Tode. Unter den fürchterlichsten Flüchen hauchte der Schändliche sein satanisches Leben aus, ohne seinem Überwinder nur auf eine einzige Frage Antwort gegeben zu haben.

Der Sieg war errungen und Rinaldini Meister von der Burg. Aber noch hatte er nicht, was er suchte.

Hätte er gewußt, was Petranio für ihn getan hatte, so wurde er andere Maßregeln genommen haben; aber

Dianorens Rettung hatte diesem nicht gestattet, ihm Nachricht zu geben.

Als er auf der Morgenseite ins Schloß eingedrungen war, hatte Dianora, von ihrem Führer durch einen unterirdischen Gang geleitet, auf der Abendseite ihren Weg verfolgt und unter seiner Bedeckung sich auf ein kleines Landhaus begeben, wo sie den Morgen erwarten wollte, um mit Bequemlichkeit ihren Weg weiter fortzusetzen.

Indes hatte Rinaldini alle Türen und Ausgänge des Schlosses mit einem Teil seiner Leute besetzt und alle Zimmer und Gemächer desselben in eigener Person aufs sorgfältigste durchsucht.

In einem derselben fand er auf einem kleinen Spiegeltischchen ein goldenes Halsband - es war Dianorens Halsband. Er sah es, erkannte es, drückte es an seine Lippen und rief mit ebenso enthusiastischer Freude als Bitterkeit aus: »In diesem Zimmer hat sie gewohnt - hier hat sie der Unmensch gefangengehalten! In diesem Spiegel hat sie ihre Reize gemustert - auf diesem Sofa hat sie geruht!« sagte er, im höchsten Ausbruch des Gefühls sein ganzes Wesen vergessend, vor den Spiegel tretend und dann aufs Sofa sich niederwerfend.

»Hauptmann!« rief ihm einer seiner Kameraden zu, die mit brennenden Windlichtern um ihn herstanden, »die Liebe hat Euch zum Weichling gemacht, Ihr vergeßt Eure Leute!«

»Laßt mir meine Stille, Kameraden!« erwiderte der wohllaunige Räuberhauptmann, »was ihr im Schloß findet, ist euer, ich habe genug.«

Mit diesen Worten gab er ihnen das Schloß preis und verweilte wohl noch eine halbe Stunde an diesem

Ort, der so viel Anziehendes für ihn hatte, weil alles, was ihm darinnen zu Gesicht kam, ihm sagte, daß dies der Aufenthalt seiner geliebten Dianora gewesen war.

Unzufrieden, nur ihre Spur, nicht aber sie selbst gefunden zu haben, verließ er noch vor anbrechendem Tag das Raubnest des schwarzen Bundesgenossen und schlug im Dickicht des nahgelegenen Waldes sein Lager auf, wo er seinen Leuten einen guten Tag machte und einer angenehmen Botschaft von Dianoren in seinem Freunde Petranio entgegensah.

Hier verlassen wir Rinaldo mit der Versicherung, daß alles gut wird: Nach ein paar Hindernissen wird sogar noch der alte Vater des Räubers gefunden. Mit ihm und dem Söhnchen Antonio entschwindet die Familie Rinaldini nach Zypern.

Seefrauen – Ein Ausblick auf die grossen Piratinnen

Keine andere Form der Räuberei hat die Fantasie zu allen Zeiten so beflügelt wie die Piraterie, die es schon so lange zu geben scheint, wie Menschen auf Schiffen fahren. Frauen spielten dabei immer eine bedeutende Rolle. Der Stammbaum berühmter Piratinnen ist lang und beginnt spätestens in der Antike mit Teuta von Illyrien, Artemisia von Halikarnassos und Elissa von Phönizien, der sagenhaften Gründerin von Karthago. Das Quellenmaterial für diese Zeit bestehe allerdings, so Helga Heisper in ihrem Buch ›Abenteuer auf See. Über Piratinnen und andere Seefrauen‹ (Dortmund 1991), »vornehmlich aus Legenden oder aus einer Mischung aus Mythos und Historie. Selten waren die jeweiligen Frauenschicksale von der Geburt bis zum Tode zu verfolgen. Meist fand ich nur einzelne herausragende Episoden aus dem Leben einer Piratin oder Kapitänin geschildert. Das restliche Leben fanden die männlichen Verfasser nicht mehr erwähnenswert.«

Ähnlich schwer zu bewerten ist der Wahrheitsgehalt der Wikingersagas, die historische Realität und mythische Überlieferung mischen. Aber aus der selbstverständlichen Schilderung weiblicher Piraterie kann unschwer geschlossen werden, daß die Seeräuberei bei den Wikingern keine männliche Domäne war. So findet sich z. B. in dem berühmten um 1200 entstandenen Geschichtswerk ›Gesta Danorum‹ des Dänen Saxo Grammaticus die Erzählung von der Königstochter Alwilda, die aus enttäuschter Liebe ihr Frauengewand mit Männerkleidung vertauschte, »um ein wildes Seeräuberleben zu beginnen, sie, die eben noch das sittsamste Mädchen gewesen war. Mehrere Jungfrauen, welche dieselbe Neigung hatten, nahm sie in ihre Dienste auf. Zufällig gelangte sie nun an einen Ort, wo gerade eine Schar Wikinger den Tod ihres Führers beklagte. Von diesen wurde sie wegen ihrer Schönheit zum Leiter der Raubflotte erwählt, und sie vollbrachte Taten, die weit über der Leistungsfähigkeit einer Frau standen.«

Für den deutschsprachigen Raum sind keine Piratinnen überliefert, was natürlich nicht heißt, daß sie in den lokalen Sagen und Geschichtserzählungen nicht doch auftauchen würden. Selbstverständlich mußte der berühmteste aller deutschen Seeräuber, Klaus Störtebeker, auch verheiratet sein, mit keiner Dienstmagd natürlich, sondern mit der Tochter eines der mächtigsten ostfriesischen Häuptlinge, bei denen die Vitalienbrüder auf ihrer Flucht vor der Hanse Unterschlupf gefunden hatten. Da über den historischen Klaus Störtebeker so gut wie nichts bekannt ist, weiß auch niemand etwas über seine Familienverhältnisse. Und eine Folka ten Broke, so soll seine Frau geheißen haben, ist, wie Ulrike Klausmann und Marion Meinzerin in ihrem Buch ›Piratinnen‹ (München 1992) berichten, »in historischen Quellen nicht aufzufinden«. Auch im Stammbaum der Häuptlingsfamilie tauche sie nicht auf. »Kenno ten Broke hatte zwei Töchter, von denen keine Folka hieß. Sie waren zu Störtebekers Zeiten drei oder vier Jahre alt. Dennoch ist es möglich, daß Kenno eine seiner Töchter mit Störtebeker verheiratet hat.« Aber, so wäre zu ergänzen, es ist eher unwahrscheinlich, denn die Vitalienbrüder hielten sich nur kurze Zeit in Ostfriesland auf. Genügend Stoff für Legenden oder literarische Bearbeitungen lieferte die Geschichte aber schon.

Frauen in Männerkleidern, Frauen auf Seeräuberschiffen und - noch pikanter - Frauen in Männerkleidern auf Seeräuberschiffen, das schien männliche Fantasien zu beflügeln. Noch Hans Leip läßt in seinem Roman über Magister Wigbold eine verkleidete Begine (aus einer halbklösterlichen Frauenvereinigung) auf dem Schiff des Störtebeker-Kumpanen Godeke Michels mitfahren.

Daß es tatsächlich Frauen in Männerkleidern gab, haben wir bereits in den vorhergehenden Kapiteln gesehen. Sie waren sogar nicht selten. Rudolf Dekker und Lotte van de Pol fanden allein für die Niederlande 120 aktenkundige Fälle für die Zeit zwischen 1550 und 1839. Die Gründe für diesen äußerlichen Geschlechtswechsel (der in der Regel hart bestraft wurde!) waren vielfältig. »Die größte Variationsbreite«, so Dekker/van de Pol (›Frauen in Männerkleidern‹, Berlin 1990), »treffen wir bei den persönlichen Motiven an, aber auch dort sind konstante Muster erkennbar. Armut, oft gepaart mit dem Verlangen, einen Ehepartner, Geliebten oder Verwandten zu begleiten oder ihm nachzureisen, trieb viele von ihnen an. Manche waren beseelt von patriotischen Gefühlen, wenn das Vaterland in Not geraten war. Andere benutzten die

Verkleidung, um unerkannt aus dem elterlichen Haus oder vor dem Ehemann zu fliehen. Einige wollten sich eine kriminelle Laufbahn erleichtern. Tieferliegende psychologische und sexuelle Motive müssen häufig eine entscheidende Rolle gespielt haben. Die Verkleidung gab insbesondere den Frauen, die sich in Frauen verliebt hatten, die psychische Freiheit, tatsächlich eine intime Beziehung einzugehen.«

Gerade die sexuelle Komponente war es, die im 17. und 18. Jahrhundert das Interesse an Theaterstücken, Romanen und Liedern wachhielt, die von Frauen in Männerkleidern handelten. Auch in Deutschland hatten Geschichten dieser Art Konjunktur. Wer Aufsehen erregen wollte, mußte allerdings mehr bieten als eine einfache Travestie. Was besonders gut beim lesenden Publikum ankam, war die Kombination mit der Seeräuberei, denn das gesetzlose Leben auf den Piratenschiffen und die Spekulationen über das, was unter Deck vor sich ging, waren bestens dazu geeignet, den zipfelmützigen Biedermännern den Schlaf zu rauben – und das selbstverständlich alles mit dem Anspruch, über Phänomene der Zeit aufklären zu wollen. Bei der Suche nach entsprechendem Stoff konnte es nicht ausbleiben, daß auch die beiden Piratinnen Anne Bonny und Mary Read in die Fänge der literarischen Kolporteure gerieten. Bekannt wurden die beiden in Deutschland erst lange nach ihrem Tod, 1795, durch eine Veröffentlichung in der Zeitschrift ›Nelkenblätter‹, die der radikal-demokratische Publizist, Anhänger der Französischen Revolution und spätere Schinderhannes-Richter Georg Friedrich Rebmann verfaßte. Seit dieser ersten Erwähnung ist über die beiden Piratinnen in Deutschland immer wieder geschrieben worden, obwohl es in Frankreich oder China weitaus gefährlichere und erfolgreichere Seeräuberinnen gab, die bei uns so gut wie unbekannt sind.

Dieses anhaltende Interesse, auf das die ebenso abenteuerlichen wie ungewöhnlichen Lebensgeschichten der ursprünglich aus England stammenden Piratinnen beim deutschsprachigen Publikum gestoßen sind, war ausschlaggebend für unsere Entscheidung, am Ende dieses Buches über große Räuberinnen in Deutschland, der Schweiz und Österreich über den eigenen Tellerrand hinauszublicken und zumindest zur Kenntnis zu nehmen, daß es auch in anderen Ländern große Räuberinnen gab. Das, was wir über diese Frauen wissen, ist mindestens ebenso spannend und wird vielleicht auch einmal einen Band füllen.

Bei Anne Bonny und Mary Read haben wir uns entschieden, nicht auf Rebmanns Text zurückzugreifen, sondern lediglich sein kleines Nachwort zu zitieren, in dem er erklärt, was ihn an den beiden Frauen faszinierte. Die »beyden Frauenzimmer« seien, so schreibt er im vierten Teil seiner ›Nelkenblätter‹, »ein seltner Beweis weiblicher Tapferkeit. Ihr gezeigter Muth ist um so bewunderungswürdiger, da nicht etwa ein hoher Enthusiasm, wie bey den neuern Heldinnen unter den fränkischen Armeen, sondern vielmehr blos eine Neigung zum wilden gefahrvollen Leben dabey zum Grunde gelegen zu haben scheint. Noch sonderbarer ist es, daß das Geschlecht dieser Abentheuerinnen unter dieser zügellosen Menschenklasse nicht entdeckt wurde, und daß beyde hauptsächlich eine Art von weiblicher Delikatesse nicht verläugneten. Marie Read soll wirklich eine der schönsten Weiber ihrer Zeit gewesen seyn. Ihre Keuschheit hielt Probe, und bey ihren glühenden Leidenschaften wollte sie doch nur als rechtmäßige Gattin sich ihren Liebhabern ergeben. Ihr Muth, ihre Tapferkeit würden jedem Helden Ehre gemacht haben, sie feuerte Männer durch ihr Beyspiel an, die als Verzweifelte zu fechten gewohnt waren. Unbegreiflich aber ist es, wie sie bey der von ihr bewiesenen Zartheit der Empfindungen als Flibustiere fremdes Gut rauben, und sich ohne Gewissensbisse den größten Grausamkeiten überlassen konnte.«

Rebmann, der engagierte Aufklärer und Zeitungsredakteur, war einerseits von dem abenteuerlichen Leben der beiden Piratinnen tief beeindruckt, andererseits blieb er selbst in seinen bürgerlichen Moralvorstellungen gefangen. Was hätte aus den beiden Frauen werden können, wenn ... Aber die Verhältnisse waren nicht so.

Wie sie wirklich waren, wollte Rebmann seinen Lesern nicht zumuten. Deshalb ist sein Artikel nichts anderes als die stark gekürzte und ins Deutsche übersetzte Fassung von drei Kapiteln eines Buches, das schon gut 70 Jahre vorher in London erschienen war. Ihm allzu brutal erscheinende Kampfszenen und die Ausmalung sexueller Aktivitäten aus der Vorlage ließ Rebmaun allerdings weg. Er wollte sie wohl seinen Lesern ersparen. Dieser Verzicht auf drastische Details schuf Raum für eigene Fantasien, für die der Verfasser dann nicht mehr verantwortlich war.

Wir haben uns aus diesem Grund dafür entschieden, auf das englische Original zurückzugreifen, das bis heute die einzige authentische Schilderung der Abenteuer von Anne Bonny und Mary Read geblieben ist. Das Buch, aus dem die drei Kapitel stammen, trägt den etwas umständlichen Titel ›A General History of the Robberies and Murders of the most notorious Pyrates and also their Policies, Discipline and Government‹ und wurde 1724 in London veröffentlicht. Als Autor zeichnete ein Captain Charles Johnson, hinter dem sich niemand anderers als der Robinson-Autor Daniel Defoe verbarg. Als Journalist beschäftigte er sich damals unter anderem für ›Mist's Journal‹ mit Schiffsnachrichten und schrieb wöchentlich in ›Applebee's Journal‹ über berühmte Räuber und Mörder. Er war also ein ausgewiesener Fachmann. Mit seinem Buch über die berüchtigtsten Piraten wollte Defoe ein Gegengewicht schaffen zu den hemmungslos übertriebenen Schilderungen über die Seeräuberei, die die englische Bevölkerung stark beunruhigten. Gerade in dieser Zeit, also zwischen 1695 und 1724, gab es in der Karibik besonders viele und besonders aggressive Piratenbanden, die sich die koloniale Konkurrenz zwischen England, Spanien und Portugal zunutze machten. Sie ließen sich Kaperbriefe ausstellen und erreichten damit einen fast offiziellen Status, der es dann nicht leicht machte, gegen sie vorzugehen.

Defoe konnte bei seiner Arbeit an dem Piratenbuch noch auf die Quellen zurückgreifen, auf Gerichtsakten und Zeugenaussagen. Das gilt auch für den Fall Anne Bonny/Mary Read, über den die Forschung bis heute nicht viel mehr weiß, als Defoe überliefert hat. Sein Text erschien nur vier Jahre nach den spektakulären Prozessen gegen die Rackam-Bande (zu der auch die beiden Piratinnen gehörten) und erreichte in wenigen Jahren mehrere Auflagen. So groß war das Interesse an diesen Piratengeschichten.

Defoe schilderte zunächst die Überfälle der Rackam-Bande, an denen auch die beiden Piratinnen beteiligt waren. Danach widmete er Anne Bonny und Mary Read eigene Kapitel. Was Defoe nicht ermitteln konnte, nämlich das weitere Schicksal der Mary Read, ist bis heute ungeklärt geblieben. Nach ihr soll später noch gefahndet worden sein. Vielleicht hat sie auch ihr reicher Vater aus dem Gefängnis freigekauft. Auch hier ist viel Raum für Fantasien. Die Übersetzung von Defoes Bericht, die wir wiedergeben, erschien erst 1978. Er wurde von Nikolaus Stingl ins Deutsche übertragen und kommentiert.

Kapitän John Rackam

Der 24. November 1718 war der Tag Rackams als Befehlshaber, und seine erste Kreuzfahrt unternahm er zwischen den Karibischen Inseln. Windwärts von Jamaica kreuzte Rackams Kurs ein *Madeira*-Fahrer, den sie zwei oder drei Tage festhielten, bis sie ihn alles Wertvollen beraubt hatten, ihn dann ihrem Befehlshaber zurückgaben und einem gewissen *Hosea Tisdell,* einem Tavernen-Besitzer aus Jamaica, den sie in einer ihrer Prisen aufgegriffen hatten, erlaubten, auf ihm mitzufahren, denn das Schiff war nach dieser Insel bestimmt.

Nach dieser Fahrt legten sie bei einer kleinen Insel an, reinigten ihr Schiff und verbrachten Weihnachten an Land, indem sie tranken und zechten, solange der Schnaps reichte, dann stachen sie, um mehr zu gewinnen, wieder in See, wo sie nur zu erfolgreich waren, ob sie gleich über zwei Monate lang keine außergewöhnliche Prise nahmen, mit Ausnahme eines Schiffes, das mit Dieben aus Newgate nach den Kolonien unterwegs war, welches aber samt seiner Ladung schon nach wenigen Tagen von einem englischen Kriegsschiff zurückgewonnen wurde.

Rackam hielt auf die Insel Bermudas, nahm ein Schiff, das von England nach Carolina unterwegs war, sowie eine kleine Pinke aus Neu-England und brachte sie nach den Bahama-Inseln, wo sie mit Pech, Teer und anderen Schiffsbedürfnissen ihr Schiff wiederum reinigten und in Stand setzten; aber da sie in jener Gegend zu lange verweilten, sandte Kapitän Rogers, der Gouverneur von Providence war und von der Kaperung dieser Schiffe gehört hatte, eine wohlbemannte und bewaffnete Schaluppe, die beide Prisen zurückeroberte; der Pirat aber konnte unterdessen mit viel Glück flüchten.

Von dort segelten sie nach der Rückseite von Cuba, wo Rackam eine Art von kleiner Familie hatte, und dort blieben sie recht lange und lebten an Land mit ihren *Dalilahs,* bis ihr Geld und ihre Vorräte aufgezehrt waren, worauf sie beschlossen, daß es an der Zeit sei, sich wieder umzutun: Sie überholten ihr Schiff und machten sich bereit, in See zu stechen, als eine *Guarda del Costa* mit einer englischen Schaluppe einkam, die sie vor der Küste als Schmuggler aufgebracht hatte. Das spanische Wachschiff griff den Piraten an, aber da Rackam hinter einer kleinen Insel dicht am Lande lag, konnte es in seiner Position nur wenig ausrichten, weshalb die Spanier ihr Schiff an diesem Abend in den Kanal holten, um ihn am nächsten Morgen zu ergreifen. Da Rackam seine Lage verzweifelt fand und kaum eine Möglichkeit zur Flucht sah, beschloß er, folgende List zu versuchen: Die Prise der Spanier lag um größere Sicherheit willen dicht am

Ufer, zwischen der kleinen Insel und dem Festland; Rackam beorderte seine Mannschaft mit Pistolen und Entermessern ins Beiboot, umrundete die Insel und fiel in der tiefsten Nacht ohne Geräusch und unbemerkt über die Prise her, drohte den Spaniern an Bord, sie seien tote Männer, wenn sie auch nur ein Wort sagten oder den geringsten Lärm verursachten, und bemächtigte sich so des Schiffes; dies getan, ließ er das Kabel fahren und fuhr auf die offene See hinaus: An Bord des spanischen Kriegsschiffes war man auf die vermeintliche Prise so sehr erpicht, daß man auf nichts anderes achthatte, und sobald der Tag anbrach, eröffneten sie ein verheerendes Feuer auf die leere Schaluppe, wurden jedoch nicht lange darauf der Sachlage gewahr und verfluchten sich als Tölpel, da man ihnen eine gute Prise, als die sie sich erwies, abgelistet und an ihrer Statt nur ein altes gebrechliches Wrack zurückgelassen hatte.

Rackam und seine Mannschaft hatten keine Ursache, über den Tausch Mißvergnügen zu empfinden, der es ihnen ermöglichte, noch einige Zeit länger einem Lebenswandel nachzugehen, der ihrer verderbten Gesittung so sehr entsprach: Im August 1720 finden wir ihn wieder auf See, die Buchten und Mündungen des Nord- und Westteils von Jamaica durchstöbernd, wo er einige kleine Boote kaperte, die aber für die Freibeuter nur geringe Beute waren; indes verfügten sie nur über wenige Männer und waren daher gezwungen, auf kleines Wild auszugehen, bis sie ihre Schar vergrößern konnten.

Anfang September nahmen sie bei Harbour Island sieben oder acht Fischerboote, stahlen ihre Netze und anderes Tauwerk, segelten vor den französischen Teil von *Hispaniola,* landeten und raubten Vieh, außerdem zwei oder drei Franzosen, die sie nahe am Wasser antrafen, als diese am Abend wilde Schweine jagten: Die Franzosen kamen an Bord, ob freiwillig oder gezwungenermaßen, kann ich nicht sagen. Danach raubten sie zwei Schaluppen aus und kehrten nach Jamaica zurück, an der Nordküste welcher Insel sie nahe der Bucht von Porto Maria einen Schoner unter Thomas Spenlow nahmen; es war dies am 19. Oktober. Am nächsten Tag sichtete Rackam in der Bucht von Dry Harbour eine Schaluppe, hielt darauf zu und feuerte eine Kanone ab; die Besatzung flüchtete sich ans Ufer, und er ergriff Besitz von der Schaluppe und ihrer Ladung, als aber jene am Ufer sahen, daß es sich um Piraten handelte, riefen sie deren Schaluppe an und ließen sie wissen, sie wollten zu ihnen an Bord kommen.

Daß Rackam auf diese Weise die Küste der Insel unsicher machte, wurde ihm zum Verhängnis, denn durch ein Kanu, das er in der Bucht von *Ocho* an Land überrascht hatte, erfuhr der Gouverneur von seinem Unternehmen; worauf ohne Verzug eine Schaluppe ausgerüstet und unter dem Kommando von Kapitän Barnet mit einer guten Anzahl Matrosen auf der Suche nach ihm um die Insel gesandt wurde. Rackam umfuhr die Insel, und als er sich ihrem westlichsten Punkte, der Landspitze von *Negril* näherte, sichtete er eine kleine Piroge, die beim Anblick der Schaluppe ans Ufer lief und ihre Besatzung anlandete; als einer von ihnen sie anrief, bekamen sie zur Antwort, sie seien Engländer und bäten sie, an Bord zu kommen und einen Krug Punsch mit ihnen zu trinken, wozu man sie schließlich auch überreden konnte; so kamen sie zu unglücklicher Stunde an Bord des Piraten, insgesamt neun Leute; man bewaffnete sie mit Musketen und Entermessern, was sie damit aber eigentlich bezweckten, will ich mir nicht anmaßen zu sagen; sie hatten indes kaum ihre Waffen niedergelegt und zu ihren Pfeifen gegriffen, als Barnets Schaluppe, die Rackams verfolgte, in Sicht kam.

Als die Piraten sahen, daß sie direkt auf sie zuhielt, fürchteten sie das Kommende, lichteten ihren Anker, den sie gerade erst hatten fallenlassen, und machten sich davon: Kapitän Barnet nahm die Verfolgung auf, und da ihm leichte Prisen zupaß kamen, die vom Land weg bliesen, schloß er zu ihr auf, nahm sie nach sehr kurzem Gefecht und brachte sie nach Port Royal auf Jamaica.

Ungefähr vierzehn Tage, nachdem man die Gefangenen an Land geschafft hatte, nämlich am 16. November 1720, trat in St. Jago de la Vega ein Gericht der Admiralität zusammen, vor dem folgende Personen durch den Vorsitzenden, Sir Nicholas Laws, für schuldig befunden und zum Tode verurteilt wurden, nämlich John Rackam, Kapitän, George Fetherston, Segelmeister, Richard Corner, Steuermanns-Maat, John Davis, John Howell, Patrick Carta, Thomas Earl, James Dobbin und Noah Harwood. Die ersten fünf wurden am nächsten Tag in *Gallows Point* bei der Stadt Port Royal hingerichtet, die übrigen am Tage darauf in Kingston; Rackam, Fetherston und Corner wurden danach vom Galgen genommen und an Ketten aufgehangen, einer bei *Plumb Point,* einer bei *Bush Key* und der dritte bei *Gun Key.*

Zwei weitere Piraten aus Rackams Mannschaft wurden vor Gericht gestellt und für schuldig befunden, und man rief sie auf und fragte sie, ob sie irgend etwas vorzubringen hätten, was dagegen spräche, daß man sie zum Tode verurteile, wie man auch mit den anderen verfahren sei; und beide machten ihre Leiber geltend, welche von einem Kinde schwanger seien, und baten, man möge die Hinrichtung aufschieben, worauf der Gerichtshof das in Fällen von Piraterie übliche Urteil sprach, dessen Vollstreckung aber aussetzte, bis ein reguläres Gericht bestimmt worden sei, der Angelegenheit auf den Grund zu gehen.

Das Leben der Mary Read

Wir beginnen nun eine Geschichte voller überraschender Wendungen und Abenteuer; nämlich die von Mary Read und Anne Bonny alias Bonn, welches die wirklichen Namen der beiden Piraten waren; die befremdlichen Wechselfälle ihres ruhelosen Lebens sind von der Art, daß einige versucht sein mögen zu meinen, die ganze Geschichte sei nicht besser als ein Roman oder ein Märchen; aber da sie von vielen tausend Zeugen, nämlich den Leuten von Jamaica, welche bei ihrem Prozeß zugegen waren und nach der Entdeckung ihres Geschlechts die Geschichte ihres Lebens vernahmen, bestätigt werden kann; so kann ihr Wahrheitsgehalt ebensowenig bestritten werden wie die Tatsache, daß es solche Männer gegeben hat wie Roberts oder *Schwarz-Bart,* welche Piraten waren.

Mary Read wurde in England geboren, ihre Mutter war jung verheiratet mit einem Manne, der zur See fuhr; kurz nach ihrer Heirat auf Fahrt ging und sie mit einem Kind unter dem Herzen zurückließ, welches Kind sich als Junge erwies. Was den Gatten anlangt, so konnte Mary Read nicht sagen, ob er auf der Reise Schiffbruch erlitten hatte oder gestorben war; wie auch immer; er kehrte jedenfalls nicht zurück; dessen ungeachtet widerfuhr der Mutter, die jung und leichten Sinnes war, ein Unglück, welches oftmals jungen Frauen zustößt, die sich nicht sehr in acht nehmen; will sagen, sie war, ohne einen Gatten als Vater zu haben, bald wieder schwanger, doch auf welche Weise oder von wem, hätte nur sie selber sagen können, denn sie erfreute sich unter ihren Nachbarn eines recht guten Rufes. Als sie fühlte, wie ihr Leib wuchs, nahm sie, um ihre Schande zu verbergen, förmlich Abschied von den Verwandten ihres Mannes, indem sie kundtat, sie werde mit einigen Freunden auf dem Lande leben. So reiste sie ab und nahm auch ihren kleinen Sohn mit, der zu dieser Zeit noch kein Jahr alt war: Bald nach ihrer Abreise starb ihr Sohn, doch der Vorsehung gefiel es ihrerseits, sie an seiner Statt mit einem Mädchen zu beschenken, von welchem sie in ihrem Asyl sicher entbunden wurde, und dieses Kind war unsere Mary Read.

Hier lebte die Mutter drei oder vier Jahre, bis das Geld, das sie besaß, beinahe aufgezehrt war; da dachte sie daran, nach London zurückzukehren, und als ihr einfiel, daß die Mutter ihres Mannes in guten Verhältnissen lebte, zweifelte sie nicht daran, jene bewegen zu können, für das Kind zu sorgen, wenn sie es ihr gegenüber nur als ihr erstes ausgeben könnte, indes schien die Verwandlung eines Mädchens in einen Jungen ein schwieriges Kunststück, und eine erfahrene alte Frau in diesem Punkte zu täuschen, war beinahe unmöglich; gleichwohl unterfing sie sich, es wie einen Jungen zu kleiden, brachte es in die Stadt und gab es gegenüber ihrer Schwiegermutter als ihres Gatten Sohn aus; die alte Frau hätte es zu sich genommen, um es aufzuziehen, aber die Mutter gab vor, es würde ihr das Herz brechen, sich von ihm zu trennen; deshalb kamen sie überein, daß das Kind bei seiner Mutter leben und die vermeintliche Großmutter wöchentlich eine Krone zu seinem Unterhalt gewähren würde.

So erreichte die Mutter ihr Ziel und zog ihre Tochter als Jungen groß, und als sie zu einiger Vernunft herangereift war, hielt sie es für angebracht, sie in das Geheimnis ihrer Geburt einzuweihen, um sie dazu zu bringen, ihr wahres Geschlecht zu verheimlichen. Eines Tages starb die Großmutter; wodurch die Unterstützung von dorther ausblieb, und so wurden sie in ihren Lebensverhältnissen mehr und mehr eingeschränkt; weshalb sie gezwungen war, ihre Tochter aus dem Hause zu geben, daß diese einer französischen Dame als Lakai von mittlerweile dreizehn Jahren diene: Sie lebte dort nicht lange, denn da sie zu einem beherzten und starken Menschen heranwuchs und unsteten Sinnes war; heuerte sie auf einem Kriegsschiff an, auf dem sie einige Zeit diente, quittierte dann diesen Dienst, setzte nach Flandern über und leistete als Kadett in einem Infanterie-Regiment Waffendienste, und ob sie sich gleich in allen Gefechten durch beträchtliche Tapferkeit hervortat, konnte sie kein Offiziers-Patent bekommen, denn diese werden im allgemeinen gekauft und verkauft; sie quittierte daher den Dienst und ließ sich in einem berittenen Regiment anwerben; in einigen Gefechten hielt sie sich so gut, daß sie die Wertschätzung all ihrer Offiziere gewann; doch da ihr Kamerad, ein Flame, ein hübscher junger Bursche war, verliebte sie sich in ihn und war von da an in der Ausübung ihrer

Pflichten etwas nachlässiger, so daß es den Anschein hat, als könne man Mars und Venus nicht gleichzeitig dienen; ihre Waffen und ihre Ausrüstung, die stets in tadellosem Zustand gehalten worden waren, wurden jetzt recht sehr vernachlässigt: Und wenn ihr Kamerad zu einem Detachement kommandiert wurde, so pflegte sie ihn ohne Befehl zu begleiten und begab sich häufig in Gefahr, wo sie nichts zu schaffen hatte, nur um ihm nahe zu sein; die übrigen Reitersleute hatten nicht die geringste Ahnung, welch geheime Ursache sie zu ihrem Verhalten trieb und hielten sie für wahnsinnig, und auch ihr Kamerad fand keine Erklärung für diese seltsame Veränderung in ihr, doch die Liebe ist erfinderisch, und wie sie im selben Zelt beieinander lagen und ständig zusammen waren, fand sie einen Weg, ihm ihr Geschlecht zu entdecken, ohne daß es so aussah, als sei es absichtlich geschehen.

Er war sehr überrascht über das, was er da herausgefunden, und nicht wenig erfreut, denn er betrachtete es als ausgemacht, daß er ganz allein für sich eine Mätresse haben sollte, was in einem Feld-Lager ungewöhnlich ist, denn kaum eine dieser Troß-Damen hält jemals einem Trupp oder einer Kompanie die Treue; und so dachte er nichts anderes, als daß er mit wenig zeremoniellem Aufwand seine Leidenschaften befriedigen könnte; doch befand er sich zu seinem Erstaunen im Irrtum, denn sie gab sich sehr zurückhaltend und bescheiden, widerstand allen seinen Versuchungen und legte gleichzeitig ein so artiges und einnehmendes Betragen an den Tag, daß sie seinen Sinn recht sehr wandelte, und weit davon entfernt, sie zu seiner Mätresse machen zu wollen, hielt er nun vielmehr um ihre Hand an.

Dies war der sehnlichste Wunsch ihres Herzens, und kurzum, sie verlobten sich, und als der Feldzug zu Ende war und das Regiment in die Winterquartiere einrückte, kauften sie von dem Geld, das sie zusammen aufbringen konnten, Frauenkleidung für sie und wurden öffentlich getraut.

Die Geschichte von der Heirat der beiden Reitersoldaten machte großes Aufsehen, so daß einige Offiziere, von ihrer Neugier getrieben, der Zeremonie beiwohnten und übereinkamen, jeder von ihnen solle der Braut ein kleines Geschenk für ihren Hausstand machen, da sie doch ihr Kampfgefährte gewesen sei. Solcherart ausgestattet schienen sie den Wunsch zu verspüren, den Dienst zu quittieren und sich seßhaft zu machen; das Abenteuer ihrer Liebe und Heirat hatte ihnen soviel Gunst eingetragen, daß sie leicht ihren Abschied erhielten, und sie eröffneten sogleich ein Speisehaus oder eine Garküche, nämlich das *Three Horse-Shoes* nahe der Feste von Breda, wo sie rasch gute Geschäfte machten, denn sehr viele Offiziere aßen regelmäßig bei ihnen.

Aber dieses Glück währte nicht lange, denn ihr Mann starb bald, und nachdem der Friede von Ryswick geschlossen war; kamen nicht mehr wie üblich Offiziere nach Breda, so daß die Witwe, da sie nur noch wenig oder gar keine Geschäfte mehr machte, gezwungen war, die Führung ihres Hauses aufzugeben, und als ihre Habe mit der Zeit dahinschwand, legte sie wieder Männerkleidung an, ging nach Holland und ließ sich in einem Infanterieregiment anwerben, das in einer der Grenzstädte stationiert war: Hier blieb sie nicht lange, denn in Friedenszeiten bestand kaum die Möglichkeit einer Beförderung, und so faßte sie den

Entschluß, auf andere Weise ihr Glück zu suchen; sie nahm ihren Abschied von dem Regiment und schiffte sich nach West-Indien ein.

Dieses Schiff nun wurde von englischen Piraten genommen, und da Mary Read der einzige englische Mensch an Bord war, behielten sie sie bei sich, und nachdem sie das Schiff geplündert hatten, ließen sie es wieder ziehen; als sie einige Zeit diesem Gewerbe nachgegangen waren, erließ der König die Proklamation, die in allen Teilen West-Indiens bekannt gemacht wurde und all die Piraten begnadigte, die sich bis zu einem bestimmten, darin festgesetzten Tage freiwillig ergeben würden. Die Mannschaft von Mary Read nahm die Proklamation in Anspruch, ergab sich und lebte eine Zeitlang ruhig an Land; aber als das Geld knapp wurde und sie hörten, daß Kapitän Woodes Rogers, der Gouverneur der Insel Providence, einige Kaper-Fahrer gegen die Spanier ausrüste, schiffte sie sich mit einigen anderen nach dieser Insel ein, um auf Kaper-Fahrt zu gehen, entschlossen, auf die eine oder andere Weise ihr Glück zu machen.

Diese Kaperfahrer waren nicht sobald ausgesegelt, als sich auch schon einige ihrer Mannschaften, die begnadigt worden waren, gegen ihre Kommandanten erhoben und sich wieder auf ihr altes Gewerbe legten: Unter ihnen war auch Mary Read. Zwar erklärte sie oft, sie habe das Piratenleben stets verabscheut, sich nur unter Zwang darauf eingelassen und sowohl diesmal wie auch schon zuvor die Absicht gehabt, es aufzugeben, sobald sich eine günstige Gelegenheit dazu ergeben würde; doch erklärten bei ihrem Prozeß einige Belastungszeugen, Männer, die gezwungenermaßen mit ihr gesegelt waren, unter Eid, daß bei

Kampfhandlungen keiner von ihnen entschlossener oder williger gewesen sei, zu entern oder sonst etwas gefährliches zu wagen, als sie und Anne Bonny; und insonderheit als sie angegriffen und geentert worden seien, sei, als man handgemein wurde, niemand auf Deck geblieben als nur Mary Read, Anne Bonny und ein weiterer Pirat; worauf sie, Mary Read, jenen unter Deck zugerufen habe, heraufzukommen und wie Männer zu kämpfen, und als sie gesehen habe, daß niemand sich rührte, habe sie mit ihren Pistolen durch die Luke auf sie geschossen, einen getötet und andere verwundet.

Dies war Teil der Beweislast gegen sie, welche sie leugnete; aber ob wahr oder nicht, soviel ist gewiß, daß es ihr nicht an Tapferkeit mangelte, noch auch war sie nicht weniger bemerkenswert betreffs ihrer Zurückhaltung, was Begriffe von Tugend angeht: Ihr Geschlecht wurde von niemandem an Bord auch nur im entferntesten erahnt, bis Anne Bonny, die sich im Hinblick auf ihre Keuschheit keineswegs solche Zurückhaltung auferlegte, eine besondere Zuneigung zu ihr faßte; kurzum, Anne Bonny hielt sie für einen hübschen jungen Burschen und entdeckte aus Gründen, die sie selbst am besten kennt, ihr Geschlecht zuerst; Mary Read, die wußte, was da auf sie zukam und sich ihres Unvermögens in dieser Hinsicht durchaus bewußt war, war gezwungen, sich gütlich mit ihr zu einigen, und so ließ sie Anne Bonny zu deren großer Enttäuschung wissen, sie sei gleichfalls eine Frau; doch ihre Vertraulichkeit mißfiel Kapitän Rackam, der Anne Bonnys Liebhaber und Galan war, so sehr, daß er rasend eifersüchtig wurde und Anne Bonny sagte, er werde ihrem neuen Liebhaber die Kehle durchschneiden, und um ihn zu beruhigen, weihte sie ihn in das Geheimnis ein.

Kapitän Rackam (dem man diese zur Pflicht machte) hielt den Sachverhalt vor der gesamten Schiffsmannschaft geheim, doch unerachtet all ihrer List und Zurückhaltung entdeckte die Liebe sie auch in dieser Verkleidung, und hinderte sie daran, ihr Geschlecht zu vergessen. Auf ihrer Fahrt nahmen sie zahlreiche Schiffe aus Jamaica und anderen Orten West-Indiens, die von oder nach England unterwegs waren; und immer wenn sie auf einen guten Handwerker oder sonst jemanden trafen, der ihrer Mannschaft irgend von großem Nutzen sein könnte, pflegten sie ihn, wenn er nicht willens war, sich ihnen freiwillig anzuschließen, mit Gewalt festzuhalten. Unter diesen war einmal ein Bursche von äußerst einnehmendem Betragen, oder er war dies zumindest in den Augen von Mary Read, die von seiner Person und seinem Benehmen so bezaubert war; daß sie Tag und Nacht keine Ruhe mehr fand; doch nichts macht so erfinderisch wie die Liebe, und so war es für sie, die in solchen Kniffen ja schon Übung besaß, nicht weiter schwierig, ihn ihr Geschlecht entdecken zu lassen: Zunächst schmeichelte sie sich in seine Zuneigung, indem sie gegen das Piratenleben redete, dem er gänzlich abgeneigt war, und so wurden sie Backs-Genossen und enge Gefährten: Als sie feststellte, daß er ihr gegenüber als einem Manne Freundschaft empfand, ließ sie ihn schließlich die Entdeckung machen, indem sie ihm, gleichsam wie unbedacht, ihre sehr weißen Brüste zeigte.

Die Neugier und das Verlangen des jungen Burschen, der aus Fleisch und Blut war, wurden durch diesen Anblick so aufgereizt, daß er nicht aufhörte, sie zu bedrängen, bis sie bekannte, wer sie war. Und hier beginnt die Liebesgeschichte; denn die Neigung und Wertschätzung, die er unter ihrem angenommenen Wesen für sie empfunden, wandelte sich in Zärtlichkeit und Verlangen; ihre Leidenschaft war nicht weniger heftig als seine, und vielleicht gab sie ihr Ausdruck durch eine der edelmütigsten Taten, welche die Liebe je inspiriert hat. Es geschah nämlich, daß dieser junge Bursche einen Streit mit einem der Piraten hatte, und da ihr Schiff damals nahe einer der Inseln vor Anker lag, hatten sie verabredet, nach der Sitte der Piraten an Land zu gehen und zu fechten: Mary Read war wegen des Schicksals ihres Liebhabers bis zum äußersten beunruhigt und besorgt, denn sie konnte den Gedanken nicht ertragen, daß der Schimpf der Feigheit auf ihm lasten könnte; andererseits fürchtete sie das Ereignis und war besorgt, sein Gegner könnte zu stark für ihn sein. Wenn sich die Liebe einmal in die Brust eines Menschen gesenkt hat, der auch nur einen winzigen Funken von Großherzigkeit besitzt, so rüttelt sie das Herz zu den edelsten Taten auf; in diesem Zwiespalt zeigte sie, daß sie mehr um sein als um ihr Leben fürchtete, denn sie faßte den Entschluß, selbst mit diesem Burschen einen Streit vom Zaune zu brechen, und nachdem sie ihn zu einem Kampf an Land herausgefordert hatte, setzte sie die Zeit zwei Stunden früher fest als die, zu der er auf ihren Liebhaber treffen sollte, und dort kämpfte sie gegen ihn mit Degen und Pistole und tötete ihn auf der Stelle.

Zwar hatte sie auch schon früher gekämpft, wenn sie von einem dieser Gesellen beleidigt worden war, aber jetzt, da es um die Sache ihres Liebsten ging, stand sie gewissermaßen zwischen ihm und dem Tode, als könne sie ohne ihn nicht leben. Und hätte er ihr auch vorher keinerlei Beachtung geschenkt, so hätte diese Tat ihn für immer an sie gebunden; doch für Bande oder Verpflichtungen bestand kein Anlaß, denn seine Zuneigung zu ihr war groß genug; endlich leisteten sie einander den Treueschwur, von dem Mary Read sagte, sie betrachte ihn als ebenso gültige Gewissens-Heirat, als seien sie in der Kirche von einem Geistlichen getraut worden; und dies war die Ursache ihres schwangeren Leibes, den sie geltend machte, um ihr Leben zu retten.

Sie erklärte, sie habe niemals mit irgendeinem Manne Ehebruch oder Unzucht begangen, und sie stellte es der Gerechtigkeit des Gerichts, vor dem sie stand, anheim, das Wesen ihrer Verbrechen sorgfältig abzuwägen; ihr Gatte, wie sie ihn nannte, wurde mit einigen anderen freigesprochen, und als man sie fragte, wer von diesen er sei, wollte sie es nicht sagen, sondern bemerkte, er sei ein ehrlicher Mann und habe mit solchen Taten nichts im Sinne gehabt, vielmehr seien sie beide entschlossen gewesen, die Piraten bei der ersten Gelegenheit zu verlassen und sich eines ehrbaren Lebenswandels zu befleißigen.

Ohne Zweifel empfanden viele Mitgefühl für sie, doch konnte der Gerichtshof nicht umhin, sie schuldig zu sprechen; denn unter anderem sagte einer der Zeugen aus, er sei, nachdem er von Rackam gefangengenommen und einige Zeit an Bord festgehalten worden, zufällig mit Mary Read, die er für einen jungen Mann gehalten, ins Gespräch gekommen und habe sie gefragt, was für ein Vergnügen sie daran finden könne, an solchen Unternehmen beteiligt zu sein, wo ihr

Leben ständig durch Feuer oder Schwert gefährdet sei; und sie außerdem sicher sein könne, eines schmählichen Todes zu sterben, wenn man sie lebend zu fassen bekäme. - Sie habe geantwortet, was das Aufhängen anlange, so hielte sie es für kein großes Ungemach, denn gäbe es das nicht, so würde wohl jeder Feigling Pirat werden und die Meere derart heimsuchen, daß jeder mutige Mann verhungern müßte: - Wenn man den Piraten die Wahl ließe, so würden sie auch keine geringere als die Todesstrafe festsetzen, denn es sei ja gerade die Furcht vor ihr, welche einige memmenhafte Schurken zur Ehrlichkeit anhalte; viele von denen, die jetzt die Witwen und Waisen betrögen und ihre armen Nachbarn bedrängten, die kein Geld hätten, sich Gerechtigkeit zu schaffen, würden ansonsten zur See auf Raub ausgehen, und der Ozean wäre wie das Land mit Schurken bevölkert, so daß kein Kaufmann sich mehr hinauswagen würde; und so wäre der Handel binnen kurzem der Verfolgung nicht mehr wert.

Da sie, wie bereits bemerkt, mit einem Kinde schwanger war, wurde ihre Hinrichtung aufgeschoben, und es ist durchaus möglich, daß sie Milde gefunden hätte; doch wurde sie bald nach ihrem Prozeß von einem heftigen Fieber befallen, an dem sie im Gefängnis starb.

Das Leben von Anne Bonny

Da wir bei den Biographien dieser beiden Frauen ausführlicher gewesen sind als bei der anderer Piraten, obliegt es uns als getreuem Historiker, mit ihrer Geburt zu beginnen. Anne Bonny wurde in einer Stadt bei Cork im Königreich Irland geboren, ihr Vater war Anwalt der Rechte, doch sie war keines seiner legitimen Kinder; was einem alten Sprichwort zu widersprechen scheint, welches da sagt, *Bastarde haben am meisten Glück.* Ihr Vater war ein verheirateter Mann, und sein Weib zog sich, nachdem sie niedergekommen war, im Kindbett eine Krankheit zu, und um ihre Gesundheit wiederherzustellen, riet man ihr, für einen Klimawechsel fortzuziehen; der Ort, den sie aussuchte, lag einige Meilen von ihrer Wohnung entfernt, wo die Mutter ihres Gatten lebte. Hier verbrachte sie einige Zeit, und ihr Mann blieb zu Hause, um seinen Geschäften nachzugehen. Die Dienstmagd, welche sie zurückgelassen hatte, um nach dem Haus zu sehen und die Familie zu bedienen, und welche ein hübsches junges Mädchen war; wurde von einem jungen Mann aus der nämlichen Stadt, einem Lohgerber, umworben; dieser Lohgerber pflegte die Gelegenheit zu ergreifen, wenn die Familie außer dem Hause war, und zu kommen, um seine Werbung zu betreiben; und als er eines Tages bei der Magd war, die sich mit dem Haushalte beschäftigte, ergriff er, da ihm die Gottesfurcht nicht vor Augen stand, die Gelegenheit und ließ, als sie ihm gerade den Rücken zukehrte, drei Silber-Löffel in seine Tasche gleiten. Die Magd vermißte alsbald die Löffel, und da sie wußte, daß niemand im Zimmer gewesen als nur sie und der junge Mann, seit sie ihn das letzte Mal gesehen, bezichtigte sie ihn, sie gestohlen zu haben; er leugnete hartnäckig, worauf sie außer sich geriet und drohte, zu einem Konstabler zu gehen, um ihn vor einen Friedensrichter zu bringen: Diese Drohungen brachten ihn beinahe um seinen Verstand, da er wohl wußte, daß er bei einer Durchsuchung nicht bestehen könnte; weshalb er sich bemühte, sie zu besänftigen, indem er sie aufforderte, in den Schubladen und anderswo nachzusehen, wo man sie vielleicht finden würde; währenddessen schlüpfte er in ein anderes Zimmer, wo die Magd gewöhnlich schlief, steckte die Löffel zwischen die Laken und machte sich durch die Hintertür davon, in der Überzeugung, sie müsse sie finden, wenn sie zu Bett ging, und am nächsten Tag könne er vorgeben, er habe es nur getan, um sie zu erschrecken, und die Sache könne als Scherz weggelacht werden.

Sobald sie sein Fehlen bemerkte, brach sie die Suche ab, denn sie war überzeugt, er habe sie weggeschafft, und ging direkt zum Konstabler, um ihn festnehmen zu lassen: Man erzählte dem jungen Mann, ein Konstabler habe nach ihm gesucht, aber er schenkte dem nur wenig Beachtung, da er nicht im geringsten daran zweifelte, daß am nächsten Tage alles im Lot sein würde. Drei oder vier Tage vergingen, und als man ihm noch berichtete, der Konstabler sei auf der Jagd nach ihm, hielt er sich versteckt, ohne zu verstehen, was das zu bedeuten habe, und er glaubte nichts anderes, als daß die Magd beabsichtige, die Löffel für sich zu Geld zu machen und dem Raub ihm anzulasten.

Zu dieser Zeit kehrte die Hausherrin, die von ihrer kürzlichen Unpäßlichkeit wieder vollkommen genesen war, zusammen mit ihrer Schwiegermutter nach Hause zurück; als erstes hörte sie vom Fehlen der Löffel und wie dies geschehen sei; die Magd erzählte ihr außerdem, der junge Mann sei flüchtig. Der junge Bursche erfuhr von der Ankunft der Hausherrin, und indem er sich überlegte, daß er niemals wieder in seinem Geschäfte auftreten könnte, ehe nicht diese Angelegenheit ausgestanden sei, und daß sie eine gutherzige Frau sei, kam er zu dem Entschluß, sich direkt an sie zu wenden und ihr alles zu erzählen, mit dem einzigen Unterschied, daß er es aus Spaß getan habe.

Die Hausherrin konnte es kaum glauben, ging trotzdem ins Zimmer der Magd, zog dort das Bettzeug ab und fand zu ihrer großen Überraschung die drei Löffel: daraufhin ersuchte sie den jungen Mann, nach Hause zu gehen und sich um seine Angelegenheiten zu bekümmern, denn sie wolle ihm keine Schwierigkeiten machen.

Die Hausherrin fand keine Erklärung für das Ganze, denn sie hatte die Magd niemals bei irgendwelchen Langfingereien ertappt, und es wollte ihr daher nicht in den Kopf, daß jene vorgehabt haben sollte, die Löffel zu stehlen; aus alledem zog sie den Schluß, daß die Magd, seitdem die Löffel abhanden gekommen, nicht mehr in ihrem Bett geschlafen hatte, und sie wurde darob sofort eifersüchtig und argwöhnte, sie habe während ihrer Abwesenheit ihren Platz an der Seite ihres Gatten eingenommen, und man habe deshalb die Löffel nicht eher gefunden.

Sie rief sich verschiedene Gefälligkeiten ins Gedächtnis, die ihr Mann der Magd erwiesen hatte, Geringfügigkeiten, die seiner Zeit unbeachtet geblieben waren, doch nun, da der Quälgeist Eifersucht sich in ihrem Kopfe eingenistet, zu Beweisen ihrer innigen Beziehung ausschlugen; und noch ein anderer Umstand untermauerte das Ganze; denn ob ihr Mann gleich wußte, daß sie an diesem Tage nach Hause kommen sollte, und seit vier Monaten, nämlich seit der Zeit, da sie das letzte Mal im Kindbett gelegen, keinen Verkehr mit ihr gehabt hatte, hatte er gleichwohl an diesem Morgen unter irgendeinem fadenscheinigen Vorwand die Gelegenheit ergriffen, die Stadt zu verlassen: – All dies zusammengenommen bestärkte sie in ihrer Eifersucht.

Da Frauen Beleidigungen dieser Art nur selten vergeben, verfiel sie auf den Gedanken, an der Magd Rache zu üben: Zu diesem Zweck ließ sie die Löffel, wo sie sie gefunden, und wies die Magd an, das Bett mit frischen Laken zu beziehen, denn sie wolle in dieser Nacht selbst darin schlafen, weil ihre Schwiegermutter in ihrem Bett schlafen solle, und sie (die Magd) müsse in einem anderen Teil des Hauses schlafen; während die Magd das Bett machte, wurde sie vom Anblick der Löffel überrascht, doch gab es sehr gute Gründe für sie zu verschweigen, wo sie sie gefunden, daher nahm sie sie an sich und legte sie in ihre Truhe, in der Absicht, sie irgendwo hinzulegen, wo man sie zufällig finden könnte.

Damit alles so aussähe, als sei es ohne bestimmte Absicht getan, schlief die Hausherrin in dieser Nacht im Bett der Magd, ohne im geringsten zu ahnen, welches Abenteuer sich daraus ergeben würde: Nachdem sie schon eine Weile zu Bett gelegen und darüber nachgedacht hatte, was geschehen war – denn die Eifersucht hielt sie wach –, hörte sie, wie jemand das Zimmer betrat; zuerst fürchtete sie, es seien Diebe, und hatte solche Angst, daß sie es nicht über sich vermochte, laut zu schreien; doch als sie die Worte: »Mary, bist du wach?« vernahm, erkannte sie die Stimme ihres Mannes; ihre Angst legte sich, sie gab indes keine Antwort, damit er ihr nicht auf die Schliche käme, wenn sie etwas sagte, und beschloß, sich schlafend zu stellen und das Kommende hinzunehmen.

Ihr Mann kam zu Bett und machte in jener Nacht den kraftvollen Liebhaber; doch eines schmälerte das Vergnügen auf seiten der Frau, nämlich die Überlegung, daß er es nicht um ihretwillen war; dennoch war sie in all's geduldig und trug es wie eine Christin. Vor Tagesanbruch stahl sie sich in aller Frühe aus dem Bett, ließ ihn schlafend zurück, ging zu ihrer Schwiegermutter und erzählte ihr, was geschehen war, vergaß auch nicht zu erwähnen, wie er mit ihr umgegangen im Glauben, sie sei die Magd; auch ihr Mann stahl sich fort, denn er hielt es nicht für tunlich, in jenem Zimmer betroffen zu werden; mittlerweile hegte die Hausherrin starke Rachegefühle gegen die Magd, und ohne zu bedenken, daß sie recht eigentlich ihr das Vergnügen der letzten Nacht verdankte und daß eine Liebe der anderen wert ist; schickte sie nach einem Konstabler und beschuldigte sie, die Löffel gestohlen zu haben: Die Truhe der Magd wurde erbrochen, und die Löffel wurden gefunden, worauf man sie einem Friedensrichter vorführte, der sie in Gewahrsam nehmen ließ.

Der Ehemann schlug bis ungefähr zwölf Uhr mittags die Zeit tot und kam dann nach Hause, indem er vorgab, er sei gerade in der Stadt eingetroffen; sobald er erfahren hatte, was mit der Magd geschehen war; geriet er in großen Zorn über seine Frau; die Auseinandersetzung wurde immer hitziger, die Mutter ergriff gegen ihren eigenen Sohn für die Frau Partei, und so hoch schlugen die Wogen des Streites, daß Mutter und Ehefrau sich auf der Stelle zu Pferde setzten und nach dem Hause der Mutter zurückkehrten, und die Eheleute schliefen danach nie mehr in einem Bett.

Die Magd war lange Zeit im Gefängnis, bis zum Urteilsspruch verging beinahe ein halbes Jahr; doch hatte man vorher schon festgestellt, daß sie schwanger war; als sie vor Gericht gestellt wurde, sprach man sie aus Mangel an Beweisen frei; die Ehefrau drückte nämlich ihr Gewissen, und da sie nicht glaubte, daß die Magd eines Diebstahls, ausgenommen dessen ihrer Liebe, schuldig war, trat sie nicht gegen sie auf; bald nach ihrer Entlassung wurde sie von einem Mädchen entbunden.

Am meisten erregte den Mann jedoch, daß auch seine Frau feststellte, daß sie schwanger war, denn da er es für ausgemacht hielt, daß er ihr seit ihrem letzten Wochenbett nicht mehr beigelegen war, wurde er seinerseits eifersüchtig auf sie und bediente sich dessen als Vorwand, sich für sein Betragen ihr gegenüber zu rechtfertigen, indem er behauptete, er habe sie schon lange im Verdacht gehabt, und hier sei nun der Beweis; sie kam mit Zwillingen, einem Jungen und einem Mädchen nieder.

Als die Mutter krank wurde, schickte sie nach ihrem Sohn, um ihn mit seiner Frau zu versöhnen, doch er schenkte dem kein Gehör; sie faßte daher ein Testament ab, in dem sie ihre Habe bestimmten Treuhändern zum alleinigen Nutzen der Frau und der beiden kürzlich geborenen Kinder hinterließ, und starb wenige Tage später.

Dies war ein böser Schlag für ihn, denn er war auf seine Mutter am meisten angewiesen; sein Weib indes war ihm gegenüber großzügiger, als er es verdiente, denn sie setzte ihm aus dem Erbe eine jährliche Unterstützung aus, ob sie gleich auch weiterhin getrennt lebten; dies dauerte beinahe fünf Jahre an, dann aber faßte er eine große Zuneigung zu dem Mädchen, das er von seiner Magd hatte, und nahm sich vor; es zu sich nach Hause zu nehmen, um mit ihm zu leben; aber da die ganze Stadt wußte, daß es ein Mädchen war, und um vor ihnen wie auch vor seiner Frau die Wahrheit verborgen zu halten, ließ er es wie einen Jungen Hosen anziehen und gab vor, es handle sich um das Kind eines Verwandten, das er als seinen Lehrling großziehen sollte.

Seiner Frau kam zu Gehör, daß er einen kleinen Jungen bei sich habe, dem er sehr zugetan sei, aber da sie von keinem Verwandten wußte, der ein solches Kind hätte, ließ sie einen Freund weitere Nachforschungen anstellen; diese Person sprach mit dem Kind, stellte fest, daß es sich um ein Mädchen handelte, fand heraus, daß die Dienstmagd seine Mutter war und daß der Mann seine Beziehung zu ihr weiterhin aufrechterhalten hatte.

Die Frau, die nicht wollte, daß das Geld ihrer Kinder für den Unterhalt von Bastarden ausgegeben würde, stellte auf diese Nachricht hin ihre Unterstützung ein: Ihr Mann geriet darüber in Zorn, nahm, als eine Art Rache, die Dienstmagd in sein Haus auf und lebte in aller Öffentlichkeit mit ihr zusammen, was seinen Nachbarn ein großer Skandal war; doch bekam er die bösen Folgen bald zu spüren, denn er verlor allmählich seine Klienten und sah schließlich ein, daß er hier nicht länger leben konnte, und so dachte er daran, wegzuziehen und all seine Habe zu Geld zu machen; er begab sich nach Cork und schiffte sich mit seiner Magd und seiner Tochter nach Carolina ein.

In jener Kolonie übte er zunächst den anwaltlichen Beruf aus, legte sich jedoch später auf das Kaufmännische, was sich für ihn als einträglicher erwies, denn er machte darin genügend Geld, um einen beträchtlichen Besitz erwerben zu können: Eines Tages starb seine Magd, die als seine Frau galt, wonach seine Tochter, unsere Anne Bonny, die mittlerweile erwachsen war, ihm das Haus führte.

Sie war von ungestümem und draufgängerischem Naturell, weshalb man auch, als sie verurteilt wurde, einige ihr sehr abträgliche Geschichten über sie erzählte, wie zum Beispiel die, daß sie einst in ihrer Wut mit einem Küchenmesser eine englische Dienstmagd getötet habe, während sie auf ihres Vaters Haus achtgab; doch nach gründlicheren Nachforschungen habe ich herausgefunden, daß diese Geschichte jeder Grundlage entbehrt: Gewiß war sie aber so robust, daß sie einmal einen jungen Mann, der ihr gegen ihren Willen beilag, so prügelte, daß er danach beträchtliche Zeit zu Bette liegen mußte.

Während sie bei ihrem Vater lebte, galt sie als eine, die einmal eine gute Mitgift haben würde, und man glaubte deshalb auch, daß ihr Vater eine gute Partie für sie erhoffte; doch sie machte diese Hoffnungen zunichte, denn sie heiratete ohne seine Zustimmung einen jungen Burschen, der sich der See verschrieben hatte und keinen Heller wert war; was ihren Vater so sehr verbitterte, daß er sie aus dem Haus wies, worauf der junge Bursche, der sie geheiratet hatte und sich nun in seinen Erwartungen enttäuscht sah, sich mit seinem Weibe nach der Insel Providence einschiffte, wo er sich Arbeit erhoffte.

Hier wurde sie mit Rackam, dem Piraten, bekannt,

der ihr die Cour machte und bald Mittel gefunden hatte, ihre Zuneigung von ihrem Gatten abzuziehen, so daß sie schließlich einverstanden war, ihn zu verlassen und in Männerkleidern zusammen mit Rackam zur See zu fahren: Sie stand zu ihrem Wort, nachdem sie aber einige Zeit auf See war, wurde sie schwanger, und als ihr Leib zu schwellen begann, setzte Rackam sie auf der Insel Cuba ab; und vertraute sie einigen seiner Freunde an, die sich um sie kümmerten, bis sie ins Wochenbett kam: Als sie wieder genesen und wohlauf war, ließ er ihr ausrichten, sie möge ihm Gesellschaft leisten.

Als die Proklamation des Königs, die Begnadigung der Piraten betreffend, verkündet wurde, nahm er sie in Anspruch und ergab sich; als er jedoch später auf Kaperfahrt geschickt wurde, nahm er, wie schon in der Geschichte von Mary Read angedeutet, sein altes Gewerbe wieder auf. Auf allen diesen Fahrten leistete ihm Anne Bonny Gesellschaft, und wann immer irgend etwas im Zuge ihres Gewerbes zu erledigen war, war niemand kühner und mutiger als sie, insonderheit, als sie aufgebracht wurden; wie zuvor schon berichtet, wagten sie, Mary Read und noch einer es als einzige, auf Deck auszuharren.

Ihr Vater war mit sehr vielen Pflanzer-Gentlemen aus Jamaica bekannt, die Geschäfte mit ihm gemacht hatten und unter denen er einen guten Ruf genoß; und einige von ihnen, die in Carolina gewesen, erinnerten sich, sie in seinem Hause gesehen zu haben; worauf sie Neigung zeigten, sich für sie zu verwenden, doch daß sie ihren Gatten verlassen hatte, war ein übler Umstand gegen sie. An dem Tage, als Rackam hingerichtet wurde, durfte er sie mit besonderer Erlaubnis noch einmal sehen, doch war aller Trost, den sie ihm spendete, daß es ihr leid täte, ihn hier zu sehen, denn wenn er wie ein Mann gefochten hätte, so müßte man ihn jetzt nicht wie einen Hund aufhängen.

Sie wurde bis zu ihrem Wochenbett im Gefängnis festgehalten und bekam danach immer wieder einen Aufschub zugestanden; doch was seither aus ihr geworden ist, können wir nicht sagen: nur das eine wissen wir, daß sie nicht hingerichtet wurde.

HEYNE BÜCHER

Zoé Oldenbourg

Katharina die Große

19/353

Ihre Zeitgenossen - darunter auch Voltaire und Diderot - nannten sie „Stern des Nordens", doch für die Geschichte ist Katharina die Große eine außergewöhnliche wie zwiespältige Herrscherin, die Rußlands Stellung als europäische Großmacht festigte.

Heyne-Taschenbücher